LAS ESCUELAS QUE CAMBIAN EL MUNDO

CÉSAR BONA

LAS ESCUELAS QUE CAMBIAN EL MUNDO

PLAZA [] JANÉS

Papel certificado por el Forest Stewardship Council®

Cuarta edición: noviembre de 2016
Sexta reimpresión: abril de 2025

© 2016, César Bona García
© 2016, Penguin Random House Grupo Editorial, S. A. U.
Travessera de Gràcia, 47-49. 08021 Barcelona
© 2016, David Martín Díaz, por el epílogo

Penguin Random House Grupo Editorial apoya la protección de la propiedad intelectual. La propiedad intelectual estimula la creatividad, defiende la diversidad en el ámbito de las ideas y el conocimiento, promueve la libre expresión y favorece una cultura viva. Gracias por comprar una edición autorizada de este libro y por respetar las leyes de propiedad intelectual al no reproducir ni distribuir ninguna parte de esta obra por ningún medio sin permiso. Al hacerlo está respaldando a los autores y permitiendo que PRHGE continúe publicando libros para todos los lectores. De conformidad con lo dispuesto en el artículo 67.3 del Real Decreto Ley 24/2021, de 2 de noviembre, PRHGE se reserva expresamente los derechos de reproducción y de uso de esta obra y de todos sus elementos mediante medios de lectura mecánica y otros medios adecuados a tal fin. Diríjase a CEDRO (Centro Español de Derechos Reprográficos, http://www.cedro.org) si necesita reproducir algún fragmento de esta obra.
En caso de necesidad, contacte con: seguridadproductos@penguinrandomhouse.com

Printed in Spain – Impreso en España

ISBN: 978-84-01-01749-0
Depósito legal: B-11.786-2016

Compuesto en Anglofort, S. A.

Impreso en QP Print

L01749C

ÍNDICE

Introducción 9

1. La escuela del mundo al revés: aquí los niños juegan a vivir. 17
2. La escuela que transforma lo cotidiano en extraordinario. 61
3. Los adolescentes como agentes de cambio 107
4. El colegio que refleja la diversidad del mundo 153
5. La escuela que puso a un pueblo en el mapa 195
6. La escuela en la que todo empieza con una pregunta 239
7. La escuela donde no hay «yo» sin los otros 279

Conclusión. De la escuela al mundo 329
Epílogo 333

INTRODUCCIÓN

Para un maestro no hay mejor manera de aprender que sumergirse entre los alumnos y maestros de otros centros y beber de su filosofía. Esto sí es un verdadero máster sobre educación.

Me siento afortunado por haber dispuesto de unos meses para recorrer institutos, escuelas y colegios de distintas partes de España y convivir con ellos una temporada; afortunado también por haber podido vivir unas formas de ver la educación que deberían promover las administraciones, y que seguro interesan a cualquier docente.

Cada lugar que he visitado me ha hecho mejor persona tras conocer a las gentes que conviven en ellos.

He estado en un instituto de Sils, en Girona, donde he conocido a adolescentes que colaboran con la sociedad para hacer un mundo mejor; en un colegio de Madrid, en el que he descubierto que los alumnos tienen claro que la cooperación es el único camino que quieren tomar para vivir mejor, y que el contexto social del que provengas no te marca de por vida; en un colegio de Barcelona, donde los niños y niñas toman decisiones teniendo en cuenta el bienestar de los demás; en un centro en San Sebastián, donde he vivido la realidad, que es lo que ha de vivirse en las escuelas; me he perdido por la carretera que me llevaba a una escuela rural maravillosa en un pequeño pueblo de Zaragoza, he respirado el ambiente del que esta escuela está impregnando a todo el pueblo; he conocido en Málaga a chicos y chicas que crean sus propias normas respetando a los compañeros y al medio, y en Galicia, donde he pasado unos días en una escuela que me ha enseñado que, como maestro, uno no aprende hasta que no mira a través de los ojos de todos esos niños y niñas, y que la única manera de vivir en sociedad es respetando y valorando las diferencias de los demás.

Para un maestro, este es un regalo de incalculable valor: observar cómo niños pequeños toman decisiones relacionadas con la sociedad y con la escuela; asistir a las dinámicas con adolescentes y poder comprobar cómo se entusiasman cuando hablan de sus centros; ser entrevistado por niños y niñas de ocho años que tienen su propio canal de televisión y cadena de radio, y que editan y comparten con su ciudad lo que sucede en la escuela; o dedicar horas a escuchar a niños y niñas que hablan de los derechos de la infancia, a la vez que no olvidan que ellos también tienen deberes que cumplir.

Nada de lo que he estudiado hasta ahora es comparable a estas vivencias. Nada puede llenar más a un maestro que aprender de otros.

Los libros, como ya sabéis, suele firmarlos un autor, y en este caso yo soy ese autor. Pero, en realidad, tan solo soy el nexo entre una serie de escuelas y el personal humano que lleva a cabo unos proyectos que merece la pena conocer. Debo decir, pues, que sin su apoyo, sin su amabilidad y sin su disposición a compartir conmigo lo que hacen cada día, este libro no habría sido posible. Todas forman parte de la red mundial de Escuelas Changemaker de la fundación Ashoka* por su generosidad y su

---

* Ashoka es la mayor red de emprendedores sociales del mundo. Una organización global, independiente y sin ánimo de lucro que lidera la apuesta por la innovación y el emprendimiento social, construyendo una sociedad de ciudadanos que sean actores de cambios, o changemakers

visión transformadora de la educación. Y en estas páginas podréis encontrar estrategias, elementos organizativos y cualidades personales que explican el éxito de estas escuelas.

Un libro sobre educación en el que no aparezca la voz de los niños y de las familias no es un libro completo, al igual que tampoco lo sería si solo se centrase en los aspectos técnicos de las escuelas y no dejara un espacio para la parte humana. Así que he querido conservar en estas páginas el tono desenvuelto que prevaleció en estas conversaciones que mantuve, durante mi viaje, con maestros, niños y familias. Nadie mejor que los protagonistas para contarnos cómo viven el día a día en sus escuelas e institutos.

Este libro habla de gente real, de proyectos reales, de escuelas, colegios e institutos reales, de docentes reales, con sus dificultades y sus dudas; de familias que al principio se mostraban reticentes y terminaron apoyando proyectos que ahora defienden con convicción. Pero, sobre todo, en este libro veréis que, para hacer frente a los problemas, a las dificultades de la sociedad y del sistema, se necesitan personas con determinación, creativas, siempre curiosas, con el deseo constante de aprender de los demás y con una voluntad de hierro; gente que, ante un problema, no se arredra y busca nuevas soluciones, que tiene iniciativa, que administra recursos para sacar lo mejor del centro...

Retomemos, pues, la esencia de la educación: «¿Para qué sirve la educación?», debemos preguntarnos. No nos engañemos; su fin no es crear seres empleables, o no debería serlo. Su objetivo no consiste simplemente en que sean felices obviando los grandes retos a los que se enfrentarán en la vida. Y tampoco consiste en preparar a los niños y niñas, desde los tres años, para superar un examen que deberán pasar a los dieciocho.

Es evidente que las escuelas deberían enseñar a los chicos a reflexionar más que a pasar exámenes. Sin embargo, en algunos centros de Infantil, durante las últimas semanas antes de terminar esta etapa, los colocan en pupitres individuales para que se vayan acostumbrando a lo que les espera en Primaria. A uno le da la sensación de que en 1.º de Primaria, con solo seis años, una parte de la infancia ha desaparecido y que deben acostumbrarse a la idea de que ahora en adelante todo será mucho más duro. En 6.º hay que prepararlos para enfrentarse a la realidad de la vida, que consiste en estudiar mucho, en controlar sus hormonas (si eso es posible) y en respetar la disciplina para no romper el ritmo de la clase, porque en Secundaria deberán trabajar mucho, dejarse de tonterías y tener en mente que el Bachillerato y la gran prueba final están a la vuelta de la esquina.

En algunas ocasiones hemos oído aquello de: «A la escuela se va a aprender, no a ser feliz». La deshumanización del pensamiento educativo está alcanzando límites inimaginables. Lo más terrible que puede oír un padre o una madre de su hijo o su hija es: «Por favor, no me lleves a la escuela. No quiero ir». Y, para un maestro, estas palabras deberían ser un síntoma claro de que hay algo que no estamos haciendo bien. Un niño, una niña o un adolescente necesitan ir felices a la escuela o al instituto. ¿Por qué? Porque allí pasarán toda su infancia y adolescencia, y estas etapas solo se viven una vez. Y también porque esos años establecerán los pilares sobre los que se sustente su vida entera. Pero no hay que confundir la felicidad con la dejadez, con la falta de exigencia, con la ausencia de buenos resultados académicos. La excelencia académica debe ir acompañada o precedida del factor humano; si no, algo falla. Y ningún padre ni ninguna madre se jugarían el presente y el futuro de sus hijos apostando por una escuela que no le ofreciera garantías de éxito; de eso sí podemos estar seguros.

—El otro día estaba curioseando un libro de texto de Infantil —me dice Teresa, codirectora del colegio O Pelouro—. En una página salía un niño soplando una vela, y bajo la foto pude leer: «¿Para qué sirve soplar?». Y debajo aparecía la siguiente respuesta: «Para apagar la vela». Y eso no es cierto. Es una respuesta unilateral, porque soplar también sirve para encender un fuego.

Se han producido muchos cambios a lo largo de la historia, cambios que han surgido gracias a distintos planteamientos, pero en educación nos hemos empeñado en pensar que solo cabe una respuesta y nos da miedo cambiarla, aun cuando la sociedad y todo nuestro entorno evolucionan (transporte, medicina, comunicación...), a pesar de comprobar que los resultados no son los esperados, y volvemos una y otra vez a lo mismo.

No podemos seguir engañándonos: el fracaso escolar no es de los niños, sino del sistema o de los docentes que lo llevamos a cabo. Y como persona, ya no como maestro, uno se pregunta qué hemos perdido en el camino. Creo que, para luchar contra ese fracaso, debemos ser conscientes de que todos los niños, niñas y adolescentes tienen algo que todos los seres humanos tenemos: la necesidad de sentirse queridos, el anhelo de sentirse escuchados y el deseo de sentirse útiles. E independientemente de todas las metodologías que vayan apareciendo, debemos centrarnos en lo esencial y construir sin olvidar jamás estos principios.

Cuando la gente dice: «En algún momento deberéis enfrentaros a la vida real», no se da cuenta de que educarlos exclusivamente para pasar exámenes o darles una infancia repleta de deberes no corresponde con ese mundo real al que tendrán que hacer frente los niños. Es mucho más inteligente formarlos como seres sociales que pasarán toda su vida rodeados de otras personas; les resultará más útil que les enseñen a ser solidarios, a trabajar en equipo, a desarrollar empatía y a adquirir los conocimientos, cualidades todas ellas que sí les exigirá el mundo actual; es decir, gente preparada, que dispone de herramientas y que está dispuesta a hacer de este mundo un lugar mejor. Creo que no se puede entender la educación de una manera más «real».

Miles de maestros y maestras desean encontrar ese punto de inflexión hacia una educación mejor que tenga en cuenta la participación de los principales protagonistas, que son los niños y niñas. Si carecen de ejemplos reales para llevarlos a la práctica, sin duda los encontrarán en este libro.

Miles de profesores han pensado en alguna ocasión: «Esto es imposible de poner en práctica en Secundaria», o «Esto no puede implantarse en nuestra escuela». Aquí descubrirán ejemplos de centros que llevan años haciendo cosas extraordinarias y con resultados contrastados.

Miles de padres y madres no encuentran respuestas a sus dudas a la hora de tomar una decisión, o de pensar qué es lo mejor para sus hijos. En este libro podrán leer los testimonios de muchas familias cuyos argumentos son irrebatibles, porque lo que más desean es el éxito y la felicidad de sus hijos.

Muchísimos estudiantes de Magisterio creen que la educación sí puede cambiar el mundo con la participación de los alumnos y desde una visión global de la educación, más allá de la simple transmisión de conocimientos, pero carecen de modelos a los que seguir. También aquí podrán acceder a esos modelos que tanto nos pueden enseñar.

En numerosos centros se hacen cosas extraordinarias. Las escuelas que he visitado no son las únicas, y esa es la buena noticia. Estos siete centros son la muestra de lo que puede lograrse si damos un paso hacia delante y contamos con los niños, niñas y adolescentes en toda su dimensión. Estas siete escuelas son, por ahora, una gota del inmenso océano que se está moviendo, y son un ejemplo claro de que, sea cual sea el contexto donde te encuentres, puedes aportar algo para cambiar las cosas. Escuelas públicas, colegios concertados, institutos que han dado lo mejor de sí a pesar de la falta de recursos materiales, escuelas rurales de cuya subsistencia depende la vida de un pueblo entero... Son experiencias que van desde Infantil hasta Bachillerato.

Estas siete Escuelas Changemaker tienen muchas cosas en común y algunas diferencias, como debe ser. Pero si algo las caracteriza es que, por una parte, conciben la educación como el primer escalón para crear agentes de cambio, e invitan a sus alumnos y alumnas a descubrir que sus actos repercuten en todo su entorno y que ellos son los protagonistas de esa transformación. Y, por otro lado, los buenos resultados académicos acompañan a este nuevo papel que se les adjudica a los chicos y chicas como seres sociales, como no podía ser de otra manera.

Hay quien piensa que la escuela es un reflejo de la sociedad. Sin embargo, otros pensamos que es la escuela la que puede cambiar esa sociedad, que es el mejor camino para conseguirlo y construir un mundo mejor. Los alumnos deben salir mejor preparados individual y colectivamente de las escuelas. Solo entonces podremos afirmar que el verdadero objetivo de la educación se ha logrado.

Espero que la lectura de este libro refuerce en vosotros la pasión por lo que hacéis, si sois docentes, o la esperanza en la educación, si sois padres o madres. Tened la convicción de que caminando juntos, siendo un equipo, podemos construir una sociedad mejor.

Puesto que la educación es un bien social y debemos compartirla, haced vuestro este viaje.

1

LA ESCUELA DEL MUNDO AL REVÉS: AQUÍ LOS NIÑOS JUEGAN A VIVIR

> Solo vivimos donde tenemos los pies.
>
> LOLI ANAUT,
> fundadora de Amara Berri

Si hay una frase que pueda definir el modelo Amara Berri, es esta: «La escuela debería concebirse como una sociedad que nos permita ser nosotros mismos, desarrollarnos y vivir plenamente».

Esa es una de las primeras cosas que me comenta Karlos de camino a la escuela. Karlos es el director de Amara Berri, y ha sido la primera persona que he visto al bajar del tren en San Sebastián. No sé cómo ha conseguido llegar hasta el mismo andén y aparecer delante de la puerta en la que me apeo. En cuanto me bajo del tren, me saluda:

—¡*Epa*, César! ¿Cómo te ha ido el viaje?

Sereno, con voz tranquila y envolvente y aspecto bonachón, se disculpa innecesariamente:

—Casi no llego. Acabo de aparcar ahí; no hay manera de encontrar sitio, oye.

—Yo también acabo de llegar —le digo con una sonrisa. Una obviedad para justificar esa excusa que no necesitaba.

Me da un abrazo y me pone la mano izquierda sobre el hombro para indicarme el camino. Nos deslizamos entre la gente que va de un lado a otro y llegamos hasta el coche, de un color gris desgastado por el tiempo y aspecto de haber recorrido muchos kilómetros. Cogemos dirección hacia Amara Berri. Habla poco, pero incluso su silencio resulta reconfortante.

—Pues sí —dice—, la escuela debería concebirse como una sociedad que nos permita desarrollarnos, vivir. En nuestro centro, los chavales viven la escuela, César.

Circulamos por varias calles, y mientras Karlos permanece en silencio, intento imaginar cómo será una escuela donde los niños y niñas viven, de la que se sienten parte y en la que disfrutan. Ese lugar existe, y tengo ganas de llegar para comprobarlo.

«Qué difícil va a ser sintetizar el trabajo que llevan haciendo en esta escuela desde hace cuarenta años —pienso mientras veo los edificios pasar—. Pero, por otra parte, lo que están haciendo ahora en la escuela es el resultado de todo este tiempo.»

—Aquí tenemos tres edificios —me trae al presente Karlos—. El que tenemos delante es el más grande de los tres.

Una vez aparcado el coche, exclama con ganas: «¡Vamos, pues!». Caminamos un par de minutos y allí, al fondo de una plaza pequeña y arbolada, está la escuela. Vista desde fuera, parece una escuela como cualquier otra. Pero lo que yo quiero ver está dentro, y allí, desde luego, no es una escuela como las demás. Karlos me presenta a Maribi, jefa de estudios, que está organizando unos papeles que tiene sobre la mesa. Juntos me conducen hasta otra sala, donde esperan Elena y Emilio, dos de los maestros. Me alegro mucho de verlos, pues habíamos coincidido en Lanzarote durante un congreso, en el que solo tuvimos la posibilidad de saludarnos. A ambos los reclaman de muchos sitios y, siempre que su agenda se lo permite, están encantados de llevar la filosofía y el modelo de su escuela a donde se lo pidan. Amara Berri no es solo un colegio, en realidad son muchos, toda una red de escuelas que comparten un sistema y una filosofía educativa basada en la empatía, la colaboración y la experimentación. De hecho, Elena y Emilio, además de atender a su condición de maestros, se encargan también de coordinar esa red de veintiuna escuelas para que todo fluya sin trabas.

En 1990, el gobierno vasco designó a esta escuela Centro de Innovación Pedagógica, lo cual supuso un estímulo para dar a conocer este modelo pedagógico e implantarlo en una red de centros del País Vasco. Al mismo tiempo, se creó un grupo asesor que mantiene estrechas relaciones no solo con los veinte centros que siguen este sistema de aprendizaje, sino también con otras comunidades autónomas como Canarias, Cataluña, Navarra o Aragón.

Tras haber investigado a fondo sobre Amara Berri, llama la atención el hecho de que sea un centro de unas dimensiones considerables y sin embargo funcione como un gran engranaje perfectamente engrasado. Este es el centro más grande de Euskadi, con más de mil trescientos alumnos y más de un centenar de profesores y profesoras. Hay muchas escuelas, con mucho menos personal, a las que les resulta casi imposible llegar a un acuerdo para llevar a cabo una simple actividad. Este es un aspecto que quiero que me expliquen, porque, al ser un centro público, debería tener los mismos problemas que afectan a las escuelas de estas características, principalmente debido al cambio anual de profesorado.

Decido preguntárselo en ese mismo momento. Seguro que entre los cuatro pueden aclarar mis dudas.

—De hecho no es algo acabado —me dice Maribi—. Es un sistema abierto, como la propia vida, que va creando nuevas interacciones sin perder por ello su ordenación sistemática.

—¿Y por qué lo llamamos «sistema»? —interviene Emilio, ajustándose las gafas sobre la nariz—. Porque todos los elementos naturales, humanos, físicos, intencionalidad educativa, estructura organizativa, actividades vitales, metodología, recursos, seguimiento, evaluación, etc., están en constante interacción. En este sistema, las partes interactúan entre sí dentro de un todo, y todo lo que se hace y las personas que lo conforman son importantes. Ya lo irás viendo.

Estas cuatro personas, junto con algunos maestros más, son el motor que hace que este centro y toda la red de escuelas Amara Berri funcionen con éxito; aunque todo empezó con Loli Anaut, el alma de este proyecto. Durante años fue la directora pedagógica y la que impulsó el nuevo concepto del sistema Amara Berri. Se jubiló en 1999, dejando tras de sí un gran patrimonio pedagógico que siguen desarrollando estos maestros.

—Si te parece —dice Maribi—, nos vamos tú y yo a Infantil, y así empezamos con los más pequeños. Y ya luego te vas con Emilio para que te enseñe más cosas.

—¡Perfecto! —contesto.

Tengo ganas de perderme por las clases y descubrir la esencia de esta escuela. Además, cuento con la mejor de las guías. Nos despedimos de Karlos, de Elena y de Emilio y salimos del edificio. Debemos caminar unos minutos para llegar al lugar donde está Infantil.

—El modelo Amara Berri se define por unas características que te ayudarán a entender la complejidad de un sistema en el que todo está interrelacionado, pero que tampoco resulta tan complejo —me explica Maribi en un tono tranquilo—. Utilizamos el juego para el desarrollo de las competencias que normalmente se dan en contextos de gente adulta pero adaptados a la edad que tienen.

—¿Qué tipo de juego?

—El juego relacionado con las situaciones cotidianas. Este tipo de juego permite a los alumnos desarrollarse y aprender a descubrir las claves de la actividad, a trabajar con método, a relacionarse, a asumir responsabilidades, a tomar decisiones, a ilusionarse... Hay otra base que hará que entiendas mejor esta escuela y que es fundamental: aceptar que cada persona posee un potencial propio, diferente del resto. Comprender esto es determinante a la hora de programar, de intervenir, de evaluar, o de concebir la escuela. Así, estos dos ejes conforman un sistema en el que todos los elementos se interrelacionan, con el fin de conseguir un desarrollo global y armónico de los niños y niñas.

Dicho así, parece fácil. Una escuela que fundamenta el aprendizaje de los niños y niñas en el juego y en situaciones cotidianas. Sin duda, si fuera niño, con esto ya me bastaría para querer ir a esta escuela. Pero yo necesito saber más.

—Entonces, Maribi, si la base es el juego...

—El juego basado sobre todo en la imitación de las actividades de los adultos —puntualiza—. Quiero que lo veas. Aquí tienen sus tiendas, su casa, donde pesar alimentos, cortar sus telas, vender pescado, un espacio en el que pueden recrear esas situaciones. La escuela debe ser un lugar que promueva ese tipo de relaciones.

—¿Y cómo integras en todo esto el plan de estudios?

—No programamos por materias, sino a través de actividades vitales, en las que los alumnos desarrollan todas las competencias que se interrelacionan entre sí. Además, en las actividades que hacemos, mezclamos alumnos y alumnas de distintas edades, pero como cada uno de ellos realiza trabajos diferentes acordes a su madurez y nivel, apenas se percibe la diferencia entre las distintas edades. Por otra parte, vemos esa diferencia como una cualidad y no como un factor discriminatorio.

—Claro. Si los estáis educando para la vida real...

—La escuela tiene que reflejar la vida real. Esa es la cuestión —observa—. Por eso los chicos y chicas hacen prácticamente todo en grupos, aunque también realizan actividades de forma individual, porque la socialización es uno de los pilares de la educación, y debe fomentarse en las escuelas, ¿no te parece?

—Desde luego que sí.

—Ya queda poco para llegar —me dice.

Caminamos por una calle arbolada, y el paseo resulta agradable. De hecho, charlar con Maribi ya es agradable en sí mismo. Tiene el pelo blanco, pero no es muy mayor, y un rostro que delata inteligencia. Habla de forma pausada, igual que Karlos. Parece que es una característica común a todos ellos.

—Y te diré dos cosas más antes de llegar. La primera, todas las actividades tienen un Método de Trabajo; lo llamamos así. El método marca las pautas para que los niños puedan desarrollar todo su potencial, pero es flexible, ya que deja un gran margen a la creatividad y a las decisiones de cada uno.

—¿Sería algo así como un manual de instrucciones para extraer todo su potencial?

—Algo así —dice sonriendo—. Y una cosa más: todas las actividades tienen un «para qué» en sí mismas, además de una utilidad en el mundo exterior. Es lógico, ¿no te parece?

—Disculpa, pero no entiendo...

—Si pensamos en las cosas que realizamos como adultos, todas tienen un «para qué»: ¿para qué has venido?, ¿para qué estudiaste?, ¿para qué...?

—Es cierto.

—Aquello que hacen no se va a guardar en un cajón ni su fin último es limitarse a poner una nota y luego olvidarlo. Aquí los niños hacen exposiciones, presentan lo que han hecho en la televisión, lo comparten en la radio o en la prensa escrita... Un pequeño detalle —puntualiza—: ellos mismos gestionan esos medios. Podrás comprobarlo.

Toda la información que me da Maribi hace que recuerde una frase de Loli Anaut, fundadora de la escuela, que indudablemente confirma estos datos: «A veces decimos que hay que motivar a los niños, pero, de hecho, ya tienen sus propias motivaciones». Lo importante es que la escuela y la actividad estén planteadas de tal manera que conecten con sus intereses y permitan que estos afloren. ¿Cuáles son esos intereses?: el juego. Y no hay que tener miedo de la palabra «juego», porque es un

«A veces decimos que hay que motivar a los niños, pero, de hecho, ya tienen sus propias motivaciones.»

auténtico medio para que el alumnado adquiera gusto por el trabajo. Si dejamos libres a esas pequeñas criaturas y las observamos, veremos que jugando imitan el mundo de las personas adultas.

Romper la pared

Entramos en un edificio antiguo con mucho encanto. Hay unas escaleras anchas de madera, en forma de caracol, pero no las subimos; nos quedamos en la planta baja. En este edificio, todas las salas son de techos altos, suelos de madera y poseen el atractivo de las edificaciones antiguas bien cuidadas.

Vamos primero a la sala de psicomotricidad; un lugar amplio, con grandes ventanales y anchas paredes. En medio de la sala hay un muro, perfectamente fabricado, con bloques de foam, esas piezas enormes y blandas que se usan para hacer construcciones gigantes, que se prolonga de pared a pared.

A la vez que nosotros, entra un grupo de niños y niñas de tres y cuatro años. Me echo a un lado y los observo, y, para mi asombro, se sientan en una esquina y empiezan a quitarse sus pequeños zapatos con una calma inusual. Luego los colocan de forma ordenada junto a la pared y, una vez descalzos, esperan, ahora sí, ansiosos a que la maestra les dé permiso. Una vez están todos listos, al aviso de «¡Ya!», las hordas de niños y niñas salen corriendo hacia aquella estructura y, sin moderación alguna, se lanzan contra el muro de foam, destruyéndolo por completo.

Ese es el objetivo, como cada vez que van a esta sala. Ahora, una vez rota la pared de bloques, cada uno coge las piezas que quiere y les da el uso que considere apropiado. Así, un grupo de niñas empieza a construirse una casa y, al terminar, se meten dentro para jugar y dar rienda suelta a su fantasía; un niño que parece despistado coge dos bloques y los pone uno sobre otro, y luego se queda parado frente a ellos contemplándolos. Otro grupo de niños y niñas han decidido hacer una batalla y arrojarse los bloques los unos a los otros.

Mientras, las dos maestras que están con ellos toman notas y observan las reacciones de los niños: las relaciones que se establecen entre ellos, qué tipo de grupos forman (si son juegos repetitivos o no...).

—En este tipo de actividad aflora lo que cada uno lleva dentro —me dice una de ellas—. La primera regla es disfrutar, y para ello, evidentemente, no hay que hacer daño al prójimo, ni romper las cosas que han hecho los demás, y respetar las reglas que hemos establecido entre todos.

Mientras me explica el funcionamiento de la sesión, otro grupo de niños y alguna niña se lo pasan en grande saltando de un trampolín, oculto tras el muro de foam, sobre unas colchonetas. Sudan, ríen y corren de nuevo hacia el trampolín.

—Al final —comenta la otra maestra—, cuando acabamos la sesión, entre todos recogemos la sala, volvemos a construir la pared y recogemos todos los trapos y muñecos que han utilizado. Después hacemos alguna sesión de relajación o bien los niños dibujan sobre lo que acaban de hacer: si una niña ha sido una princesa, dibuja una princesa; si otro ha sido un guerrero, dibujará un guerrero. Los que han estado en la zona motora se dibujan a sí mismos saltando del trampolín. Otras veces contamos algún cuento...

Supongo que para los niños disponer de ese espacio es algo extraordinario teniendo en cuenta lo bien que se lo pasan, además de ser una especie de laboratorio muy interesante para estudiar las relaciones y los vínculos que se establecen entre ellos. Pero también pienso que volver a poner orden a todo ese caos debe de ser agotador. Sin embargo, en cuanto las maestras se lo piden, los niños y niñas dejan de jugar y construyen de nuevo la muralla de foam como si fuera una parte más del juego. Se ayudan unos a otros a llevar las piezas, se echan una mano para colocarlas en forma de ladrillos en el muro y, además de recoger lo que cada uno había extendido, se ayudan los unos a los otros; colaborar es algo natural en ellos. Existe un sentimiento de grupo; entre ellos no hay lugar para las excusas, sino para la cooperación. Decido cronometrar el tiempo que les lleva recogerlo todo, porque lo que estoy presenciando es algo extraordinario, y compruebo que en tres minutos dejan todo como lo habían encontrado al entrar, y la sala está completamente despejada. Una vez que el muro está reconstruido, vuelven a colocarse los zapatos y luego le dan un abrazo a sus maestras.

Salimos de la sala entre seres diminutos y, ahora sí, tomamos las escaleras para subir al segundo piso. En un pasillo ancho que el sol ilumina de lleno, decenas de motos, bicis, caballos y elefantes de plástico se suceden en un aparcamiento bien organizado. Ahí guardan sus vehículos los que estudian en ese edificio.

Llegamos a la zona de las aulas y, abriendo despacio la puerta, Maribi me invita a entrar en una clase donde hay algunos niños de tres años. A la izquierda veo un escenario que han montado con una pequeña tarima y cuatro maderas que llegan hasta el techo. Sobre él está la abuela de Caperucita Roja con una peluca gris y unas gafas redondas que no encuentran apoyo en una nariz tan pequeña. La abuela está hablando con el lobo, y Caperucita, a punto de entrar en escena. Cerca del entablado, el resto de los compañeros y compañeras están sentados en semicírculo atentos a la escena, mientras escuchan a otra niña que narra la historia. A esta le ha tocado hoy leer el cuento, y lo hace con su propio vocabulario, introduciendo frases inventadas con tal sutileza que hace olvidar a la audiencia el hecho de que no sabe leer todavía. Se ha disfrazado de lectora de cuentos con un bombín y una pajarita verde gigante, indispensables para leer cualquier relato, y sobre su regazo apoya un libro enorme comparado con su pequeño cuerpo, y versionado seguramente por ella misma. La maestra, sentada en una silla como el resto de la clase, no pierde detalle de la actuación ni de la lectura.

—Esta sesión colectiva —me susurra Maribi para que no nos llamen la atención— gira en torno al cuento y a la puesta en escena. Han trabajado, y trabajan, de forma sistemática esos cuentos, y así los niños los aprenden mejor, para luego poder representarlos.

Salimos de puntillas para poder seguir hablando sin molestarlos.

—Con los alumnos de cinco años, por ejemplo —me explica—, además de los cuentos, utilizamos otro material que son los *sketches*. Se trata de historias muy cortas que representan muchas veces situaciones cotidianas, y se les enseñan las estructuras lingüísticas que necesitan. Lo que se consigue con ellos, puesto que son cortitos, es que vayan asimilando esas estructuras. Es también una herramienta pedagógica dirigida a aprender el euskera, teniendo en cuenta que el sesenta por ciento del alumnado lo desconoce.

Nos acercamos a otra sala cuya puerta está abierta y entramos.

—Es la clase de cinco años —me dice Maribi.

Los niños y niñas están distribuidos en cuatro ámbitos bien diferenciados.

—Todos los niños —me explica— se dividen en cuatro subgrupos que son estables durante un tiempo si funcionan bien. Se forman en función de niños, niñas, caracteres, etc., para que los grupos sean equilibrados. Irán rotando en cada sesión en diferentes zonas. En las clases de los niños de cinco años tenemos la zona de teatro, la zona de la tienda, la zona de plástica, la zona de las letras, donde empiezas el proceso lecto-escritor. Y, además, también está la zona de la casa, por donde pasan todos los alumnos.

Tras las explicaciones de Maribi, observo la clase y de pronto me quedo sorprendido al ver a un niño con la camiseta de la Real Sociedad al teléfono.

—Sí. Que quiero saber cuándo abres la tienda. Estoy con mi familia en casa y tenemos que comprar galletas —dice, y permanece atento a la voz que pudiera salir del otro lado del hilo.

En la otra punta de la clase, una niña sujeta otro teléfono entre el hombro y su oreja, mientras simula tomar notas en una libreta.

—¡No abrimos todavía! Primero tenemos que ver qué nos traen porque me quedan pocas galletas de las que os gustan. Llama en un rato.

—Maribi... —murmuro—. Pero eso es... ¡genial!

A ella no se la ve sorprendida como yo, puesto que se trata de una actividad habitual. Pero es realmente fantástico ver la interacción entre los niños.

—Uno de ellos está en la tienda y otro en casa —me dice—. En realidad, el juego de la tienda-casa es un juego de compraventa. Pero antes de comenzar esta sesión, los tenderos han estado preparando el material que tienen y el dinero con el que cuentan. Y, una vez han hecho este trabajo de recuento de dinero y de material, abren la tienda y el teléfono sirve para comunicarse con la casa y decir: «Soy el tendero. La tienda está abierta».

—¿Y consiguen controlar la situación?

—Al principio, mientras se normaliza la actividad, y con cinco años, no todos se ajustan a la situación que se plantea, obviamente. Al principio, ellos van a comprar siguiendo el juego simbólico que es típico de estas edades, y sí que es verdad que muchas veces vienen a pagar con un dinero que no se ajusta a la realidad. Llegan con un céntimo y compran, por ejemplo, cromos de animales que cuestan cinco céntimos, y a lo mejor se los dan y no pasa nada. Durante una temporada se van ajustando poco a poco a la realidad de la situación. En un momento dado, alguien le planteará al otro que un céntimo es menos que cinco y que con eso no le llega. Esto se va ajustando durante el primer trimestre.

—Pero imitan a los adultos perfectamente...

—En el segundo trimestre, cuando ya lo tienen bastante interiorizado, suelen hacer un pedido desde la casa para encargar lo que van a comprar y calcular lo que van a gastar en la tienda.

—¡Ahí están las matemáticas reales!

—Claro. Luego, en la tienda, les hacen la cuenta porque los tenderos sí que hacen la suma en la caja de los productos que han comprado. Comprueban si lo que ellos han traído desde la casa coincide con la cuenta que los tenderos han hecho. Pero, antes de todo esto, siempre tienen que manipular, tienen que jugar, tienen que vivir y tienen que interactuar para plantearse situaciones que a lo mejor no se les habían pasado por la cabeza.

Entonces Maribi me propone volver al primer edificio para seguir viendo otros niveles, pero no puedo irme de allí sin que abran la tienda. Doy unas cuantas vueltas por la clase y sus distintas zonas. Una maestra va de un lado a otro por si la necesitan, pero normalmente ellos llevan su propio ritmo. Me acerco a la zona de la casa, donde un niño está colocando platos y otro, el de la llamada, hace como si lavara una lechuga de plástico pero sin perder de vista a la niña de la tienda. En ese instante la niña lo ve, se pone un delantal y se acerca a coger el teléfono.

—¡Ring! ¡Ring! —suena la niña.

El niño de la lechuga, tras secarse las manos con un trapo, coge el teléfono:

—¿Sí?

—¡La tienda ya está abierta! —avisa la tendera. Y cuelga.

El seguidor de la Real agarra entonces una cesta que guarda

bajo la mesa y cruza la clase hasta llegar a la tienda. La tendera le saluda amablemente y se agacha buscando algo. Emerge con un bote transparente de galletitas saladas que enseña al comprador. Luego lo agita con energía y, acto seguido, le quita la tapa y acerca el bote para que el otro niño lo huela.

Satisfecho con la mercancía, coloca la cesta de plástico sobre la encimera y la niña vierte con cuidado diez o doce galletitas dentro. El niño entonces saca unas monedas de su bolsillo y paga con ellas. Después regresa a su casa.

El Barrio

Cuatro niños de 1.º y 2.º de Primaria están sentados alrededor de una mesa redonda mientras se llevan a la boca peces de plástico. Simulan estar comiéndoselos y, de vez en cuando, los dejan en los platos de plástico que les corresponden. Aprovechan entonces para echar mano de sus vasos para beber algún líquido imaginario.

Se acerca entonces el pescadero a la mesa y les dice:

—Es que no me los habéis pagado...

—¡Hala! —exclama uno de los comensales—. ¡Se me ha olvidado!

El niño se levanta, consciente de su descuido, y acompaña al tendero hasta la pescadería, dos metros más allá, y, una vez allí, le da las monedas necesarias para saldar su deuda.

Esto sucede en un departamento de Primaria al que llaman «Barrio».

Lo que en las clases de los alumnos de cinco años es la casa y la tienda encuentra su continuidad en 1.º y 2.º de Primaria en este departamento (nombre que reciben las aulas con un uso específico), donde ya no hay solo una casa y una tienda, hay muchas, y en cada una de ellas pueden comprar distintas cosas:

pescado, un kilo de alubias, dos de lentejas o metro y medio de lana para fabricar cosas con ella.

Maribi me deja con Emilio, que va a acompañarme a partir de ahora. Él me explica cómo trabajan las competencias en Primaria.

—Trabajamos con diferentes edades —comenta—. Para los que llegan de Infantil, con cinco o seis años, tratamos de buscar los enlaces que tengan con Primaria. En la mayoría de las escuelas parece que Infantil sea un mundo y Primaria otro muy diferente. «En Infantil se puede jugar; en Primaria hay que empezar a trabajar», suelen decir a menudo.

—Sí, hay que acabar con esa idea.

—Con la «zona de desarrollo próximo» y todo lo que sabemos a nivel teórico, tenemos que reflejarlo. Así, en Primaria ha de haber algo que les recuerde a Infantil, y que los niños se sientan a gusto; en ningún caso debe ser un cambio brusco para ellos.

—He visto que a medida que entraban los niños, algunos se paraban a hacer unos ejercicios que había en la pizarra. ¿Puedes explicármelo?

—Sí. La maestra les pone en la pizarra una serie de operaciones para trabajar estrategias de cálculo. Así, cuando entran pueden ir resolviéndolas. Lo hacen los que quieren, no es obligatorio, pero al final todos acaban buscando estrategias para resolver las operaciones y se ayudan unos a otros.

—Sí, ya veo que le dais importancia al cálculo mental en todas las actividades que han ido haciendo.

—Para nosotros es importante trabajar estas estrategias porque queremos desarrollar sobre todo el concepto de número y que ellos aprendan a calcular mentalmente, porque para operar con grandes cantidades ya tenemos calculadoras. ¿O acaso, cuando vas de cena con amigos, haces la cuenta con los dedos?

—(...) En la mayoría de las escuelas parece que Infantil sea un mundo y Primaria otro muy diferente. «En Infantil se puede jugar; en Primaria hay que empezar a trabajar», suelen decir a menudo.
—Sí, hay que acabar con esa idea.

Tras observar a los niños en su quehacer, me doy cuenta de que entienden enseguida las explicaciones de la maestra. Una vez han llegado todos, se distribuyen entre los cuatro contextos, algo que también existe en Infantil, aunque aquí están divididos por paneles que superan la altura de los niños.

Cada contexto es una zona, como, por ejemplo, la tienda, que se divide a su vez en distintas secciones para trabajar las diferentes unidades de medida: está la de alimentación, donde trabajan el concepto de masa; con el líquido estudian el volumen, la capacidad, etc. En otra zona abordan las medidas de longitud, o en la caja practican con las monedas. En la tienda tienen pesos, báscula, un metro, tijeras...

Para que puedan jugar y que la tienda resulte creíble, alguien debe ir a comprar cosas. Entonces empiezan a trabajar y a jugar en la casa, cuya actividad, relacionada con la tienda, es hacer un menú. Y en ese menú debe constar qué van a pedir, qué cantidades, etc. Y luego elaboran unas gráficas sobre lo que hacen, cómo influye en el peso corporal...

Hay una tercera zona que está en medio de la clase, donde realizan unas tareas relacionadas con la expresión plástica, como telares, pompones, pulseras y todo lo que pueda medirse. Y para conseguir el material deben hacer una hoja de pedido para la tienda. En la pared tienen colgada la lista de las lanas y sus precios. Unos multiplicarán, otros sumarán, pero al final acaban resolviendo el problema del cálculo. Cada uno dispone de su método de trabajo, pero avanzan igualmente.

En la hoja de pedido, uno puede empezar por unidades muy sencillas, y otros, directamente por el número decimal; depende del niño. Esto permite que cualquier alumno que participe en esta actividad pueda hacer su propio proceso acorde con su nivel de aprendizaje y avanzar a su ritmo.

La cuarta zona está reservada a los juegos matemáticos. Tienen un ordenador y un pequeño cuaderno en el que hacen pasatiempos. También pueden acceder a la «prensa matemática», en la que los propios niños han ido creando acertijos y adivinanzas con los contenidos de esta materia.

Con el Barrio he conseguido entender la distribución de los espacios. Los departamentos están organizados en función de las diferentes actividades. Todo esto les permite rentabilizar los recursos, porque con menos recursos participan todos. Y gestionan esos recursos de una manera social, ya que los chicos no traen nada de casa: ni un libro, ni un cuaderno, ni un lápiz... Eso posibilita la igualdad de oportunidades y facilita la atención a la diversidad.

Salgo del Barrio pensando en la cantidad de gente que, al ver cómo funciona, se habrá dicho: «Si me hubieran enseñado así las matemáticas, otro gallo cantaría».

Nos dirigimos a la biblioteca, pues, según Emilio, esta sala es donde se inician todos los proyectos. Sería fantástico que fuera así en todos los centros educativos.

En nuestro recorrido por las clases nos encontramos con chicos y chicas yendo y viniendo por el pasillo, como un goteo constante que adorna esta parte de la escuela. En todo momento hay algún niño caminando por el pasillo. Más tarde descubriré que tienen autonomía casi absoluta para salir de clase e ir a diferentes sitios: a la biblioteca, a la sala de medios donde están su televisión, su radio, su periódico y su página web, a la asamblea de participación del alumnado... Ese ir y venir no corresponde a un caos sin control, sino más bien todo lo contrario: se trata de una organización en la que no es necesaria la vigilancia constante de un adulto para que haya una buena convivencia y que los niños desempeñen correctamente sus tareas. Se basan en un principio de confianza en los niños y niñas que repercute en mejores resultados y en una mayor responsabilidad por parte del alumnado.

La biblioteca es el lugar que más frecuentan los niños. Está situada en el centro del edificio, y bien por placer o porque necesitan algún libro para trabajar en un proyecto, siempre hay alumnos en ella. Tanto es así que los que la administran son los propios niños y niñas. Muchas de las actividades que se desarrollan en un departamento nacen en este lugar. Sea cual sea el proyecto a realizar, los alumnos van a buscar la información a la biblioteca. Y ahí se inicia el proceso que conlleva cualquier tarea. En esta sala encuentran documentos para sus trabajos, archivos de consulta, libros de lectura para casa... Y, según me comenta Emilio, y me parece todo un acierto, si un libro no les gusta, lo devuelven. Se trata de que aprendan a disfrutar con la lectura.

Al acercarme, me encuentro con una fila de ocho o nueve niños. Intento aproximarme a quien está a cargo de los préstamos y devoluciones y me hago hueco entre aquellos que vienen a devolver o a llevarse un libro. Un alumno y una alumna de 4.º de Primaria ejercen la función de bibliotecarios. Rectifico: son los bibliotecarios. Les pregunto y, mientras siguen atendiendo al personal, me responde el chico muy amablemente:

—Hacemos este trabajo todo el día. Nos encargamos de préstamos y devoluciones, hacemos búsquedas en el catálogo del ordenador, aprendemos a colocar el fondo y sabemos devolver los libros a su sitio y encontrar otros que nos piden.

—Es un trabajo muy chulo porque ves lo que leen los compañeros y esto hace que también a nosotros nos guste más leer —añade la bibliotecaria de nueve años.

Disfruto viendo a esos niños organizando toda una biblioteca, pero también al contemplar la larga fila de compañeros que esperan ser atendidos para conseguir un libro. Esa imagen es en sí misma un logro mayúsculo, sin ninguna duda. Pero intento ver la parte negativa de aquello y así provocar a Emilio para que me lo explique.

—Si los alumnos se pasan todo el día aquí, entonces ¿cómo aprenden las otras materias?

—La pregunta —responde con una sonrisa— debería ser: «¿Qué aprenden aquí?». Esa es la pregunta correcta. ¿Dónde crees que se les enseña o aprenden a planificarse? La vida no se acaba a los cinco años ni a los doce, afortunadamente. Disponen de mucho tiempo por delante para regresar a ciertos elementos. Y estos dos niños están haciendo un trabajo a la comunidad. Se van turnando según los días, y saben el trabajo que supone esta tarea, y también saben que deben tratar con respeto a sus compañeros, y poseen las habilidades necesarias para situarse en un lado y comportarse como deben, y estar en el otro y responder, también, como deben.

De pronto se nos acerca Telmo, un niño de 2.º, que viene a devolver un libro y se lo da a los encargados.

—¿Te ha gustado? —le pregunta el bibliotecario.

—Mucho, me ha encantado.

Y entonces Telmo saca una pequeña libreta y apunta el título del libro que ha devuelto.

Una crack del origami

—¿Algún otro favor? ¿Alguien ha hecho algún favor esta semana o habéis visto cómo alguien lo hacía? ¡En casa también vale! ¿Vivimos en un mundo sin favores? Pensad un poquito. ¡Leire!

Juales, un maestro que lleva muchos años en la escuela y a quien los alumnos tienen mucho cariño, está en una dinámica para animar a los chicos y chicas de 5.º y 6.º de Primaria a pensar en los favores que han hecho o recibido. Juales tiene el pelo blanco y una mirada profunda. Le encanta utilizar la ironía con los chicos, y a los pocos segundos de estar allí se percibe claramente que sus alumnos le respetan y admiran.

—A Ainara se le rompieron los pantalones, entonces yo por casualidad tenía dos en la mochila y le dejé uno —dice Leire.

—Muy bien, Leire —responde enseguida Juales—. Yo hoy he salido de casa y he visto la bicicleta de mi hijo mal aparcada y la he aparcado bien. Él no sabe que la he aparcado bien. No sé si luego decirle que le he hecho un favor o echarle la bronca, pero el favor está hecho.

Todos ríen.

En este espacio se reúnen semanalmente los representantes de 5.º y 6.º de Primaria y trabajan durante una hora la participación y la organización de los alumnos. Es como una asamblea donde hay alumnos que representan la biblioteca, otros el comedor, otros las actividades extraescolares, o los medios audiovisuales, o las reuniones, etc. Y cada aula tiene así su portavoz.

Allí exponen las propuestas o preocupaciones de su clase o del ámbito del cual son delegados, y luego se encargan de transmitir las conclusiones a sus compañeros. También abordan temas más globales, como el uso del agua o el consumo del papel. Este año les toca la sostenibilidad de la ciudad y la de la escuela.

—Vaya. ¿Y qué hacéis para lograr esa sostenibilidad? —les pregunto.

—Hablamos sobre la hora del almuerzo —responde Ainara—, sobre cómo mantener limpio el patio y no ensuciarlo, porque a veces estamos muy contentos de limpiarlo bien, pero sería mejor no ensuciarlo y así solo tendríamos que limpiar un poquito.

—También debemos saber qué hacer si tenemos un lío en el comedor —dice un compañero—. En las extraescolares surgían un montón de conflictos que no se producían en la escuela, pero resulta que repercutía luego en ella. Esas cosas tenemos que arreglarlas también.

Me alegra ver un grupo de chicos y chicas de unos once años preocupados por su centro y también por respetar el medio y por tener una convivencia sana con los compañeros.

—Y ahora estábamos comentando quiénes participarán en la fiesta de la escuela —me comenta Juales—. Los que estarán de camareros son antiguos alumnos del colegio, que ya están en el instituto. Luego hay otro alumno que ese día se luce por todo lo alto y hace una exhibición de peonza y realiza un taller en el que enseña unos trucos. —Y dirigiéndose a un chico, le pregunta—: ¿Qué trucos sabes? ¿Cuáles hay ahora?

—La cobra, la bailarina, el boomerang, helicóptero, carrusel... —contesta el chico experto en el manejo de la peonza.

—Bueno, pues entonces ese día, casi a final de curso, se pega un lucimiento —continúa explicándome Juales—. Hay más talleres; por ejemplo, el de maquillaje, porque Melanie y Leire se han apuntado para maquillar a los pequeñajos. Las hemos avisado porque el año pasado tenían una marcada tendencia gótica, así que a ver si este año todo resulta más florido y primaveral.

Todos ríen de nuevo.

—¿Podemos cambiar de taller y hacer dos a la vez? —pregunta Leire—. Es que, además de lo de maquillar, Melanie y yo querríamos ayudar con la comida.

—Vale, estáis en el taller un rato y luego os animáis también. ¡Leire y Melanie se animan! ¡Muy bien! Y ahora —se vuelve hacia una chica tímida que se tapa media cara con las manos— estamos intentando convencer a una crack del origami, y que hace unas figuras brutales. ¡Necesitamos su participación! ¡No hay origami como el de Ainara! Ainara, ¿quieres hacer origami para la fiesta? —Ainara asiente riendo—. ¡Bien! ¡Por fin nos animamos!

Desde Infantil hasta 6.º de Primaria se siguen muchos patrones similares en las distintas clases. Y eso mismo quiero comprobar ahora: cómo puede repetirse una misma estructura en distintos niveles. Analizo el uso de la competencia lingüística de 1.º a 6.º.

—Los niños y niñas de 1.º y 2.º trabajan juntos —me explica Emilio al entrar en la clase de los pequeños de Primaria—, y cada niño comienza desde su propio nivel. Para poder trabajar así, las herramientas deben ser numerosas y variadas y todas están al alcance de los niños y niñas. Hay cuatro contextos, cuatro zonas.

Emilio me invita a seguirle por la clase.

—Una de esas zonas tiene el cuento como unidad principal, porque hay una parte emocional, una parte afectiva. Esta es una zona de creación; solo se crean cuentos. Hay otra actividad relacionada con Infantil en la que escriben cartas, mensajes secretos... Tiene que ver con la comunicación. Cuando vienen los pequeñitos, estas son las dos primeras zonas por las que empiezan, porque les suena más.

—Sí —le digo—, pero no debe de ser fácil para muchos niños ponerse a escribir un cuento y que se les ocurra una historia.

—Antes les poníamos la «hoja en blanco» —me explica sonriendo Emilio—. Y la hoja en blanco da mucho vértigo; pregúntaselo a los adultos. Sin embargo, ahora tienen como apoyo muchas propuestas para estimular la creación: viñetas, inicios de cuentos, historias inventadas, cómics, etc. Algunos pueden pedir plantillas y otros no las necesitan, de modo que ofrecemos distintas herramientas según las necesidades de cada alumno. Así todos se sienten cómodos. Además, los niños más mayores bajan y les cuentan cuentos, y escucharlos les ayuda a crear una estructura mental.

Me guía hacia otro grupo, en el que cuatro niños trabajan

cada uno con un cuento distinto, y mientras uno escribe afanosamente, los otros dibujan mirando el libro.

—En este contexto se trata de analizar los contenidos. Eligen un cuento y deben volver a escribirlo con sus palabras, reinterpretarlo o hacer sus propios dibujos basados en los relatos. Y cada actividad dispone de un método de trabajo que tienen escrito en la pared.

El método de trabajo es la secuencia ordenada que define cómo realizar una actividad, a la vez que ofrece suficientes pistas al alumnado sin que esto entorpezca las estrategias personales. Cada una de las actividades que proponen tiene su propio método de trabajo. Eso solo se logra después de años de trabajo y estudio.

—A la cuarta zona la llaman «Charlas» —me dice mientras entramos en otro contexto—. Dentro de las competencias comunicativas está el hablar en público, y este es el lugar donde se preparan. En las charlas, el método de trabajo es más complejo: elegir un texto científico en la biblioteca, ponerle un título, tu nombre, hacer un dibujo acorde con el contenido, escribir un texto seleccionado, subrayar ciertas palabras... Es decir, primero ensayo, luego lo presento y, finalmente, coloco la pegatina en mi hoja de autocontrol. Y ahí acaba el proceso.

Observo que cada vez que un niño termina su actividad, se levanta y pone una pegatina en su nombre, que consta en una lista que está colgada en la pared. Es la forma de autoevaluarse. Además, según me cuenta Emilio, durante las charlas, los compañeros evalúan a quien habla, siempre buscando una mejora, y la persona que ha dado la charla, a su vez, valora el comportamiento del público. ¿Acaso no es un sistema genial?

—Hay tres cosas que me llaman la atención —le digo a Emilio—: veo que dentro del aula hay una maestra que está con dos niñas y que se comunica con ellas a través del lenguaje de signos.

—Siempre trabajan dentro del aula —me responde—. Muchos niños que comparten clase con ella conocen desde hace tiempo ese lenguaje. No lo dominan del todo, pero son capaces de comprenderlo y de comunicarse de forma básica.

—¡Eso es fantástico! Todos deberíamos conocer la lengua de signos. He observado otra cosa que me gusta: las mesas de los niños están colocadas en forma de grupo, el maestro no tiene mesa propia y se desplaza por la clase, dándoles herramientas para sus trabajos, ayudándolos...

Emilio sonríe. Seguro que le habrán hecho las mismas preguntas muchas veces.

—Hay que tener en cuenta que cada contexto dispone de sus métodos de trabajo, y eso hace que los alumnos disfruten de más autonomía. Y todas las actividades, desde las más sencillas hasta las más complejas, tienen sus métodos. Además, dependiendo del contexto, se necesita una mayor o menor intervención del maestro. Si todos precisasen la intervención constante del profesor, no daríamos abasto. La Charla, por ejemplo, requiere más atención que la creación de cuentos o cómics.

—La tercera cosa que me resulta curiosa es aquello —le digo señalando hacia una esquina, cerca del techo—, un televisor en el aula.

—Hay uno en cada clase, y así pueden ver las noticias que otros alumnos crean en la sala de medios.

—Una sala de medios en la escuela... Emilio, tienes que llevarme a verla.

Esta estructura de cuatro contextos y de distintas edades se repite hasta 6.º, pero con distinto nivel de dificultad. Así, por ejemplo, los de 3.º y 4.º trabajan con los dos idiomas ya integrados, en euskera y en castellano, y se centran en las charlas, en las revistas... En otro contexto abordan la gramática; en otro su misión es buscar información que introducen luego en la web. En la zona llamada «El cosquilleo de la pluma» trabajaban la escritura creativa y, además, preparan cuentos para contárselos a los de Infantil. Por último, en otro contexto, durante un cuatrimestre se dedican a los pasatiempos y al siguiente al teatro, y finalmente montan una obra.

Tras cada una de estas actividades, cada alumno escribe una reflexión dirigida a la mejora individual y colectiva.

Y en 5.º y 6.º funciona de forma similar, pero con un mayor grado de dificultad, y estudian en profundidad los medios de comunicación, una herramienta que estos chicos usarán mucho durante los dos últimos años en la escuela.

Todo, absolutamente todo, lleva ese «para qué» del que me ha hablado Maribi: todas las actividades están enfocadas a la realidad. Si se trata de un cuento escrito, irá a parar a un blog, o a un periódico, de forma que los compañeros tengan acceso a él, o bien se guarda en la biblioteca de cuentos inéditos para que los alumnos puedan leerlo; si es una representación, esta acabará en la radio o en la televisión; si es una noticia, en todos los medios. En definitiva, crear y compartir.

Luces, cámaras...

El aula de medios de comunicación no es un aula al uso. Me parece fascinante todo lo que entra y sale de allí. Si en la biblioteca se inician todos los proyectos y en las aulas se realiza el trabajo, aquí se da una salida real a estos trabajos.

Son cuatro espacios: la prensa, la radio, la televisión (que tiene dos zonas: una de grabación y otra de edición) y la elaboración de la página web de la escuela.

La sala de medios está abierta a la escuela para que alumnos y familias estén informados de lo que se hace en la escuela y compartan sus trabajos. ¿Que en clase representan una obra de teatro, leen una poesía, escriben un cuento, llevan a cabo una investigación? Pues entonces recurren a los medios para poder compartirlo con todos los compañeros: bien en el canal directo de televisión o en el periódico, o con la comunidad si se trata de la radio, o con las familias si es en la web.

Muchos trabajos no pasan por esta sala; por ejemplo, un trabajo de arte se muestra montando una exposición. Incluso las charlas se llevan a cabo como les corresponde, es decir, directamente ante los compañeros. Pero si deciden llamar a los reporteros y les piden que la graben, entonces se graba, se edita y se cuelga en la página web.

Los encargados son los alumnos de 3.º a 6.º, pero pueden venir alumnos de cualquier departamento y edad para presentar sus trabajos o para pedirles que hagan fotos o que graben un reportaje en alguna clase. Es un espacio muy dinámico, en el que se refleja perfectamente la función principal de los medios de comunicación: dar sentido real a lo que se hace en las aulas, que nadie trabaje porque se lo ha pedido el maestro o por la nota o para luego guardarlo en un cajón. Los proyectos se hacen con el sentido real de aprender y comunicar. Ahí está, de nuevo, ese «para qué».

«No son talleres de prensa —me dice Emilio mientras yo observo asombrado todo ese montaje—. Son un servicio a la comunidad que llevan los propios niños.»

Intento imaginar cómo podría implantar todo aquello en una futura escuela donde yo trabajara. Estos niños y niñas deben aprender muchísimo, al tiempo que adquieren tantas herramientas sin darse cuenta... Durante unos treinta segundos me olvido de Emilio y me dedico al regalo que supone poder observar.

En la zona de la radio veo a dos niños de 4.º que se ocupan de la mesa de control. Al otro lado del cristal, una chica de 6.º está explicando a través del micrófono que sus compañeros y ellas han decidido montar un zafarrancho de limpieza del patio e invita al resto de la escuela a unirse a ellos. En el mismo espacio de grabación, una compañera encargada de la página web del colegio la está grabando con un MP3 para luego subir el podcast. En una mesa, otros niños redactan el periódico del día. A dos metros de ellos, unos compañeros editan un vídeo. En la cabina, otros están hablando frente a una cámara, detrás de la que hay más niños. Se trata de un programa en directo. Eso puede suceder en cualquier momento en la sala de medios del colegio Amara Berri.

ABE (*Amara Berri Egunkaria*) es el periódico de la escuela. Un periódico diario de ocho páginas creado por los propios niños. Contiene juegos, artículos, noticias de interés y proyectos de otros compañeros. Los encargados del periódico no crean todo el material. Normalmente les traen trabajos y ellos los adaptan a las hojas del periódico.

A las nueve de la mañana se reúnen los redactores, cuatro niños y niñas, y deciden cuáles van a ser los contenidos: qué aparecerá en portada, cómo distribuirán el resto del material, qué encuestas o entrevistas van a hacer y qué trabajos van a introducir.

A lo largo del día van adornando el periódico. Cuelgan todos los PDF en internet, y en la versión digital a veces introducen un Suplemento, con lo que el periódico puede tener hasta quince páginas.

La radio emite en directo, en FM, en el 107.2. Así, las familias que lo desean pueden escucharlos. Se divide en dos partes: la mesa de control y el espacio de grabación. Sobre la ventana que une esas dos partes hay tres pequeños relojes que muestran las horas de San Francisco, Donostia y Pekín.

ABTelebista, la televisión de los niños, tiene dos cámaras: una en el plató y otra móvil, por si los llaman para algún reportaje. Por norma, los chicos de otros cursos van al plató con sus proyectos, y si en ese momento no están en el aire, entran directamente en la sala.

Los miércoles, a primera hora, los de 3.º y 4.º hacen un informativo. Aprovechan para tratar noticias que interesen a los pequeños. Preparan noticias relacionadas con la actualidad. Durante dos días se dedican a grabar y a editar el material. El informativo se emite en directo por la televisión interna y lo ven todas las clases de 3.º y 4.º.

En la Chikiweb, la página web del colegio, ocurre algo parecido a la televisión: los alumnos están dos días en este espacio, con lo cual la página web que se verá al día siguiente es la que ellos han montado. Utilizan dos ordenadores y cada día se cuelgan noticias. Gracias a esta página, pueden visionar desde casa todos estos programas de televisión, escuchar los audios de las entrevistas o los cuentos, ver las fotos de proyectos, etc.

En este espacio veo muchísimas cosas: aprendizaje, uso de herramientas de la comunicación, reflexión sobre el trabajo de uno mismo, colaboración, respeto hacia el trabajo de los demás, compañerismo, diálogo, servicio a la comunidad... Pero creo que puede resumirse de esta manera: la socialización, parte esencial de la educación, implica interacción. Aquí la tenemos a gran escala y en pequeños cuerpos.

Me siento afortunada

Salgo fascinado de la sala de medios. Me ha gustado tanto que me atrevo a hacer de periodista con los chicos y chicas de 5.º y 6.º, para que me expliquen cómo asumen esa gran responsabilidad que repercute sobre todo el colegio. Así que, antes de que recojan sus bártulos, cambiamos nuestros papeles por unos minutos y les pido que se pongan ante el micrófono. No les amedrenta lo más mínimo, así que responden enseguida a la primera pregunta. Paso a la segunda.

—Quisiera saber cómo os sentís en este cole.

Todos sonríen de inmediato. Una niña lo hace de forma desenfadada, y muestra un colmillo a medio salir.

—Hacemos nuestro propio periódico —dice—, nuestro blog, la Telebista... Y estamos siempre sentados juntos a la misma mesa, nunca estamos de uno en uno, que me imagino que tiene que ser muy aburrido... Podemos enseñar cosas a la gente, ayudar a los más pequeños... ¿Cómo crees que nos sentimos?

Al hacerme esa pregunta, la niña sigue desempeñando el papel de periodista, pero lo entiendo perfectamente.

—Yo me siento a gusto —dice un compañero suyo, con los codos en la mesa—. Me da pena irme a casa cuando hacemos todas estas cosas, aquí y en clase, no solo en los medios. Y ya no te digo nada el año que viene, que ya no estaré aquí.

Una niña con *brackets* me pide la palabra con una sonrisa.

—Yo me siento afortunada. No te puedo decir mucho más.

—No hace falta que diga más, señorita. Eso resume muchas cosas. Por cierto, he visto que los mayores respetáis a los pequeños cuando vienen a los medios...

—Nosotros, hasta hace poco, también éramos pequeños, y los mayores nos respetaban. ¿Cómo puedes estar en la escuela sin respetar a los otros niños? —dice, convencido, uno de ellos.

—Lo que hacemos aquí en los medios es para todos, y tenemos que hacer que se sientan bien cuando vengan —añade otro.

—También hacemos teatro y juegos para los de 1.º y 2.º. Los preparamos nosotros y pasamos muchos días con ellos —señala una niña.

—¿Y os sentís escuchados? Porque en muchas escuelas no suelen escuchar mucho a los niños.

—Sí. Te sientes importante —dice un niño que estaba junto a mí—. Y los maestros te piden tu opinión sobre cosas.

—Tenemos asambleas y reuniones de alumnos, y en ellas

tomamos decisiones que también cambian la escuela. Y contribuimos a que todos estén mejor aquí —comenta otro.

—¿Y qué pasará el año que viene en el instituto? Algunos de vosotros tendréis que dejar la escuela...

—Sí, qué pena —se lamentan varios.

—Mi hermana está en el instituto y tienen muchos deberes, pero le va muy bien. Le dijeron que iba a ser un cambio muy grande, pero no le costó nada. Sí que le resulta raro que haya pupitres y que casi no trabajan en grupo.

—Yo, cuando vaya, sé que todo lo que hacemos aquí me servirá. Seguro. Así que, aunque haya exámenes, los haré y no me olvidaré de lo que hemos aprendido aquí —afirma una alumna.

—Caramba —exclamo—. No hay más preguntas. —Y entonces salen de la sala sonrientes, con sus mochilas al hombro.

He pedido a Karlos que invite a unas cuantas familias a un café en la escuela, para tener la oportunidad de charlar con ellas sobre sus hijos y sobre la escuela. Considero que en cada visita a las escuelas es necesario reservar un espacio para los padres y madres y que sus opiniones queden reflejadas también, opiniones fundamentales a las que a veces no se presta la atención necesaria. De ellas se aprende tanto como de los compañeros o de los niños, al tiempo que se adquiere una perspectiva que no siempre alcanzamos a tener los maestros. Sin ninguna duda.

¡*AITA*..., QUÉ BIEN ESTABA EN AMARA BERRI!

Cinco madres y cuatro padres deciden compartir su tiempo conmigo. Mientras van llegando, aprovecho para sacar un café con leche en la máquina expendedora. Es una oportunidad bonita para mí y así se lo hago saber.

—Muy buenas tardes —les digo—. Es una gran oportunidad para mí estar con vosotros aquí, y seguro que va a ser muy enriquecedor. Me gustaría saber, para empezar, cuáles fueron los motivos por los que trajisteis aquí a vuestros hijos.

Comienza un padre que ha sacado otro café de la máquina.

—Mi hijo está en 2.º de Primaria, y elegimos este colegio solo porque era el que quedaba más cerca de casa. Esa era la principal razón, y resulta que estoy encantado. Me parece un privilegio que mi hijo estudie en una escuela pública que además haga todas esas cosas.

—También fue esa mi motivación principal: que estaba cerca —dice una madre—. «Mientras la niña vaya feliz, que es lo principal, lo demás ya se verá», decíamos mi marido y yo. Está en 2.º de Primaria y, sí, está feliz, y yo también.

—Mi hijo también está en 2.º, pero yo sí me planteé ver todas las posibilidades. Este proyecto hizo que me decidiera, y el tiempo me ha dado la razón —añade una tercera madre.

—Mi caso es diferente. Tengo dos hijos, y la mayor ya está en el instituto haciendo 2.º de ESO. Estudió en esta escuela hasta 6.º, y ahora tengo otro en 4.º. Nosotros no vivimos cerca de aquí, y al lado de casa tenemos varios colegios, y algunos de mis familiares llevan a sus hijos a esas escuelas. Hemos tenido que escuchar: «¿Adónde lo vais a llevar? ¡Pero si allí no tienen libros, si no estudian, si no hacen deberes, si están mezclados por edades...! ¿Qué van a hacer, entonces? ¿Pasar un año sin estudiar?». Hemos tenido que «luchar» contra esos conceptos y romper con esas frases de que a clase se va a estudiar, a hacer deberes, a hacer exámenes... Los resultados, no solo académicos, nos han dado la razón.

—A mí me han dicho varias personas: «Cuando vaya al instituto, lo pasará fatal» —comparte un padre que ha llegado hace unos instantes y se entretiene colgando la chaqueta—. Y con los años que lleva la escuela funcionando, el fracaso escolar no es algo que se asocie precisamente con Amara Berri. Algo se hará bien, digo yo.

—Ese es el gran temor de muchos —comento—: qué pasará después. Se ha convertido en una pregunta que ya sale de forma automática: ¿qué pasará cuando vayan al instituto? Aunque es una pregunta que deberían hacerse con todos los centros.

Habla de nuevo el padre de la chaqueta:

—Pues que se dan cuenta de lo bien que han estado aquí y de que se adaptan fácilmente al instituto. Y a mí me da mucha pena porque se desmorona el sistema; se retrocede treinta años. Yo he sido alumno de Amara Berri y de otros centros, y mi hija mayor ha notado un cambio hacia atrás brutal. Y eso la entristece mucho. Se adapta, porque poseen una capacidad de búsqueda de información maravillosa. Aquí les enseñan a valerse por sí mismos, a trabajar en equipo, a trabajar de forma individual...

—En ese sentido, tal vez sí les cueste sentarse a una mesa y estudiar durante horas, ¿no creéis? —pregunto.

—Puede ser porque de momento, y mientras esto no cambie, tendrán que adaptarse, pero tiene una enorme capacidad para resolver problemas y crear esquemas y tomar apuntes... «¡*Aita* —dice mi hija—, qué bien estaba en Amara Berri! Parecía que no hacíamos nada y, sin embargo, la media de las notas de los que hemos salido de Amara Berri es mayor que la de los que vienen de otros colegios.»

—¿Ella no se ha quejado por falta de conocimientos o de contenidos? —pregunta una madre en un tono vacilante.

—Para nada. De hecho, en muchos casos es todo lo contrario. Ella sabe que no hace falta aprenderlo todo de memoria, aunque memorice muchas cosas. Y te voy a decir más: en el instituto donde está mi hija siguen un método que es la «Evaluación constante». Pero evaluación constante no debería ser «examen constante». ¡Tienen exámenes durante todas las semanas del curso! ¡Y algunas semanas llegan a tener cinco exámenes! ¿Y resultados? Mi hija está sacando buenas notas, si nos fijamos en eso...

La conversación se está poniendo interesante. Unos padres resuelven dudas a otros a partir de su propia experiencia, y los temores que aún pueden tener algunas personas se disipan. Nada como ejemplos vividos.

Otra madre que no ha intervenido toma la palabra:

—Tengo dos hijos en esta escuela en 3.º y 5.º. Yo tenía un miedo enorme a que les diesen una mejor educación en otro centro, que no alcanzaran los conocimientos que corresponden a esa edad. Y, definitivamente, te digo que sí adquieren esos conocimientos y que, además, aprenden otros recursos diferentes.

—¿Y qué pasa con la gramática? —Les lanzo una pregunta que me han planteado en algún momento, y me interesa conocer su opinión al respecto.

—La aprenden casi sin darse cuenta. Hacen charlas, inventan historias, buscan información, componen textos... Realizan un trabajo de elaboración, de síntesis, de exposición, y, además, lo hacen divirtiéndose. Para mí, esta es la magia del sistema que han implantado aquí, y yo estoy enamorado de él —comenta un padre.

—¿Puedes preguntar a diez personas que vayan por la calle cuánto saben de gramática? —señala una madre.

Dos buenas respuestas, sí, señor.

—¿Qué herramientas obtienen de esta escuela?

—Donde más claro lo vi fue en el departamento de matemáticas: deben hacer la lista de la compra, plantearse cuánto van a gastar... Los de la tienda comprueban el género que tienen, cuánto cuesta, cuánto pueden vender, el cambio que hay en la caja, cuentan las monedas... Es la vida real. Le ven una utilidad real y, sin darse cuenta, están aprendiendo a sumar, a restar, a calcular. Ahora, cuando vamos a por el pan cada mañana, mi hija se encarga de pedirlo, paga, saca la cuenta de cuánto tiene que dar y recibir... Ahora empiezan con multiplicaciones, pero

¿sabes?, aún no he visto las tablas de multiplicar y no veo que mi hija vaya recitándolas por la casa.

Mi compañero de café de máquina de pronto empieza a cantar:

—¡Dos por dos, cuatro! ¡Dos por tres, seis! Y debías saber para qué te servía eso. Aquí es diferente; desde la práctica aprenden a hacer las cosas. Ves que le das cinco euros y entras en una tienda y se fija en cuánto cuestan unos cromos, una revista, una naranjada..., y hace sus cuentas. ¡Ya me habría gustado a mí aprender así!

—Cuando hojeas un periódico, ¿qué piden en las ofertas de trabajo? Que sepan resolver problemas, que trabajen en equipo, que sean resueltos... Y aquí les dan todas estas herramientas —añade una de las madres.

En ese momento recuerdo otro tópico que pueden echar por tierra estos padres y madres con sus respuestas. Así que voy a por él:

—Has hablado de las ofertas de trabajo. Pero eso no lo es todo en la vida, ¿no crees?

—Más a mi favor —responde la madre en cuestión—. Aquí les enseñan a resolver conflictos que puedan surgir entre ellos, a valorar la opinión de los demás. Están conviviendo con niños diferentes, con distintas características, y trabajan siempre en equipo, fomentando así valores de integración, de implicación, de respeto y admiración a quien es diferente... El fin de la escuela, mucho más que pretender convertirlos en seres empleables, es construir personas; personas que luego deberán convivir con otras.

—Como padres, supongo que queréis que vuestros hijos e hijas aprendan mucho, pero también que vayan felices al colegio. ¿Veis viable una cosa sin la otra? —les pregunto.

—Si no aprendieran, te garantizo que yo sería el primero en cambiarlos de escuela. Mis hijos son lo más importante del mundo para mí. Pero te contaré algo; además de aprender, los chavales entran corriendo en la escuela. ¿Dónde se ha visto eso? Me parece maravilloso —manifiesta uno de los padres.

—También ayuda el hecho de que apenas tengan deberes. Como nosotros en el trabajo: tú haces lo imposible para rendir al máximo durante el horario laboral, pero no te gustaría llevarte el trabajo a casa.

—Por supuesto —asiento—. Pero si no llevan deberes, ¿cómo los mantenéis entretenidos?

—¿Mantenerlos entretenidos? Los niños tienen una vida más allá de los deberes —responde, convencida, una madre.

—No olvides que también tienen sus hobbies. Y si no los tienen, hay que enseñarles a tenerlos —añade otra.

Me satisfacen esas respuestas.

—Creo que no podemos arriesgarnos a que odien la escuela. Es fundamental que tengan ganas de volver al día siguiente.

—Y en muchos casos, César, al final los deberes acaban siendo también una obligación para los padres, que muchos de ellos pasan horas con sus hijos cada tarde para ayudarles a hacerlos.

Terminamos la conversación y les doy las gracias. Ha sido una conversación muy útil para crecer como maestro. Uno se da cuenta de muchas cosas cuando mantiene estas charlas con las familias.

La última conversación que tengo reservada antes de dejar Amara Berri es con cuatro personas que han vivido el proyecto desde hace años, y que son ahora mismo, junto a otros compañeros que arriman el hombro cada día, el motor que mueve y sustenta esta escuela. No deseo irme de aquí, porque tengo tantas ganas de aprender de ellos... Ahora, ante un café de verdad, los siento alrededor de una mesa en una terraza de Donosti.

—Sabed que volveré —les digo, antes de empezar a hablar.

—Sabes que te esperaremos —contesta Karlos, levantando las cejas.

—Los espacios de la escuela me han encantado —les comento—. Resultan sorprendentes. Siguen siendo las aulas clásicas pero con grandes cambios, y el resultado es tan... ¡Me sentía como un niño paseando por las aulas!

—A mucha gente le extraña que esta sea una escuela pública, especialmente por los espacios —señala Emilio—. Los espacios son importantes, y lo sabemos. Ojalá pudiéramos trabajar de forma distinta con los arquitectos especializados en centros escolares, pero no nos lo permiten. Aun así, dentro de lo que tenemos, hemos reinventado los espacios y los tiempos.

—Habéis formado durante años a muchos profesionales de la región y recibís a cientos de maestros de toda España cada año. Eso es impresionante...

—Tenemos las puertas abiertas, César —me dice Maribi—. Creemos firmemente que la educación es un bien común. Es compartir, es aprender de otros, y que otros aprendan de ti. Así debería ser siempre, ¿no crees?

—Totalmente... Al venir aquí, me propuse no ponerle etiquetas a nada de lo que viera, no preguntar por tipos de niños, porque los niños son niños y ya está. Y al final me marcho de esta escuela con la idea de que no hay ninguno igual, que cada uno de ellos es único y que todos disfrutan con lo que hacen. Explicadme algo sobre esa diversidad que caracteriza vuestra escuela.

Maribi acerca el plato para apoyar su taza de café.

—La diversidad es un elemento enriquecedor. Somos conscientes de que el centro de todo es el niño y queremos un desarrollo armónico y global para él. En el aprendizaje de un alumno, los aspectos sociales son tan importantes como los emocionales. Partiendo de este hecho, tienen cabida todo tipo de niños: aquellos que, en principio, no tienen ninguna discapacidad, los que sí la tienen... Hemos tenido niños con síndrome de Down, alguna niña ciega, niños sordos... Y eso genera sensibilidad. Sensibilidad y normalidad, que es lo más importante. Y la diversidad en cuanto a cultura, religión, ideologías... Todos somos diferentes y debemos aprender de ello.

—En la medida en que convives con la gente, acabas normalizando muchas situaciones —añade Emilio—. Tuvimos una niña ciega en Infantil y todos sus compañeros, con cuatro años, se preocupaban de dejarlo todo recogido para que la niña no tropezara. Pensaban en ella antes que en ellos mismos.

Karlos se decide a entrar en la conversación:

—La estrategia consiste en que las cosas sean de verdad y que los niños puedan llevarlas a cabo sin problemas. En este sistema es mucho más fácil prestar atención a la diversidad que en otro en el que el maestro habla y los niños se limitan a escuchar. Ahí, un niño con dificultades normalmente queda desmarcado del grupo.

—Mira —dice Elena—, ya sabes que en el centro tenemos alumnos sordos. Como dato, este año hay tres grupos en clase extraescolar de lenguaje de signos. Y es que, desde el momento en que los niños conviven, se esfuerzan en buscar estrategias para comunicarse: los niños y niñas quieren comunicarse con sus compañeros.

—En Infantil relatan cuentos también en lenguaje de signos —añade Karlos.

—Quiero haceros una pregunta importante a los cuatro, si queréis —les digo mientras vierto el azúcar en mi café con leche y le doy vueltas a la cucharilla, pensando en cómo formular la siguiente pregunta—. ¿Cómo conseguís mantener el proyecto? Sois una escuela pública, y en la escuela pública suele haber muchos cambios. Ese es el gran problema que tenemos para que los proyectos puedan consolidarse.

—Bueno, hasta ahora hemos sido un núcleo importante de personas que llevamos muchos años, que hemos ido consolidando el proyecto, que hemos trabajado duro por él. Pero ahora estamos en un momento en el que la gente se está jubilando. Muchos de aquellos que estaban en los inicios se han jubilado y otros estamos en las puertas de hacerlo. Por tanto, nos preocupa si la gente nueva hará suyo el proyecto y seguirá trabajando en la misma línea, haciendo sus propias aportaciones y cambios, por supuesto, pero que el proyecto inicial y la filosofía de la escuela se mantengan. Me gustaría que la antigüedad no fuera el único criterio para acceder a una plaza.

—Lo que nosotros pediríamos a la administración —comenta Maribi, moviendo la cabeza con cierta preocupación— sería que tuvieran en cuenta las competencias que posee un profesor y si está realmente interesado en trabajar en favor de este proyecto o, por el contrario, le interesa más otro. Y también que la gente que quiera continuar con esto pueda formarse para poder seguir creciendo juntos. Es verdad que, a veces, con la jubilación de muchos, se pierden grandes formadores y mucha información.

—Y cómo rentabilizar a esa gente que se jubila, que son profesionales buenísimos —se pregunta Karlos.

—Yo siempre digo —continúa Maribi— que tendría que haber algún tipo de proyecto para que la gente no se jubilase de golpe, que tuviesen una reducción horaria, de salario y de responsabilidades, que no sean tutores, que no ejerzan, si quieres, pero que sigan presentes durante un período de transición, durante el cual puedan formar a nuevos profesores. A mí me da mucha pena que en nuestra escuela se haya jubilado gente buenísima, profesores y profesoras magníficos, que han estado en el centro al cien por cien y al día siguiente, de pronto, se jubilan y

—*(...) Eso de «educarlos para la vida del futuro o para el mañana...», porque ¿cuándo es el mañana? Siempre es hoy, y los niños deben tener herramientas para ese hoy.*

desaparecen del mapa. Creo que habría que articularlo de alguna manera para que no se pierda todo ese buen hacer de mucha gente.

—Y eso os preocupa... —les pregunto.

—Sí, la verdad es que nos preocupa mucho.

Durante unos segundos permanecemos en silencio, pensando, dándole vueltas a esa idea. Comento sus logros de forma positiva para subir el ánimo:

—Lleváis muchísimos años, así que los resultados os avalan, ¿no? De eso no hay duda. Y habéis obtenido resultados en todos los ámbitos. Si este proyecto funciona en lo social y en lo emocional, ¿también lo hace en lo académico?

Karlos me contesta:

—Cuando están en 6.º de Primaria, a los alumnos les apetece pasar a la DBH, la ESO en euskera. Entonces empiezan el instituto y, al principio, les choca tener que llevar muchos libros de texto. Dicen que echan de menos las dinámicas de esta escuela, pero tienen los instrumentos para adaptarse. La respuesta en cuanto a resultados es muy buena. Por tanto, a nivel académico no hay problema.

Todos asienten. Entonces, Emilio toma la palabra y responde a la vez a varias preguntas:

—Hay que tener siempre en cuenta la edad de los niños y niñas, ahora, en este mismo instante. Y deben disponer de las herramientas para el momento presente. Siempre deben ser herramientas para el momento actual. Eso de «educarlos para la vida del futuro o para el mañana...», porque ¿cuándo es el mañana? Siempre es hoy, y los niños deben tener herramientas para ese hoy. Una exalumna de Amara Berri, que ahora cursa 4.º de Magisterio, me dijo lo siguiente: «Después de haber pasado por la escuela y por Secundaria y estar a punto de ser maestra, es ahora cuando tengo una mejor perspectiva de lo que he vivido. Y puedo decir que mi etapa en la escuela fue maravillosa, que adquirí muchas herramientas que mantuve a lo largo del tiempo, que Secundaria supuso un parón en ese sentido, y que ahora, en la universidad y a punto de empezar a trabajar, es cuando agradezco ser capaz de hacer tantas cosas que aprendí siendo niña».

Les agradezco haberme dado este regalo y les doy un abrazo a cada uno de ellos. Emilio dice entonces:

—*Musutruk*.

Le miro, desconcertado.

—*Musutruk* —repite— es una expresión en euskera que significa «dar algo a cambio de nada». La traducción literal sería «dar algo a cambio de un beso», pero el significado es el primero. Sin embargo, cuando das algo a cambio de nada, no lo das realmente a cambio de nada, porque experimentas una gran satisfacción cuando das algo, porque te sientes bien, porque se lo ofreces a alguien que quieres. No esperas nada a cambio. En educación —concluye—, también damos muchas cosas sin esperar nada a cambio, porque la satisfacción que sientes al hacerlo es enorme, solo por eso.

2

LA ESCUELA QUE TRANSFORMA LO COTIDIANO EN EXTRAORDINARIO

Queremos que sean personas autónomas. ¿Cómo? Dándoles la voz y la participación, y haciéndoles conscientes de que tienen la capacidad de resolver cualquier problema que se encuentren en el camino.

M.ª José Parages,
directora del CEIP La Biznaga

María José es la directora de la escuela de Málaga La Biznaga. Se la ve resuelta, decidida. Nada más salir de la estación de Málaga, me la encuentro abriendo el maletero de su coche. Al verme, lo deja abierto y viene hacia mí con los brazos extendidos. Tras darnos dos besos, coge enseguida mi maleta y me anima a seguirla. Con paso firme y bamboleando mi equipaje al ritmo de su cabello rizado, me guía hasta el coche. Con una sonrisa, me pregunta por el viaje mientras introduce la maleta. En un respiro, estamos metidos en la vorágine del tráfico de la ciudad, denso por la acumulación de obras debidas a la construcción del metro.

—¿Qué tal estás, María José?

—Aquí la gente aparca donde quiere —dice—. Pero nadie pita. Lo tenemos asumido y nos lo tomamos con calma.

Saca la cabeza por la ventanilla y aprovecha que no viene ningún coche para colarse en el carril central.

—¡Muy bien! —responde—, aunque con mucho calor hoy.

—Cuéntame algo del cole antes de que lleguemos, que tengo muchas ganas de verlo.

—Pues lo que más te va a llamar la atención es que es una escuela pública y democrática. Ya te explicaré en qué consiste. Tenemos 3.º y 4.º de Educación Infantil y Primaria. Hay ciento cincuenta niños y niñas y doce maestros, y algunos días vienen dos maestras de Religión y una de Audición y Lenguaje.

Tardamos unos quince minutos en llegar a la escuela. Se me hacen cortos, pues mientras ella me cuenta sobre el centro, yo admiro por la ventanilla la playa que se pierde en el horizonte. ¡Solo por estas vistas ya apetece trabajar aquí!

—Una Biznaga —me cuenta María José al tiempo que mi mirada se desliza por la arena— parece una flor pero no lo es. Es una composición hecha con jazmines. Se introducen los jazmines en una pequeña estructura, cuando todavía no se han abierto. Y, al caer la tarde, estos se van abriendo y forman un precioso ramo que desprende un olor maravilloso. Pues de ahí viene el nombre de nuestra escuela.

En la avenida principal giramos a la derecha y subimos por un par de calles empinadas, que se van haciendo cada vez más estrechas. En apenas unos instantes da la impresión de que has salido de Málaga y has aparecido de repente en un pequeño pueblo: casas bajas, de dos plantas y con la estructura de tejado de dos vertientes, calles aún más estrechas y donde solo cabe un vehículo. En una de ellas, María José detiene el coche para que pueda pasar un señor mayor que lleva unas acelgas envueltas en un paño y que se ha refugiado en un portal para dejarnos paso.

—Los niños se llevan el papel para tirarlo a los contenedores de reciclaje porque el camión no sube hasta la escuela —me dice.

Tomamos una última carretera más estrecha que serpentea hacia arriba y desde la que se ve toda Málaga. Una vista maravillosa. Nos echamos a un lado para que pasen dos coches y por fin llegamos al final del camino: ahí está la escuela de La Biznaga.

—La gente pensaba que era un cortijo. Tuvimos que ponerle el nombre en letras grandes para que supieran que se trataba de una escuela. El gran cambio se produjo cuando nos planteamos qué tipo de escuela queríamos: una escuela en la que todo el mundo se sintiese a gusto y la convivencia fuese agradable, donde se pudiera aprender y no existiesen conflictos internos que impidiesen ese aprendizaje.

Es curioso, pero esta escuela estuvo a punto de cerrarse por falta de alumnado. Ahora, en cambio, es un centro consolidado y un ejemplo de educación transformadora, y dentro de la escuela pública es todo un logro. ¿Qué habría sucedido en estos cinco años para provocar ese cambio y tener esos resultados en tan poco tiempo?

—Esta es la escuela —me dice, aparcando el coche bajo un árbol—. Yo te explico unas cuantas cosas y luego tú te das una vuelta por las clases o por donde te apetezca. Pregunta lo que quieras a las maestras o a los niños; estarán encantados de contarte cosas.

El sol pega con fuerza y supone un alivio entrar en la escuela. Siento un frescor agradable al cruzar la puerta; un frescor que el aspecto del pasillo acentúa: no del típico verde escuela, sino lleno de azulejos de colores que resultan agradables a la vista. Se percibe que es un lugar lleno de vida, de conocimiento y de participación activa, donde se interactúa libremente. Las paredes están adornadas con trabajos y proyectos que los niños y niñas han hecho. Subimos unas escaleras para iniciar la visita a la escuela y la disposición del pasillo de arriba es exactamente igual.

—Esto —me dice señalando un gran cartel que ocupa toda una pared— son las normas de convivencia que los propios alumnos establecen. El pasillo, como cualquier otra parte del centro, es un lugar que debe invitar a aprender —añade.

—¿Los niños y niñas deciden las normas?

—Por supuesto. Primero se discuten en pequeños grupos, y después con toda la clase. Cada clase tiene un portavoz, así que nos reunimos con ellos, anotamos sus propuestas y luego, en el patio, se convoca una asamblea para toda la escuela y debatimos esas propuestas. Las decisiones que allí se tomen se llevan a cabo.

Me resulta sorprendente cómo puede funcionar una escuela que concede tanta importancia a las opiniones y decisiones de niños y niñas de hasta doce años. Yo siempre he apostado por escuchar a los niños y contar con sus opiniones, pero me sorprende el hecho de que los alumnos y alumnas puedan decidir sobre asuntos tan importantes como las normas o el funcionamiento de la escuela. Sigo escuchando las explicaciones de María José:

—Durante las primeras semanas, las asambleas son más frecuentes, ya que se están elaborando las normas de la escuela. Después, suelen convocarse los viernes: a primera hora de la mañana se reúnen los portavoces de cada clase y, tras el recreo, toda la escuela. Cuando ya se han acordado las normas, las exponen en un panel en el pasillo, a la vista de todos. Y entonces ya son de obligado cumplimiento.

Es de una lógica aplastante: si a un niño le dices: «Pon tú las reglas, porque este sitio te pertenece», quien primero respetará el lugar y las normas establecidas será el niño.

—Y si se produce un conflicto entre dos alumnos, ellos ya tienen la capacidad de análisis y dialogan; no discuten, como estamos acostumbrados a ver. Se preguntan: ¿qué ha sucedido realmente?, ¿a quién hemos perjudicado?, ¿qué deberíamos hacer para que la persona agraviada vuelva a sentirse bien?

—Para eso es necesario un tiempo de reflexión. Pero en las escuelas normalmente no disponemos de ese tiempo —le digo.

—Uno de nuestros principios es que el alumnado debe aprender a pensar para luego poder actuar correctamente. Y esto se consigue mediante el lenguaje y las normas. Lo de «la silla de pensar» me horroriza. El proceso de reflexión es mucho

Hay que invitar a los niños a participar y a tomar decisiones. Si a un niño le dices: «Pon tú las reglas, porque este sitio te pertenece», quien primero respetará el lugar y las normas establecidas será el niño.

más complejo y debemos guiarlos para que aprendan a hacerlo solos. Intentamos ser un centro democrático a través de nuestras normas. No votamos nunca nada, por cierto. Lo hacemos todo por consenso, por lo que ellos tienen que argumentar: si no estás de acuerdo con esta norma, no puedes decir: «Porque no me gusta». Deben explicar sus motivos, las posibles consecuencias, los pros y los contras, valorarlo y comunicarlo. Las normas, además, pueden variar, y según las vayamos necesitando, se presentan ante la asamblea, y si salen votadas, se añaden al resto.

Tras leer el cartel con sus conclusiones, veo que es increíblemente completo: tienen normas para los baños, para el huerto y el jardín, el patio, el uso del agua... Cada proyecto en el que se involucran invita a crear nuevas normas, según me explica la directora. No son restrictivas ni pretenden ejercer un control: son a modo informativo y todos las cumplen porque ellos mismos son los que las han propuesto.

—Hay quien dirá que los niños pierden mucho tiempo en todo este proceso, ¿no crees?

—Cuando uno está argumentando, ¿qué hace el cerebro? Tu cerebro reorganiza toda la información que tiene para exponer sus razones. Puesto que lo sabemos, no nos importa que dediquen tiempo a argumentar porque eso es parte del aprendizaje.

—Es evidente que el tema del respeto es esencial.

—Absolutamente esencial. Cualquier persona puede expresar lo que quiera, siempre y cuando no falte el respeto a nadie y lo argumente. Así que respeto y reflexión son vitales. Y, además, así se sienten libres: libres para hablar, para opinar.

—De modo que aquí, María José, no cabe la crítica vacía...

—No. Si abres la boca para decir que no estás de acuerdo con algo, debes explicar por qué y argumentar al tiempo que ofreces alguna alternativa.

Me hace gracia leer en un rincón del cartel de las normas: «Las cumplimos por la mañana, por la tarde y por la noche». La coherencia que caracteriza este tipo de educación, que hace que los niños actúen de una determinada manera en cuanto al respeto a su entorno, puesto que la educación como individuos sociales es clave, implica que ese respeto y esa manera de actuar continúan fuera del centro. Así lo confirma María José:

—Si aprenden en la escuela que tienen que reciclar, también lo harán en casa. Si aprenden a llevarse bien con los compañeros y estrategias para mediar en los conflictos, lo trasladarán a sus casas. La escuela es una parte de su realidad; aprenden en ella, a la vez que en casa.

—¿Qué me dices sobre la participación de los niños y la autoridad del maestro?

—En esta escuela, la palabra «autoridad» se entiende de una manera algo distinta. Yo hablaría más bien de respeto, pero no de los alumnos hacia ti, sino entre ellos. También hablaría de lo importante que es la confianza: «Sé que puedes hacerlo, sé que lo estamos haciendo juntos..., y si no participamos todos en este proceso, no funcionará».

—Entonces no se trata solo de pedir respeto, sino también de dárselo. ¿Y cómo es ese respeto entre los niños y niñas?

—Te voy a dar un dato: llevamos cinco años sin hacer un solo parte de disciplina. Y esta es una escuela con una gran diversidad de alumnos. No ha sido precisamente fácil, pero ahora la convivencia es muy buena. A veces se producen discusiones, pero muchas menos que en otros colegios, y luego reflexionan sobre lo ocurrido.

Le pido a María José que me hable del Proyecto Roma, en el que basan su sistema educativo, porque quiero conocer sus opiniones sobre lo que yo he leído, y estoy seguro de que así entenderé bastante mejor el tipo de enseñanza que dan en la escuela. Sin duda, es un proyecto que merece mucho la pena.

La escuela democrática

El Proyecto Roma surge en 1990, dirigido por el profesor Miguel López Melero y en el que María José tomó parte. De hecho, son pareja y han trabajado en ese proyecto durante mucho tiempo y con excelentes resultados. Por lo tanto, la colaboración del profesor Miguel López Melero con la escuela es constante. Como proyecto de investigación, pretende aportar ideas y reflexiones sobre la construcción de una nueva teoría de la inteligencia, a través del desarrollo de procesos cognitivos y metacognitivos, lingüísticos, afectivos y de autonomía en el ser humano. Como proyecto educativo, su finalidad básica y fundamental se centra en mejorar los contextos familiares, escolares y sociales, desde la convivencia democrática, el respeto mutuo y la autonomía personal, social y moral.

En este proyecto parten de la idea de que todas las personas tienen capacidades para aprender. Y afirmar que todos los niños y todas las niñas tienen aptitudes para el aprendizaje supone que debemos romper con la dicotomía entre alumnado normal y especial. Hay niños y niñas con peculiaridades diversas, eso es cierto, pero ello no les impide aprender. Este giro en el pensamiento del profesorado conlleva una nueva conceptualización de lo que entendemos por inteligencia y por diagnóstico.

Y cuando profundizas en lo que proponen el profesor y María José, descubres que estas propuestas derivan de un estudio exhaustivo de autores como Luria, Vygotsky, Das, Bruner, Freire, Habermas, Mataran o Kemmis. Con los datos aportados por estos últimos, entienden que el origen del aprendizaje es social y, por tanto, los procesos de enseñanza-aprendizaje en las aulas han de ser cooperativos y solidarios antes que individuales y competitivos. Tan fácil de entender...

Estos proyectos de investigación nada tienen que ver con las unidades didácticas clásicas, sino que son un modo de aprender a pensar y a convivir partiendo de una situación problemática, surgida de la curiosidad y del interés del alumnado, y no del profesorado, y de los conceptos previos que tiene cada niño o niña de la situación problemática.

Y resulta curioso comprobar, tras observar las actividades de los niños de La Biznaga, que un proyecto les lleva a otro y que su flexibilidad les permite aprender de lo que surge en cada momento. Uno se queda con la boca abierta al ver que, a partir de un proyecto que llevaron a cabo sobre un problema que afectaba a los baños, descubrieron nuevas posibilidades que los llevaron a investigar sobre el gasto de agua; el proyecto sobre el ahorro de agua hizo que se plantearan también ahorrar energía, etc.

Lo maravilloso es que de cada proyecto suelen salir nuevas ideas para trabajar y sus consiguientes nuevas normas. Todo está concatenado e interrelacionado. Además, son Ecoescuelas, así que tienen normas sobre los residuos; propusieron una zona de reciclado y están en contacto con asociaciones que pueden venir a recoger lo que van recopilando: ropa, tapones, plástico...; estas asociaciones después les explican qué hacen con esos residuos, dónde van, qué se consigue con ellos, para que los niños y niñas hagan un seguimiento del reciclado.

Todas, sin excepción, han sido propuestas de los niños y niñas. Es más, cada junio se anulan, y en el siguiente curso empiezan otra vez, pues o bien hay alumnos nuevos o la visión de la escuela que tenían los niños va cambiando.

DE LO COTIDIANO AL INFINITO

Seguimos nuestra visita por el pasillo. Cada dos pasos me detengo para preguntar a la directora sobre lo que estoy viendo. Así, por ejemplo, me paro frente a unos gráficos en los que dos niñas están escribiendo algo. Esos gráficos son el resultado de

Si algo me fascina de esta escuela es cómo consiguen sacar proyectos maravillosos de lo cotidiano. Y es que hacerse preguntas sobre todo cuanto nos rodea es la mejor manera de aprender.

los proyectos que han hecho del agua, de la energía y del medioambiente. Cada mañana, los alumnos registran el consumo de electricidad, de agua, la temperatura, las precipitaciones..., y llevan la cuenta de los gastos que producen: si se han disparado o si permanecen estables...

María José me ve atento a lo que hacen y me explica:

—El otro día nos dimos cuenta, al ver el registro, que alguien se había dejado abierto el grifo del gimnasio. «Algo ha pasado esta noche que no es normal», dijeron. Y buscamos hasta dar con el grifo abierto. También han detectado varias averías.

Si algo me fascina de esta escuela es cómo consiguen sacar proyectos maravillosos de lo cotidiano. Y es que hacerse preguntas sobre todo cuanto nos rodea es la mejor manera de aprender, y si esas cuestiones tienen que ver con el entorno inmediato, con la vida, la respuesta es mucho más rica.

¿Es suficientemente cotidiana una avería en los lavabos? Pues vamos a ver lo que sale de ello:

—Sucedió en febrero —empieza a contarme María José—. Se averiaron los lavabos y no podían utilizarse. Era una situación problemática; se trató entonces de buscar estrategias para resolverla.

Enseñar a indagar e investigar es algo que define a los maestros y maestras de esta escuela. Eso significa que saben que su papel no es darles las respuestas, sino unirse lanzando más preguntas, en último caso. Es dejar que hagan, es estimular a los niños y niñas para que consigan aquello que se han propuesto y hallen alimento para su curiosidad. Y una máxima que tienen en esta escuela es que procuran que cualquier situación problemática se convierta en un aprendizaje.

María José prosigue con su explicación:

—Se reunieron en asamblea las clases de 4.º, 5.º y 6.º de Primaria y analizaron la situación. Cada uno de los alumnos expuso lo que sabía del tema, y si habían vivido algo similar antes.

Tras la asamblea, todos habían adquirido un mayor conocimiento del que poseían minutos antes, pero para ellos no era suficiente. El siguiente paso, la conclusión a la que llegaron: hay que investigar más para solucionar esta situación.

—No me lo puedo creer. Parece tan sencillo... Sacar ideas de los profesionales de la curiosidad, los niños y niñas, y que entre todos lleguen a una conclusión que muchos temen reconocer: «No sabemos lo suficiente».

—¡Eso es! Y a partir de ahí es cuando prepararon el plan de acción: dividirse en grupos, debatir entre ellos, buscar información...

Y los operarios arreglaron la avería, sí. Pero antes los alumnos y maestros quisieron ver qué había ocurrido y por qué se había obstruido. Toda la escuela pasó por allí para entender lo sucedido. A partir de aquello, colocaron en el pasillo el «Observatorio»: sobre una mesa, a la vista de todos los que pasan por allí, hay unos cuantos botes con agua y diversos elementos disolviéndose en ella. ¿Qué utilidad puede tener eso? Un bote con agua y algodón, otro con agua y tiritas, otro con agua y papel... Pues el fin es observar cómo se van diluyendo esos materiales en el agua y cuánto tiempo tardan en hacerlo. María José coge uno de ellos y me lo pone con firmeza en la mano.

—Mira —dice, tomando el bote del papel—, esto, que parece que se disuelve rápido, lleva aquí seis meses. Conclusión: el váter no es una papelera.

Para llegar a esa conclusión visitaron, además, la Estación de Bombeo de Agua Residual de Pacífico y la playa de la Misericordia de su ciudad, Málaga. Y allí descubrieron que muchos de los materiales que se tiran por el servicio (toallitas, compresas, bastoncillos de los oídos...) se mantienen en el agua casi en el mismo estado después de más de un año. Y comprobaron el destrozo ecológico que supone tirar aceite por el desagüe o el daño que se hace a otros animales con los residuos plásticos.

Con toda esa información que ellos mismos habían recabado porque realmente les interesaba, ya podían argumentar ante cualquier persona por qué debemos pensar en hacer un buen uso de los lavabos y en las consecuencias que traen ciertas acciones a las que no damos importancia, y ya no solo para una casa o una familia, sino para todo el ecosistema.

Y con toda esa información, además de las actividades que han realizado, pueden montar una asamblea general y exponerlo al resto de sus compañeros.

María José deja el bote en el Observatorio y, tras dar dos pasos, vuelve a detenerse. Mira a la pared y yo sigo su mirada hasta dar con un gusano larguísimo. Un gusano que recorre todo el pasillo y sube y baja las escaleras y del cual no se ve principio ni final. Está hecho de fichas de múltiples colores que han ido colocando los niños.

—Nos preocupa mucho que sean personas cultas, y que se emocionen con la lectura —me explica—. No que sepan leer muy bien (lo que conseguimos muchas veces con eso es que acaben odiando la lectura), sino que se emocionen.

Alargo mi mano hasta una mesa en la que hay montones de fichas de lectura y cojo una. Son fichas muy sencillas y agradables para la vista de un niño.

—Empezamos a construir el «Gusanillo de la Lectura» hace bastante, y cada parte del cuerpo del gusano es un libro que se ha leído un niño o una niña de la escuela. En ellas escriben el título, autor, si les gusta o no, si lo recomiendan o no... Entonces le damos «de comer» todos juntos. No pretendemos estimular la competición en la lectura sino la cooperación.

—¿Y las fichas están aquí para que las cojan cuando quieran?

—Sí, sí. Si han leído un libro aquí o en casa y quieren compartirlo, se acercan, escriben sobre él y lo pegan en la pared. A este paso vamos a tener que sacarlo al exterior...

Observo que los niños buscan constantemente tareas comunes, y el gusto por la lectura, definitivamente, es algo que debemos construir juntos.

Al lado de las fichas del gusano veo el «Cuaderno del Lector». Según me dice la directora, pueden regalar una poesía o un fragmento a los compañeros pegándola en el libro. Nadie les manda hacerlo, y sin embargo el libro está casi completo. Y junto al Cuaderno del Lector se encuentra el «Cuaderno Entre Todos», que está dedicado a las familias. También de forma voluntaria, la familia que quiere escribir algo en el libro puede hacerlo.

—Oye, María José —me paro frente a otro proyecto que tienen expuesto en la pared—, ¿y nadie se pierde con tantas cosas que hacéis? Los padres incluidos...

Como si esperara esa pregunta (seguro que se la han hecho muchas veces, los primeros ellos mismos), sonríe y me coge de la mano. Da cuatro pasos más y me coloca frente a la pared en la que se ve un gran cartel: el «Cartel de Planificación».

—En este cartel aparece todo lo que están haciendo y lo que harán próximamente, y así nadie se pierde. En él puedes ver la situación de la que partían, el plan de acción que toman y las normas que salen de cada proyecto. Toda esa información también sale de las asambleas.

Me doy por respondido. Me asomo por una ventana abierta de par en par que ilumina todo el pasillo y que proporciona luz solar a una planta enredadera que recorre unos metros de pared.

—¡¿Estáis cocinando en un horno solar?! —pregunto, asombrado, a María José.

—¡Sí! —responden dos niñas que están junto al horno, que se dan por aludidas.

En una zona del recreo estas niñas, de unos once años, están introduciendo una bandeja en un horno hecho a mano. No puedo distinguir qué es; me consume la curiosidad.

Meto de nuevo la cabeza en el pasillo y recibo una segunda respuesta:

—Claro. —Ahora es María José quien habla—. A partir de la investigación de la energía, estudiando la energía solar y los usos que podía tener, descubrimos que se podía cocinar con ella y, además, que era muy fácil construir una con cartón y papel de aluminio. Así que la hicimos, la probamos y cocinamos.

—¿La hicisteis vosotros?

—Hicimos varias. Aprovechando el día de la Familia, invitamos a los padres a que viniesen y que construyesen cocinas solares con los niños.

—Pero eso es genial. Las familias y los niños construyendo cosas juntos para la escuela.

—No era todo para la escuela, ni para casa. «No os las llevaréis a casa —les dijimos—. Debemos pensar en otras familias que las necesitan.» Entonces construimos las cocinas y las mandamos al Sáhara. ¿Por qué? Pues porque también hicimos un estudio de lo que suponía en la vida de las mujeres la cocina solar: el noventa por ciento del tiempo de las mujeres de esa zona discurre yendo a por leña, a por agua, encender el fuego y cuidar de sus hijos. La cocina solar consume una cuarta parte de agua y no se apaga. Al descubrir que estaba funcionando en aquella comunidad, decidimos colaborar. Y ahora muchas mujeres viajan a otras comunidades para enseñar esas nuevas técnicas.

—Interesante —le digo mientras la cojo del brazo y la llevo a que me enseñe esa cocina y lo que han metido allí dentro.

Podría decir que me guía el olor que sale de la cocina solar, pero es imposible: acaban de meter la bandeja en unas cajas forradas con papel de aluminio. Así que, seguramente, lo que me guía es una curiosidad enorme.

El macetohuerto

Llegamos al lugar donde se halla la respuesta, y allí siguen las dos chicas. Me parece acertado mantener una conversación con ellas, y no únicamente para tener la posibilidad de probar lo que contiene la bandeja, sea lo que sea, sino, además, porque ambas pueden responder algunas preguntas que tengo en mente para los chicos y chicas de La Biznaga. María José me deja con ellas y me propone que nos veamos luego.

—¡Buenos días! ¿Qué hacéis aquí?
—Hemos venido a poner esto en la cocina.
—¿Y qué es?
—Es para esta tarde.

Por razones que desconozco, no logro que me den la respuesta correcta.

—Llevamos días hablando de la energía de los alimentos —me dice la otra niña—, y hoy toca usar la cocina solar.

El sol que cae es de justicia (es una expresión común, aunque no acabo de entenderla), y si dentro de la cocina hace el mismo calor que el que yo noto en la cabeza, en poco tiempo tendrán la comida lista. Las invito a entrar dentro para poder hablar a la sombra, pero Miguel, el conserje, me propone que vayamos a un pequeño jardín que tienen dentro de la zona de recreo. Hay tres bancos hechos con palés, que rodean una mesa también del mismo material. Es un oasis maravilloso con un par de palmeras, agua corriendo de una fuente, plantas que crecen con un verdor intenso... Pequeñito, pero tremendamente acogedor. Junto a él, un huertecillo separado por una valla de madera. Nos sentamos en ese vergel.

—Me parece espectacular este sitio...
—Lo tenemos hace poco tiempo —dice una de las niñas.
—Empezamos con el macetohuerto; sentíamos curiosidad por las plantas y queríamos aprender —contesta la otra.

—*(...) ¡Osú, qué rara tiene que ser una escuela sin asambleas!*

—¿El «macetohuerto»? No entiendo.

—Sí, el macetohuerto. Como queríamos tener un huerto para tener plantas y al principio no podíamos hacerlo, decidimos en asamblea poner unas macetas en las ventanas, y eso era el macetohuerto.

—Claro —asiento con la cabeza—, tiene su lógica.

—Donde ahora ves el huerto, antes no había nada. Un elefante de juguete y un árbol.

—Tremendo —enfatizo mi respuesta, imaginando la soledad del elefante.

—Lo hemos construido nosotros.

—Pusimos tierra, mantillo... A veces los mayores nos tenían que ayudar. Pero todos ayudamos, desde los más pequeñitos de Infantil hasta los mayores.

—Hablando de las asambleas, ¿cuándo las hacéis?

—En clase tenemos todos los días, para planificar la jornada.

—¿Tenéis asamblea todos los días?

—Sí.

—¿Y estáis en 5.º o en 6.º?

—En 6.º.

—¿Sabéis que en la mayoría de las escuelas solo hay asamblea en Infantil?

—Eso me dijo ella —responde una de las niñas señalando a su compañera—. Vino de otra escuela. ¡*Osú*, qué rara tiene que ser una escuela sin asambleas!

—Entonces, ¿puedes decirme qué diferencias hay entre este cole y el otro?

—Allí la maestra abría el libro, decía los ejercicios y nosotros teníamos que hacerlos. Teníamos que estudiar a todas horas para los exámenes. No podías explicar tus argumentos, no podíamos opinar... Aquí sí que puedes decir todo lo que quieras pero argumentando lo que dices.

—¿Qué les diríais a otros niños de otras escuelas?

—Que se vengan, que aquí nos ponemos de acuerdo en las cosas, nos respetamos, y si hay algún problema, lo solucionamos.

—Todos nos respetamos, y respetamos las normas que hemos decidido entre todos.

Desde luego que vendrían: poder exponer sus ideas, que la escuela vaya evolucionando según las propuestas de los niños y niñas, que se cuente con su opinión para todo... La manera en que se expresan estas chicas es otro argumento de peso.

—¿Y para qué sirve una asamblea? Quizá podamos convencer a otros coles para que las implanten.

—Pues son muy importantes. Para ponernos de acuerdo y compartir nuestras opiniones. Eso no es poco, eh.

—¿Cómo se empieza una asamblea? Decidme.

—Primero se elige al coordinador, levantas la mano y el coordinador te da la palabra. Salen muchas ideas que son útiles para nosotros, para el cole y para toda la sociedad. Hablamos de proyectos, de cómo nos sentimos, de qué podemos hacer para cambiar las cosas, y siempre, siempre desde el respeto.

—Nos sentamos en círculo, para vernos las caras. A veces ponemos en la pizarra lo que vamos a hacer (ir al huerto a plantar lechugas, por ejemplo); luego organizamos los proyectos: ayer no había internet, así que llegamos a la conclusión de que solo podíamos usar tres ordenadores porque, si no, íbamos a ocupar toda la red.

—Eso está muy bien. ¿Y los pequeños? ¿Respetáis a los pequeños?

—Nosotras los respetamos a ellos y ellos a nosotros. Hoy, en el recreo, hemos estado jugando con un niño de Infantil al pilla-pilla como si fuéramos monstruos. Y los ayudamos mucho.

—Los acompañamos todas las mañanas cuando llegan. Los cogemos de la mano y los llevamos para que se sientan tranquilos. Los ayudamos con las mochilas, con sus cosas.

—Y el año que viene, ¿qué pasará? Vosotras seréis las diminutas del instituto...

—Queremos convencer al director para que cambien y poder estudiar por proyectos.

—¿Al director? ¿Al director del instituto? —pregunto, alucinado.

—Ya hemos ido allí de visita —prosigue la otra niña—. Si convencemos al director, puede que otras personas estén de acuerdo. Creo que tenemos argumentos poderosos.

¡Que una niña de once años te diga que tienen «argumentos poderosos» para cambiar el sistema de un instituto...! Pero yo quiero saber más:

—¿Y cuáles son esos argumentos poderosos?

—Disfrutar aprendiendo. Lo hemos comprobado; disfrutar aprendiendo es muy importante. Y que no tienes que ir con una mochila cargada de libros a clase y que nos digan: «Ejercicios 1, 2 y 3, y aquellos que no los acaben, para casa».

—Y que te manden un taco de deberes... —añade su compañera—. Nosotros trabajamos por proyectos, investigamos...

—Y les diremos que tienen que visitar esta escuela para ver cómo trabajamos y cómo construimos cosas todos juntos. Yo vengo muy contenta todos los días.

—Y yo.

—Y yo —añado para sumarme a su bienestar.

Entonces me apoyo en el respaldo del banco y admiro lo que estas niñas y el resto de sus compañeros disfrutan cada día. Es tan difícil expresar con palabras lo que uno siente en ciertos momentos... Ocurre lo mismo cuando se experimenta bienestar, calma o paz. En ese instante de contemplación, un gato salta sobre mi regazo. Las niñas ríen.

—¡Tigresa! —gritan las dos, y se lanzan a abrazarla.

No saben que me encantan los animales y aquello es un regalo más para mí. Es un gato grisáceo, con algunas vetas marrón claro y está bien cuidado. Comienza a dejarse querer y busca mi mano con su cabeza unas cuantas veces. Es cierto que me sorprende. Me resulta raro (por inusual) que haya un animal en una escuela.

—Es gata, entonces... —presumo—. Yo también tengo una gata. Se llama Sekspir.

Les enseño la foto en el móvil: unos chavales lo iban a tirar al río Ebro y dos niñas lo evitaron. Qué educación tan diferente y qué importante es que puedan vivir este tipo de relación con los animales con esa actitud. Al momento, otro gato, esta vez negro, pasa por entre mis piernas.

—Este es Black. En el recreo les damos jamón y los acariciamos. Están con nosotras; viven aquí.

—¡Anda! ¿Y os parece bien?

—Pues superbién. Porque así aprendemos que tenemos que convivir con personas, con animales..., con todos los seres vivos. Y nos quieren mucho.

Las dos niñas tienen que volver a clase, así que me quedo un rato con Tigresa y con Black a ver si puedo sacarles más información. De momento las he dejado marcharse sin antes averiguar el asunto de la cocina.

Sale Miguel, el conserje, y se acerca hasta el banco donde estamos los animales y yo. Tiene poco pelo, ojos brillantes y una cara que delata su buen corazón.

—La gata se ha venido aquí al veros sentados —me dice.

Asiento mientras sigo acariciando a Tigresa. Black se marcha a hacer sus cosas.

—Cuando está ella aquí —añade Miguel—, siempre hay niños acariciándola.

—¿Cómo es que vive aquí?

—Un día vino ella y otro gato más, y aquí los tienes a los dos. Además, los niños le daban trocitos de bocadillo y, claro, no quiso irse. Y decidimos quedarnos con ella. La esterilizamos, la vacunamos y ya está.

—¿Y es una más de la escuela?

—Es una más. Es de la familia. Y en el huerto tiene su cama para dormir y todo.

Miguel y los niños le habían construido una caseta, con cama incluida, usando botellas de plástico y unas mantas.

—La escuela es su casa —me dice.

Empiezan a salir los primeros alumnos al recreo, y Miguel regresa al interior, aunque a los pocos segundos aparece entre los niños para quedarse apoyado en el marco de la puerta.

Bibliopatio, o el placer de leer

Dos niños salen tirando de una cuerda y, atado a ella, arrastran un pequeño armario con ruedas. Detrás de ellos salen unos cuantos más de todas las edades, que parecen esperar impacientes a que ese mueble se pare. Me acerco para ver qué es aquello que provoca tanta expectación, y en la parte superior de la cómoda móvil leo: «Bibliopatio».

Los dos niños, encargados al parecer de esa tarea, abren de par en par las dos puertas del armario de un modo que me recuerda a esos vendedores ambulantes de película que llegan a la plaza del pueblo y abren su carromato para mostrar a la gente las cosas más extraordinarias que hayan visto jamás. En ese instante, los niños y niñas que están esperando se lanzan a coger un libro cada uno y salen corriendo. Miro hacia los bancos de palé, llenos ahora de niñas y niños con libros en las manos. Me parece algo mágico.

—Disculpad —saludo a dos niñas que deben de ser de 2.º de Primaria y que aún están esperando su turno—. ¿Qué hacéis?

—Esperamos para coger un libro.

—Nos podemos llevar libros al jardín para leer un rato, y si te aburres en el patio, puedes venir aquí y elegir algún libro que te guste.

—Podemos traer nuestros libros de casa, y si alguno no tiene y le apetece leer, puede elegir uno de la Bibliopatio.

En ese momento aparece una maestra.

—Estos bancos que ves ahí los hizo Miguel, el conserje. Y la fuente.

—Estoy encantado de ver esto —le respondo.

—Es una gozada porque se ha generado ahí un espacio de encuentro entre niñas y niños que antes no existía. La hora del patio suponía un rato agradable, pero no era un momento especial del día, y ahora sí lo es. Están deseando que llegue el recreo para bajarse a la Bibliopatio, para compartir los libros que traen, porque ya no solo cogen los libros del carro, sino que se prestan sus propios libros. Y disfrutan mucho. Es curioso, pero han sido ellos los que nos han dicho: «Oye, que sí que nos gusta».

—¿Quieres decir que de alguna forma salió de ellos?

—Surgió porque en el momento del patio los niños decían: «¿Nos podemos quedar aquí en la clase?». «Pero ¿qué vais a hacer?» «Es que queremos leer.» Y nos dimos cuenta de que a bastantes niños les apetecía leer y no tenían dónde hacerlo. Y puesto que ya pasan muchas horas en clase, pensamos que en el patio sería mejor. Y así surgió. Empezaron a salir con libros, y pensamos que teníamos que crear un espacio más cómodo. En ese sentido, Miguel fue de gran ayuda, como siempre. Se hicieron los banquitos y se ha consolidado. Ahora leer en recreo se ha convertido en un hábito para algunos. Y cada vez va a más. Es una actividad de calidad porque ellos han hecho que lo sea.

Observando a los niños y niñas que hay allí sentados, descubro que muchos alumnos mayores están leyendo a los pequeños, de Infantil o de 1.º y 2.º de Primaria. Comparten, además de libros, relaciones con todos los compañeros. Y es una escena natural, pero que tanto cuesta ver en otras escuelas.

La maestra me cuenta que ha llegado a este centro hace seis años y que es tutora de 4.º de Primaria, además de secretaria. Me da pie entonces a preguntarle sobre la importancia del equipo directivo en el centro.

—Sí, es importante —responde—, pero para que un colegio funcione no basta con el equipo directivo. Es indispensable la participación de los catorce docentes que trabajan en él. Sería imposible, por mucho que el equipo directivo se empeñara en ello, si el equipo humano que forman los maestros, la familia y el alumnado no participase en el proceso.

Esa es una de las claves de las Escuelas Changemaker, y por eso yo estoy en esta de Málaga. Es tan difícil a veces que todos los maestros de un centro educativo trabajen con un fin común... Y eso es precisamente lo que caracteriza a estas escuelas: la capacidad de movilizar a todos o a la mayor parte del personal que conforma el equipo humano de un centro para ir hacia adelante, no solo con el objetivo de educar individuos sino, además, seres que sepan convivir en sociedad y dar lo mejor de ellos mismos para conseguirlo.

—¿Sabes qué es lo mejor de esto? —me dice—. Al principio había familias que reclamaban una enseñanza tradicional. Querían exámenes y notas. Y, sobre todo, les daba mucho miedo de cara al instituto. Lo reconfortante de esto es que aquí disfrutas viéndolos aprender y tienes la certeza de que después se adaptan perfectamente al instituto. No podía ser de otra manera, con todo lo que se llevan de aquí.

—¡César! —Miguel sale de nuevo a la puerta—. ¡Entra *pa* un café! Que Isabel ha traído pan para el almuerzo.

¿Qué puedo hacer ante una invitación así? Entrar, obviamente. Así que sigo a Miguel por los pasillos hasta dar con la sala de la cafetera, donde me espera Isabel.

LOS DUEÑOS DE LA ESCUELA

Había oído hablar de Miguel y de Isabel antes que de cualquier otra cosa de esta escuela. Me habían dicho en diferentes ocasiones que, si buscaba el alma de La Biznaga, la encontraría hablando con el conserje y «la señora de la limpieza», que ambos son el símbolo de este lugar y que representan perfectamente el compromiso con los seres que los rodean y el amor por la escuela. De hecho, llevan toda su vida en ella. El café es la excusa para tener una conversación de lujo.

Isabel se presenta ella misma, sin dar opción a que Miguel me haga los honores. Pelo rubio largo, una sonrisa constante en su cara que dibuja algunas arrugas de felicidad, y un traje blanco con ribete azul que lleva para hacer sus tareas de cada día. Con su mirada observadora y unos ojos inquietos, no pierde detalle de cada uno de mis movimientos.

Miguel se va a preparar el café mientras Isabel coloca una barra de pan sobre la mesa y me pregunta sobre mis viajes. Yo la ayudo abriendo unos paquetes de embutido que ella ha traído para la ocasión. En ese instante entra corriendo una niña de unos cinco años. Se aproxima a Isabel, le da un beso, le da otro a Miguel y sale a la misma velocidad con la que ha entrado.

—¿Y esa niña?

—¿Esta niña? —dice Isabel—. Es una niña que vino con tres años, muy pequeñita. Y yo la acogí en la escuela.

—No le he puesto azúcar —anuncia Miguel—. Ponte tú mismo.

—Yo la acogí. Y la niña, desde que tenía tres años, me ha *dao* un beso cada día. Ahora se lo da a Miguel porque a él le da envidia...

—¿Cuánto llevas aquí, Isabel? —Cojo el azucarero y lo pongo en el centro de la mesa.

—Yo llevo aquí... veintiocho años.

—¿Y tú, Miguel?

—Treinta y dos ha hecho ahora.

—¿Y esta escuela siempre ha sido así?

—No —dice ella—. Pasamos una época muy mala cuando empezaron a irse los niños, y se quedaron nada más que tres maestros.

Miguel señala con un trozo de pan la pared.

—Ahí tenemos la foto. No había niños.

—Iban uniendo las clases y los padres iban llevándose a los niños.

—Era la pescadilla que se muerde la cola —añade Miguel—. Como no hay niños, no vienen niños.

—Cuando preguntaba acerca de La Biznaga, de lo primero que me hablaban era de vosotros antes que de los maestros.

Miguel ríe.

—Porque somos los dueños de la escuela, dicen.

—Somos los más antiguos. Cuando la cosa empezó a decaer, se quedaron tres maestros. Empezamos a hacer propaganda, íbamos echando papelitos por los buzones.

Estoy asombrado.

—¿Siendo público, tuvisteis que hacer eso?

—Sí, sí. Y pusimos las letras en la fachada, para que la gente supiera que aquí había un colegio.

—Y empezó a venir la gente. Y nos pusieron más clases. Porque que quiten una clase, eso se hace en un momento, pero que vuelvan a abrir una cuesta mucho, mucho.

Cada respuesta que da uno complementa a las del otro. Es como si hablara una sola persona por boca de los dos. Tal es su compenetración. Sigo disfrutando con lo que me cuentan.

—Pero ¿qué tiene de especial ahora esta escuela?

—Pues que somos como una familia —responde Miguel—. Aquí, si vienen los padres, entran hasta donde quieren. Yo no me pongo ahí en la puerta y digo: «Tú no pasas».

—Está todo el colegio abierto, no hay nada cerrado... Aquí nadie toca *ná*.

—No se pierde nunca *ná*.

—Como el niño que estaba ahí fuera leyendo una poesía, que se encontró cinco euros y se los dio a Miguel diciendo: «Me he encontrado cinco euros».

Y Miguel confirma la historia de Isabel.

—Me he *encontrao* esto... —imita al niño, extendiendo una mano.

—Y no sé... Los niños tienen autonomía, deciden qué van a hacer... Nosotros los ayudamos. Ellos decidieron cómo querían sus cuartos de baño.

Miguel mira a la taza de café con expresión de orgullo.

—Yo les hice los portarrollos con madera, como a ellos les gustaban.

Y es que los baños, en sí mismos, merecen nuestra atención. Unos baños que los niños, en asamblea, decidieron cómo debían ser. Y cada elemento que se ve en ellos muestra un cuidado exquisito por los detalles pensado por los pequeños usuarios.

No puede haber seguros en las puertas, para que nadie se quede encerrado. Entonces pensaron en ponerles pomos, que son tapones de botellas (esto lo hizo también Miguel) e idearon la manera de señalar cuándo hay alguien dentro del baño para no llevarse sorpresas: crearon semáforos con cápsulas de café; verde por un lado, si está libre, y rojo por otro, si está ocupado. Y están atadas a una cuerda en la parte frontal de la puerta donde todos tienen acceso a ellas. Cada vez que entra alguien, le da la vuelta y todos lo respetan.

También el jabón del baño lo hacen ellos, reutilizando el aceite. Y hay espejos, porque supongo que tienen derecho a mirarse. Y, como no todos los niños miden lo mismo, están puestos a alturas distintas y, junto a ellos, hay escritas frases en verso, inventadas también por ellos, para que recuerden los hábitos importantes: «No me dejes las gotitas si te lavas las manitas», dice una de esas notas.

El baño también es un espacio para aprender, como cualquier otra parte de esta escuela.

Miguel e Isabel han hecho muchas cosas por este centro: un invernadero que los chicos querían construir con botellas de plástico, una caseta para proteger a la gata que apareció y se quedó a vivir con ellos, un huerto, los bancos y la mesa para el jardín...

—Nosotros hacemos cosas porque ellos nos dicen qué quieren —me confirma Isabel.

—Pero es raro —comento— que los chicos os digan qué podéis hacer en el cole, y más llevando vosotros tantos años aquí.

Miguel sonríe.

—Es raro, pero es lo mejor. Porque, si lo hacen ellos, son conscientes de lo que cuesta hacerlo. ¿Quién lo va a cuidar mejor que ellos? Lo mismo que con el huerto: ellos lo plantan, ellos lo riegan... ¡Es suyo!

—No rompen nada —añade Isabel—. Ellos lo cuidan. Cuando brota algo, llaman a los demás para que lo vean. Precisamente ayer cosechamos las primeras patatas del huerto. Y tengo un secreto que no sabe nadie.

—¡Cuéntanos, Isabel! —le pido.

—¡Es un secreto! Ayer —mira a Miguel, que corta tres trozos de pan sin perder atención—, recogimos las patatas con los chicos de Primaria, pero me quedé doce patatas y las he metido en la tierra otra vez. Y ahora está Clara esperando que vaya y le he dicho: «Espera, Clara, que voy a desayunar». ¡Para que yo saque las patatas para los chicos de Infantil!

Y como si hablara Isabel por boca de Miguel, este replica:

—Es que eso no se puede contar. Y luego la cara que ponen... No hay palabras para describirlo.

—(...) El cole —se echa hacia atrás y apoya la espalda en el respaldo de la silla mirando el vaso y tomándose su tiempo—, el cole está hecho para los niños y nosotros estamos aquí para ayudarlos.

—Además, yo hago cosas aquí que no tendría que hacer —dice ella.

—Eso te iba a preguntar ahora. Porque la misión, digamos «oficial», de Isabel, ¿cuál es?

—¿Mi misión? Limpiar. Mi misión es limpiar. Ni tengo que darle un bocadillo a un niño —señala el armario con el vaso de café con leche—, porque yo tengo ahí cosas para cuando ellos vienen, ni tengo que cambiarlo, ni tengo que curarlo si se hace daño, ni tengo que quedarme esperando a una madre cuando esta llega tarde... Ni asar manzanas, ni hacer tortillas...

Miguel contraataca:

—Luego vienen los niños: «¡Miguel! Dame esto... Dame lo otro». Y Miguel: «Toma». El cole —se echa hacia atrás y apoya la espalda en el respaldo de la silla mirando el vaso y tomándose su tiempo—, el cole está hecho para los niños y nosotros estamos aquí para ayudarlos.

—Entonces ¿qué significa esta escuela para vosotros?

—Para mí... —Isabel se queda pensativa—, y para él también, es como si fuera mi casa. En verano, mi marido viene a regar el huerto y las plantas. Todos los fines de semana viene a dar de comer a los gatos. Aquí estudió mi niña, y ahora tengo a mi nieta. Son muchos años...

—Esto es la vida nuestra —me dice Miguel, mirándome a los ojos—. Lo que le quitaban, lo que le pusieron, cada cosa que le ha pasado a la escuela nos pasaba a nosotros.

—Cada vez que venía un padre a matricular a su hijo, terminábamos con las palmas rojas de aplaudir. ¿Tú sabes el placer que es ahora irte de vacaciones pensando que tenemos cada vez más matrículas? Quien no ha vivido lo otro no sabe lo que es.

—Es que ahora la gente está eligiendo este colegio. Antes tal vez era porque vivían cerca. Pero ahora vienen madres diciendo: «No, no. Es que quiero traerlo aquí». Aquí...

En ese instante irrumpe un niño de cuatro años llorando, acompañado de una maestra.

—¡Miguel! —exclama, llorando—. ¡Que se me ha roto el martillo! ¡Miguel!

—Tenemos un problema —dice la maestra—. Está que no vive, el pobre. ¿Le podrás echar un pegote?

Miguel se levanta y coge el martillo de plástico. Evalúa los desperfectos y toma al niño de la mano.

—¡Vamos a ver qué podemos hacer, Pablo!

Sale de la habitación con Pablo agarrado de la mano. Y con ese simple gesto veo confirmado todo lo que ambos me han explicado durante ese rato y cuanto me han contado de ellos dos antes de llegar aquí: dejar todo lo que estás haciendo para dedicarte a los niños. En una escuela nada puede haber más bonito que eso.

Qué concepto tienes de la educación

En una escuela democrática donde los niños y niñas toman tantas decisiones que afectan al centro, tengo curiosidad por saber cuál es el papel que desempeña realmente el equipo directivo, pues en general es este órgano, junto con el claustro de profesores, el que se encarga de esos asuntos. Podría parecer que si los niños y niñas deciden sobre espacios y normas, los adultos pierden peso en la escuela. ¿Cuál es entonces la misión de unos y de otros? ¿Es viable una escuela en la que la opinión de los adultos sea tan importante como la de los niños? Cuántas preguntas esperando ser satisfechas.

En el despacho están María José, la directora; Magdalena, jefa de estudios, y Priscila, maestra y tutora de 2.º de Primaria, quien llegó el año pasado y cuya opinión es importante para tener una perspectiva del equipo directivo fuera del mismo.

—Bien, decidme: ¿qué se puede hacer desde el equipo directivo en una escuela?

Magdalena toma la palabra:

—La responsabilidad es mucho mayor que cuando eres maestra y te dedicas a tu clase. Tenemos el lujo de plantearnos qué colegio queremos. Es un «trabajazo» y una gran responsabilidad, pero tenemos la posibilidad de darle alas a una escuela.

—Sí —la apoyo—. Entonces, si es tan importante como para darle alas a una escuela, ¿qué características debe tener una persona para estar en un equipo directivo?

—Primero —dice María José—, tiene que ser una persona que sepa ponerse en el lugar de los demás, y que tenga claro hacia dónde va: qué modelo educativo tiene, qué pretende, qué tipo de alumnado quieres, qué tipo de escuela deseas construir... y cómo lo harás. Y, luego, esa persona debe tener mano izquierda, mano derecha y todas las manos posibles, y su máxima ha de ser: «Pienso antes en ti que en mí».

—Es precisamente lo que queremos: siempre desde el respeto, que sepa hablar con otras compañeras y compañeros que ven la educación de manera diferente, hacerse entender y construir y provocar cambios a través del debate, de la formación y de la no imposición —añade Magdalena.

Priscila, que hasta ahora ha estado escuchando, toma la palabra:

—Como maestra, creo que las personas que estén en un equipo directivo deben ser flexibles, confiar en el claustro que tienen. Y, sobre todo, debe poner siempre en primer lugar al alumnado, que es algo que se nos olvida muchas veces.

—Entonces, la formación de los equipos directivos debería estar basada en ciertos aspectos que aún nos faltan por pulir...

—Deberíamos tener una formación pedagógica, psicológica, neurológica, epistemológica... Las personas más formadas

—Nosotros aprendemos juntos. Empezamos conociéndonos en las asambleas, y el conversar y dialogar es otra estrategia de aprendizaje.

en un centro deben ser las del equipo directivo y saber qué es lo más importante para una escuela —afirma la directora.

—¿Y qué es lo más importante?

—Los niños y las niñas, por supuesto. Por eso decidimos dar capacidad de opinión y acción a los niños para la toma de decisiones. De ahí las asambleas, tan importantes para nosotras.

—Genial. Contadme.

—Nosotros aprendemos juntos. Empezamos conociéndonos en las asambleas, y el conversar y dialogar es otra estrategia de aprendizaje. Y en ese conversar y conocerse surgen las situaciones problemáticas. ¿Y qué entendemos por situaciones problemáticas? Aquello que surge pero que no sabemos qué es: un niño que viene con una noticia nueva, o algo que ha salido en una conversación... y de lo cual no conocemos la respuesta, porque el maestro o la maestra ¡no responderá a ello! Porque, aunque seamos uno más, aunque lo sepamos, lo mejor es estar callado y limitarnos a hacer preguntas.

María José prosigue:

—¿Y cómo resolvemos esas preguntas? A través de los proyectos de investigación. Cuando hay una pregunta que interesa a todos, le damos respuesta organizándonos en grupos. Partimos siempre de lo que sabemos de esa situación, y del «qué necesitamos saber» para resolverlo. Y en medio está el proyecto de investigación. Así que lo que llevamos a cabo es nuestro Plan de acción.

—Por un lado tenemos este proceso, increíblemente interesante, y por otro está el currículo que hemos de cumplir. ¿Cómo se casan?

—Al final de los proyectos vemos todo lo que hemos aprendido y hacemos un mapa de aprendizaje —me explica Magdalena—. ¡Cuidado! No es un mapa conceptual, sino un mapa de aprendizaje: en el mapa conceptual aparece lo cognitivo, conceptos; pero nosotros aprendemos de la cognición, del lenguaje, de la afectividad y de la autonomía. Con lo cual, el segundo es mucho más completo que el primero. El pequeño grupo hace un mapa, la clase hace otro más completo entre todos y, en asamblea, toda la escuela hace un mapa de aprendizaje con el que aprendemos todos. De ahí sabemos lo que hemos aprendido, por ejemplo, de ciencias sociales o matemáticas. Lo damos, pero no en asignaturas sueltas. Pero una cosa está clara: siempre salen más cosas de las que se piden en el currículo.

—¿Y la atención a la diversidad?

—Somos una escuela inclusiva, en la que todas las niñas y niños aprenden sí o sí. Todos aprendemos, pero con ayuda, y los mayores especialistas son los propios compañeros y compañeras.

—Nosotros no ofrecemos ningún apoyo fuera del aula. Los apoyos son en la clase y para la clase.

—Una vez se dio el caso de una compañera de Audición y Lenguaje que pretendía sacar a una niña de su clase —interviene Priscila—. Se le dijo entonces que las normas lo impedían y que, ya que iba a enseñar a esa niña a pronunciar la «r», que aprovechase para enseñarla a toda la clase. Cuando llevaba dos o tres días entrando en el aula, se percató de que había varias personas que podían mejorar algunas cosas.

—Incluso nos enseñó a todos distintas estrategias para usar a diario. Todos aprendimos a respirar, a vocalizar, a tonificar...

—Hay niños con altas capacidades, y otros con ciertas dificultades, pero todos aprenden lo que tienen que aprender. Cuando se empieza un proyecto, no hay límites para el aprendizaje.

Magdalena añade:

—En ese sentido, las adaptaciones curriculares no tienen sentido en este sistema, porque limitan en lugar de ampliar posibilidades. Nosotras no vamos a ponerle techo al aprendizaje de ningún niño, ni por abajo ni por arriba.

—A la escuela no se viene a ser feliz, dicen —comento.
—¿Por qué no? —replica María José.
—Se va a aprender —contesto.
—No puedes aprender si no eres feliz.
—¿Qué es aprender? —me pregunta Magdalena.
—Tienen que salir bien preparados para el instituto. ¿Qué concepto tienes de la educación? —digo, usando cierto tono provocador.
—Eso mismo me he dicho yo cuando has hecho esa pregunta. Una cosa es calificación; otra, evaluación, y otra, aprendizaje. Que sepas que una de las estrategias que nosotras entendemos como más importantes de aprendizaje es la evaluación. Y hacemos la evaluación de forma cooperativa, nos autoevaluamos y evaluamos en la asamblea. Y los resultados son muy buenos y están demostrados. Claro, no solo en lo cognitivo, sino también en otros ámbitos del ser humano que no hemos de olvidar.
—Y pensando en el futuro —añade María José—, que es donde se sitúa mucha gente que se olvida del presente, no cuesta mucho adaptarse al instituto si se trata de escuchar a alguien que te explica cosas. También te adaptarás si te piden que hagas una serie de ejercicios. Pero los alumnos salen de aquí con muchas estrategias que podrán usar en cualquier momento. Les tocará enfrentarse a muchos exámenes, no podrán estar en grupo, cierto, y les resultará sorprendente, pero se adaptarán.
Llegados a este punto, Magdalena me cuenta una anécdota muy curiosa que le sucedió en una prueba de reválida:
—Fue gracioso, porque al colocarlos de uno en uno para que supieran cómo hacer un examen, uno de los niños preguntó algo y saltó una niña, diciendo: «Yo te ayudo». Y yo grité: «¡No! ¡En el examen no puedes ayudar!». Y ella me respondió, resuelta: «Pero si no le voy a dar la respuesta. Voy a darle unas pautas para que lo descubra».

—¡Increíble! —Me asombra una respuesta tan natural de una niña ofreciendo apoyo a un compañero—. Surrealista. Se supone que al final debemos enseñarles a colaborar, pero en casos como este, y como sucede en los exámenes, tenías que entrenarlos para la «no ayuda».

—Se nos va... —interviene Priscila—. Hace mucho tiempo que olvidamos para qué han de venir a la escuela, sobre todo en la Primaria. Niños de seis y siete años salen con notas, ¡que no saben ni lo que son! ¿No sería más fácil decir: «Aquí lo estás haciendo bien; en esto otro debes esforzarte un poco más, voy a darte unas pautas para que mejores en esto»?

—Tengo una pregunta más... Los niños deciden cómo deben ser sus baños, su recreo, su huerto. Deciden qué materias dar o las normas que hay que seguir. ¿No es demasiada libertad en la escuela para ellos?

—La finalidad de la escuela es que aprendan a pensar y a convivir a través de los sistemas de comunicación, de las normas y valores que establezcamos en nuestras clases. Desarrollar este principio en la escuela supone un cambio de mentalidad en el profesorado respecto a nuestra visión del alumnado. No pueden aprender a pensar y a convivir si tú se lo das todo hecho. Además, la educación, como apuntó Bruner, es una forma de culturización, en la que educador y educando se educan conjuntamente gracias al diálogo.

—Así que en nuestras clases —apunta María José—, todas las decisiones se toman llegando a acuerdos mediante la argumentación. Con este procedimiento de trabajo, lo que se pretende es que niñas y niños sean conscientes de su propio proceso de pensar y de actuar a través de la reflexión y de la autocorrección. En todas las sociedades son necesarias las normas, pero cuando se proponen desde la libertad, desde el consenso y desde la igualdad de todas y todos, resulta mucho más fácil. Lo que conseguimos trabajando es que, además del conocimiento, surjan una serie de valores, tales como la libertad, el respeto, la tolerancia, la generosidad o el compañerismo.

Tras haber observado la actitud de unos niños con otros, no tengo ninguna duda al respecto. Tampoco me parece casual el modo en que se comportan en las clases: percibo esas ganas de participar, de dar lo que uno tiene, y la alegría de saberse parte de algo.

Para finalizar mi estancia en La Biznaga, las familias han preparado una comida junto con las maestras y maestros. Cada uno ha traído algo para compartir. Desde la escuela, además, se aporta una tortilla de patata hecha con la primera cosecha de patatas del huerto, y que Isabel, cómo no, ha cocinado.

Para que tus hijos sean felices, lo cambias todo

Entre empanadas, paella, gazpacho y sardinas pasamos un par de horas. Los niños y niñas corretean alrededor de la mesa, mientras algunos padres y madres se encargan de que todo el mundo esté servido. Con el gazpacho en una mano y un trozo de tortilla (exquisita, por cierto) en la otra, es la situación perfecta para invitarlos a que me cuenten sus sensaciones sobre la escuela.

—Nosotros venimos de otro centro público —comienza una madre—. Mi hija mayor solo llevaba tres meses en 1.º de Primaria, cuando su maestra me dijo que iba a repetir curso. Vivíamos en otra ciudad y nos trasladamos aquí para traer a nuestras dos hijas a esta escuela. Ahora está renaciendo esa semillita que parecía perdida. Está plantada en una tierra fértil, y vuelve feliz a casa, y cada día tiene ganas de ir a la escuela... Algo que el año pasado era impensable.

—Yo también traje aquí a mi hijo después de haber estado en otro centro, porque estaba muy descontenta —me comenta

—(...) El primer día que mis padres vinieron a esta escuela a recoger a sus nietas y las vieron salir por esa puerta, mi padre lloraba. Decía: «¡Son felices! ¡Mis nietas son felices!». El año pasado lloraban, ¡todos los días! Cuando salían y cuando entraban. Pregúntame qué quiero para mis hijas...

otra madre—. Lo traje con seis años. Parece que un niño con seis años ya está predestinado para el éxito o para el fracaso escolar. ¡Y tiene seis años, acaba de empezar en la escuela! Y porque el cambio de Infantil a Primaria no le haya ido bien, no podemos marcar ese camino que a veces no tiene regreso.

—Tienes toda la razón —le digo, reflexionando.

—Para que tus hijos sean felices, estás dispuesta a cambiarlo todo: nuevos trabajo, vivienda, familia... —señala otra—. Lo cambias todo. Vinimos desde Sevilla, y la felicidad que hay ahora en nuestra casa proviene de aquí. Mis padres decían: «Tú no has pensado en tus hijas, llevártelas a mitad de curso». «Sí —les dije—. Precisamente porque pienso en ellas nos vamos a otro sitio.» El primer día que mis padres vinieron a esta escuela a recoger a sus nietas y las vieron salir por esa puerta, mi padre lloraba. Decía: «¡Son felices! ¡Mis nietas son felices!». El año pasado lloraban, ¡todos los días! Cuando salían y cuando entraban. Pregúntame qué quiero para mis hijas...

Un padre que está sentado frente a mí me sirve agua fresca, luego se sirve él y comenta:

—Conseguir modificar el contexto educativo y adaptarlo al niño es fundamental. Los maestros y maestras están consiguiendo aquí, a través del Proyecto Roma, que los niños y niñas piensen y sepan convivir entre ellos. Yo trasladé a toda mi familia a Málaga solo por la escuela. El día que conocí a María José mi vida cambió, porque conocí a alguien que realmente confía en las posibilidades de las personas. Normalmente se intenta actuar sobre el individuo, pero no se hace ningún cambio en el contexto para que el niño o la niña aprenda.

Una de las madres que se encarga de repartir los platos se sienta y dice:

—El motivo por el que yo traje a mis hijas aquí es que yo estaba buscando escuela para ellas, e iba de colegio en colegio para conocer el equipo educativo que iba a estar con mis hijas, pero no siempre se podía. Y yo, como profesora de universidad, sé que el corazón del colegio es el equipo educativo. Al entrar por la puerta, mi niña mayor me acompañó. En estas, salió una niña del baño, vio a la directora y la abrazó. Y pensé: «Este va a ser. Si esta mujer va a tratar así a mis niñas, este colegio va a ser».

—«Mamá, yo no quiero ir al colegio. Es que soy malo, no valgo, no me lleves.» Eso decía mi hijo —prosigue otra madre—. ¿Y qué haces, como madre, si tiene que estar escolarizado? Te recomiendan un sitio, pruebas con temor y esperas... Y mi hijo resurge, y va feliz a la escuela, y vuelve feliz a casa, y te cuenta cosas, cuando antes se lo guardaba todo: «¡Mira, mamá! Hoy hemos hecho esto..., y tenemos que hacer este proyecto, y tengo que buscar información». Es parte de un grupo; se siente querido. Y claro que vale, vale tanto como los niños de su grupo, porque todos tienen algo que aportar. Se siente querido...

—Cuando trajimos a mis hijos aquí, la gente me preguntaba si no había encontrado plaza en otros centros —me explica una nueva madre—. Yo les respondía que los traía aquí porque quería que les enseñaran a pensar, a reflexionar y a ser buenos ciudadanos. Los niños de hoy en día no saben pensar, no saben reflexionar y les cuesta verse como ciudadanos del mundo.

—Yo me llamo Mercedes, soy mamá de un niño de este colegio, y además estoy como maestra de prácticas aquí. Y cuando contaba mi experiencia a mis compañeras, ellas me decían que esto no era la realidad y el día que entrara en un colegio «normal», me iba a estrellar. Pero ¿sabes qué? Que la realidad para estos niños es que aprenden muchísimo más que lo que mis compañeras me cuentan de sus centros.

—Y como padres, ¿qué opináis de que empleen tanto tiempo con las asambleas? Con tantas reuniones, no les dará tiempo de acabar el temario...

—La asamblea —me contesta otro padre— es una herramienta muy potente para que un ser humano crezca. Permite la escucha, una adecuación a unas normas en un grupo, permite la exposición, un razonamiento... Si eso no es aprender, que me lo diga alguien. ¿Tú crees que yo traería a mi hijo a un colegio para que se lo pasara bien y no aprendiese? Quizá para alguien sea más importante sentarse quince minutos para llenar una ficha o hacer un examen... Lo que sale de la asamblea, la riqueza del aprendizaje global más allá del individual, tiene un valor brutal.

—En casa hacemos asambleas, y lo deciden ellas —señala una madre—. Hay conflictos, claro que sí, pero lo que hacemos es usar estrategias para resolverlos. El otro día íbamos de camino a casa y las dos estaban contándome lo que habían hecho en la escuela, las dos a la vez. Y de repente dice la mayor: «Un momento. Vamos a hablar por turnos. Primero empiezas tú, que eres la pequeña, y, cuando termines, me tocará a mí». La pequeña empezó a contarme todo y, cuando se calló, le dijo la mayor: «¿Has terminado?»; y eso es algo que han aprendido en La Biznaga. Y dice la otra: «Sí». «Entonces —continúa la mayor—, ahora me toca a mí.»

—Qué majas —exclamo—. Así da gusto tener una hermana mayor.

Los testimonios son de mucho peso, y cuando madres y padres hacen comentarios de este tipo sobre una escuela donde están sus hijos, deben de saber bien de lo que hablan. Entre ellos también está Isabel, que es madre y cocinera del colegio. Me parece interesante su opinión:

—Yo valoro mucho que no tengan libros de texto, porque me pregunto para qué quiere un libro de texto una niña de cuatro años. Trabajan de otra manera, más dinámica. Trabajan por proyectos. Están con los demás compañeros de otros cursos y aprende muchísimo. Tiene un vocabulario que es increíble. Porque, ¿qué va a trabajar una niña de cuatro años? Una niña de cuatro años tiene que venir a mancharse, a jugar, a divertirse, a estar con los compañeros, a aprender porque tienen que aprender, y aprenden.

—Mi hija, con cuatro años, me regaña si no reciclo, por ejemplo —comenta otra madre.

—¿Que tu niña te regaña?

—Me dice: «Mami, eso no se tira ahí», y digo: «Ay, vale». Y aquí, en la escuela, si entra ella al servicio, me dice: «Mami, el papel no lo tires», y respondo: «Ay, Nuria, perdona». ¡Es un tormento! Aunque para bien, eh.

Todos ríen. En ese instante aparecen las dos niñas de la cocina solar con la misteriosa bandeja. Sonríen orgullosas. Ellas también van a contribuir con su parte a la comida. Se acercan a mí y me dicen:

—Mira lo que sabemos hacer: ¡manzanas asadas!

Tienen una pinta tremenda. Ocho o diez manzanas partidas en cuatro gajos, caramelizadas, doradas y todavía humeantes, ponen el broche a este viaje tan especial. Entonces destapan la bandeja y colocan un trozo sobre un plato que me ofrecen.

—¿Y después? —pregunto, llevándome la manzana a la boca.

—¿Después? —responde un padre—. Cuantos más años pasen aquí, más cosas de provecho sacarán. Puede que luego tengan que adaptarse a otro tipo de enseñanza, pero precisamente eso es lo que se les enseña aquí, y a pensar, y a reflexionar, y a respetar, y a sentirse ciudadanos. Vayan donde vayan, no tendrán problemas. Están preparados.

3

LOS ADOLESCENTES COMO AGENTES DE CAMBIO

> Nuestra propuesta educativa ofrece a nuestros alumnos la posibilidad de transformarse para transformar. Si realmente queremos una sociedad mejor, tendremos que arremangarnos y actuar.
>
> Lola Torrent,
> profesora del instituto de Sils

El instituto de Sils, en la provincia de Girona, es un ejemplo de cómo poner en práctica todo lo que hemos visto en las escuelas anteriores y romper con el mito de que este tipo de educación no se puede hacer en Secundaria. En este instituto, hacer servicios a la comunidad es tan importante como adquirir conocimientos, y sus alumnos se definen a sí mismos como «agentes de cambio». ¿Adolescentes que buscan cambiar las cosas? Por supuesto que los hay.

Es un centro donde los alumnos colaboran en proyectos sociales, ya que todo lo que hacen repercute en el municipio. Unos van a una residencia geriátrica para acompañar a las personas mayores; otros recogen ropa para Siria; algunos van a una escuela a leer cuentos en inglés a los niños y niñas... Es una manera de ayudar a otras personas y, al mismo tiempo, de aprender, ya que en el «mundo real», como así lo llaman algunos, se interactúa con gente, se vive en familia y se convive con grupos de amigos y compañeros de trabajo. Y eso es algo que tenemos que descubrir en el instituto público de Sils: cómo se cultiva la faceta social del ser humano en un centro educativo y se consiguen buenos resultados académicos.

Definitivamente, Sils va a resultar muy interesante.

Cuando salgo de la estación, ahí está Iolanda, la directora del instituto, moviendo la mano junto a un coche gris. Tiro de mi maleta y me acerco a saludarla.

El día está tranquilo. El sol amaga con salir pero persiste una bruma que dota a Girona de un encanto especial.

Me explica con una sonrisa que no puede meter mi equipaje en el maletero, porque está lleno de trastos que piensa llevar a un lugar donde se reutilizarán. Esa primera impresión coincide con lo que he oído de su centro y me parece una señal de coherencia.

Emprendemos camino a Sils, a veinte kilómetros de Girona, aunque Iolanda me regala un tour rápido por la capital antes de dirigirnos al instituto.

—Estamos en construcción continua —me dice, entre giro y giro—. Mañana tenemos claustro, y el jueves estaremos hasta las ocho de la tarde decidiendo qué dirección debemos tomar. Me alegra que hayas venido, así estarás presente en un día tan importante.

—¿Un día tan importante?

—Es una sorpresa. Sabemos de dónde venimos y ahora debemos afianzar adónde nos dirigimos.

—¡Anda! ¿Y de dónde venís, Iolanda?

Ríe.

—El instituto tiene su origen en un grupo de profesores y profesoras insatisfechos de cómo funcionaban las cosas en Secundaria. Nos reuníamos en un bar para cenar una vez al mes y discutíamos sobre el objetivo de la educación, la innovación, la educación compensatoria y la atención a la diversidad. De ahí nació un ideario, y más tarde un proyecto que presentamos al Departament d'Ensenyament. Pasamos de la frustración y la queja... a la propuesta.

—Curioso.

—Un buen día, como necesitaban abrir un nuevo centro, nos llamaron a nosotros. Desde la administración confiaron en el proyecto y en el equipo.

Al escucharla, pienso en las veces que he oído en boca de profesores y padres que la ESO tiene que dar un cambio radical. Y me pregunto por qué resulta tan difícil llevar a cabo estos cambios en esa etapa. E imagino, sobre todo, lo afortunados que debieron de sentirse al recibir esa llamada, que les daba la posibilidad de cumplir el sueño de iniciar un proyecto educativo lleno de ilusión. La aventura comenzaba, sin duda, de manera atractiva.

En el trayecto hasta el instituto Iolanda me cuenta muchas cosas. Se apresura en presentarme su centro con ilusión, como debe de hacer cada vez que recibe visitas.

El objetivo de estos profesores ya no se limita a dar lo mejor de sí mismos al instituto, sino que, además, apoyan a otros elementos activos del sistema para ayudar a transformarlo. En este sentido, han asesorado a muchísimos centros, incluso aquellos de nueva creación que ya funcionan de forma innovadora en todo su conjunto.

Ya en la carretera, Iolanda me describe el *planning* que han preparado para mí, en el cual se incluye la organización de los profesores para enseñarme el instituto y sus clases. Además, me tiene reservada la asistencia a ese claustro que tanto promete.

—También me gustaría poder tener una reunión con padres y madres de los alumnos —le digo—. Creo que es una visión fundamental y que a veces no trasciende.

—¡Me parece buena idea!

—Y me gustaría también...

—Ya hemos cogido confianza —me corta, riendo.

—... una reunión con alumnos. ¿Podría ser?

—Eso me gusta todavía más —responde.

Llegamos a Sils, una pequeña población de cerca de seis mil habitantes. Atravesamos dos o tres calles estrechas que bordean el municipio y en un par de giros aparecemos de nuevo fuera del pueblo, en un alto. Iolanda para el coche unos instantes y, sonriendo de nuevo, me dice:

—Bienvenido al instituto.

Miro a través del parabrisas y veo, a unos ochenta metros y rodeado de campos y una carretera, un conjunto de módulos prefabricados unidos unos a otros. La bruma es más intensa aquí, y se encierra en el pequeño valle que conforman dos colinas. De hecho, no se distingue qué hay más allá de los módulos. Algunas farolas del alumbrado público aún lucen en lo alto de cuatro o cinco postes metálicos. Junto a la estructura, cuatro árboles, pinos, arropan un pequeño parque con un balancín y una caseta con tobogán. Iolanda arranca de nuevo el coche y conduce hasta la puerta.

—Así que esto es vuestro instituto —le digo, expectante por saber cómo logran llevar a cabo todos los proyectos con esta infraestructura.

—¡Esta es nuestra casa!

Abre una valla y me invita a entrar. El pasillo central ya transforma parte de las expectativas y te recibe con calidez. En las paredes, composiciones que han hecho los chicos y chicas, y plantas que recorren esos muros de metal desde el suelo al techo.

Cuando llegamos, todos están en clase. Todos menos Albert, un profesor que me está esperando para pasar la mañana conmigo y mostrarme el instituto por dentro. Iolanda tiene una reunión y no nos veremos hasta después.

—¿Empezamos, entonces? —me pregunta.

—Adelante, Albert. Donde vayas tú, allí iré yo.

Tengo muchas ganas de ver las tutorías y dinámicas, porque durante años, en muchos lugares, las tutorías se han usado erróneamente como horas de refuerzo, en las que los alumnos repasan aquellas materias en las que van más flojos. Y en Primaria, ni eso: han desaparecido hace años, y ya no hay espacio ni tiempo para que los niños y niñas expresen lo que sienten o que puedan participar.

Acompaño a Albert por el pasillo central, formado por la concatenación de esos módulos prefabricados. La primera clase que vamos a visitar es de 4.º de ESO. Llamamos a la puerta y nos metemos dentro. A los alumnos no les sorprende que llegue alguien de fuera, pues están acostumbrados.

La profesora y tutora está explicando la dinámica a los estudiantes, que atienden sentados en un gran círculo:

—Este es un juego de destrezas, y es útil para ver si nos conocemos y para ver cómo nos ven nuestros compañeros. No siempre coincide nuestra visión con la que otros tienen de nosotros. Saldréis de la clase de uno en uno y los demás deberéis consensuar con qué personaje o animal le identificáis o qué destreza caracteriza a nuestro compañero por cómo le veis.

Un chico sale de clase. Los demás empiezan a hablar entre sí intentando ponerse de acuerdo sobre qué características definen a su compañero. Ellos solos se organizan y deciden quién es el encargado de comentar los resultados. Es una atmósfera en la que reina el respeto, y nadie levanta la voz.

Aprovechando el momento en el que los chicos discuten, Albert me explica algo más sobre la utilidad de esos tiempos:

—De 1.º a 3.º de ESO —comenta— tienen dos horas de tutoría grupales, en las que normalmente una es para asamblea, en la que se proponen proyectos para el centro, sobre el profesorado y para dinámicas de grupo. La tutoría ayuda también a establecer vínculos afectivos, no solo a conocerlos académicamente. A veces sus aprendizajes tienen más que ver con su estado anímico que con sus capacidades: si se siente cómodo en el grupo, si en casa se encuentra a gusto... Todos, además, tienen un seguimiento individualizado. El tutor dispone de cuatro horas de reducción para atender individualmente a sus alumnos. En 4.º de ESO, asimismo, dedican tiempo a hablar sobre el circuito que van a tomar en un futuro próximo, así que de tutoría grupal solo tienen una hora. Y las asambleas son importantes también.

—¿Que también tienen asamblea, como en Infantil?

—Pues claro. Son una oportunidad para el aprendizaje democrático, para la participación, para expresar tus opiniones y, de algún modo, contrastar las ideas de los demás: entender que hay un grupo, que existen discrepancias y saber gestionarlas. Así que la asamblea es importante porque les permite tomar decisiones tanto en la clase como en el instituto.

Entra el alumno que ha salido y dejamos la conversación para atender a la dinámica. Habla una compañera:

—Creo que podría ser... un perro pequeño.

—¿Por qué? —pregunta la tutora—. Hay que justificar el razonamiento.

—Porque por más que le pasen cosas, nunca se enfada.

—Yo pienso que sí podría serlo —dice otra compañera—. Porque es así como muy... muy mono. Nunca hace nada malo, no tiene maldad.

—¿Estás de acuerdo con la definición que te han dado los compañeros?

La profesora intenta que interactúen entre sí. El chico sonríe y asiente con la cabeza, satisfecho con la experiencia.

Es el turno de Andreu. Sale fuera y al rato vuelve a entrar. Sus compañeros ya tienen sus opiniones sobre él.

—Hemos pensado —dice un alumno— que Andreu podría ser un pescador.

—¿Por qué?

—¡Porque siempre tira la caña!

Todos ríen ante el comentario.

—También podría ser un pavo real —añade Izan, un amigo de Andreu—, porque siempre se ve bien... Es un presumido.

Una compañera se levanta y opina en nombre de un grupo de chicas:

—¿Sabes esas bandas de cera que se ponen en las piernas... para depilar? Pues eso. Porque, si se acerca, cuesta mucho quitárselo de encima.

La sala se llena de risas, y Andreu asiente con la cabeza con una gran sonrisa, como si aceptara ese rol.

—A ver, Andreu, ¿te sientes identificado con lo que te dicen?

—Con lo del pescador... estoy de acuerdo.

—¿Y con lo de pavo real?

—Hombre... ¡Soy de un elegante que flipas!

Salimos del aula de 4.º de ESO mientras los chavales siguen aplaudiendo la ocurrencia de Andreu. La experiencia me ha encantado. Comprobar cómo aceptan la visión que los otros tienen de ellos y reaccionar con tanta compostura...

Ya en el pasillo, Albert y yo seguimos hablando. Me comenta lo importante que es la Educación Secundaria:

—El proyecto educativo entiende que la etapa de la ESO es crucial para la formación de una persona, y que tiene valor en sí misma. No es una preparación previa a una etapa posterior. Y, si eso es cierto, entonces debemos fomentar también los valores del alumnado, el desarrollo de la personalidad, de la identidad y de cómo gestionan sus emociones. Y parte de lo que acabamos de ver pasa por ahí, ¿no crees? Es decir, cómo te ve la gente, si estás de acuerdo o no con esa visión, saber aceptar la opinión de los demás no de manera crítica sino como un autoanálisis; y cómo los demás te ven repercute directamente en tus emociones. Y entendemos que eso es una parte crucial del aprendizaje: si no los acompañamos durante esta etapa formativa, difícilmente podremos formar alumnos íntegros.

—El profesor también es un modelo —añado.

—Exacto, el profesor también es un modelo. Por lo que tú también debes, aunque sea mínimamente, conocerte a ti mismo: cuáles son tus sentimientos, tus defectos, tus fallos y virtudes..., y tienes que exponerlo ante los demás. Si tú pides a los chavales que se presten a este tipo de ejercicios, tú también debes hacerlo. Y es la manera de que exista una cohesión entre el grupo de clase, y que alumnos y maestros tengan la capacidad de unirse para conseguir objetivos concretos, a corto y largo plazo, de manera individual y colectiva.

—Sí —le interrumpo—, pero muchos se estarán haciendo cruces. Pensarán: «Con todo el temario que hay por delante, con el Bachillerato a la vuelta de la esquina..., ¡no da tiempo de nada!».

Albert sonríe, por lo que comprendo que no es la primera vez que le plantean esta cuestión.

—Si no fomentamos el bienestar personal del alumno, creando así unas buenas bases para facilitar el aprendizaje, de poco servirá que yo me preocupe de preparar contenidos.

—Sí, estoy de acuerdo. Pero ya no depende de ti, sino de quienes deciden qué temarios debes dar en clase. Porque, como sabes muy bien, cuando les da por revisar el currículo, en lugar de plantearse cambiar algo, se limitan a añadir más cosas.

—Cierto.

—Entonces, finalmente os veis obligados a seguir el mismo plan de estudios que los demás.

—Si lo que realmente quiere la administración es que nosotros trabajemos por competencias, deberíamos dejar de hablar de contenidos *ipso facto*. La ley lo dice: «Tú tienes que trabajar por competencias». Desde la competencia lingüística a la de los valores cívicos. Y todo ello requiere tiempo. Y puesto que lo que queremos son alumnos competentes, nuestra misión principal debería centrarse en dotar a los alumnos de estas competencias. El instituto debería ser un ensayo de todas esas situaciones que se dan en la realidad, y en esa realidad hay emociones, hay valores, hay ética, hay moral... Y si no dedicamos tiempo a conseguir esto mismo, difícilmente podremos mejorar la sociedad.

—(...) El instituto debería ser un ensayo de todas esas situaciones que se dan en la realidad, y en esa realidad hay emociones, hay valores, hay ética, hay moral... Y si no dedicamos tiempo a conseguir esto mismo, difícilmente podremos mejorar la sociedad.

—Estoy de acuerdo, Albert... Suelo hablar de la estructuración de las materias y de las horas como «productos envasados»: de nueve a diez, Lengua; de diez a once, Matemáticas... Y por mucho que se haya hecho siempre así, no significa que sea lo mejor.

—Así es. Además, desde el punto de vista de la capacidad de aprendizaje, a los alumnos les motiva mucho más aprender unas matemáticas que despierten su interés que por el simple hecho de aprobarlas. Y si tú, aquí, puedes trabajar las matemáticas de manera que los alumnos se sientan útiles, conseguirás que le encuentren sentido y se den cuenta del valor de lo que están aprendiendo. Y hay algo más: debes tener en cuenta los multiniveles y las multiinteligencias. El modelo implantado por el que simplemente tenemos que transmitirles contenido no lo tiene en cuenta. Por consiguiente, si queremos estimular al máximo el potencial de los alumnos, debemos considerar sus capacidades individuales y hacerlo de manera personalizada, usando metodologías que nos permitan respetar esa individualidad y esas capacidades.

Seguimos caminando por los pasillos que conforman los módulos prefabricados y durante unos segundos permanecemos en silencio. Ambos con la mirada clavada en el suelo, creo que estamos pensando lo mismo: tras nuestra conversación, intentamos entender cómo es posible que haya gente que no comprenda algo tan obvio. Pero el silencio dura poco. Albert lo rompe súbitamente, como si hubiera hallado la respuesta:

—¿Sabes cuándo cambié yo el chip? En aquel momento yo no quería ser profesor; ni me lo había planteado. Terminé mi carrera de Filosofía y me fui a Inglaterra a hacer un Erasmus. Y allí me di cuenta de una cosa: sabía mucho más que ellos de filosofía, de la historia, de autores, de cómo argumentar... Pero en cuanto el profesor dijo: «Tenéis que prepararme este tema», me encontré con que tenía enormes dificultades para preparar el trabajo. Y a los compañeros, que no sabían nada del tema, o al menos tenían menos *background*, les resultaba mucho más fácil buscar información o elaborar una síntesis. Y entonces pensé: «Esto es ser competente».

Abre la puerta de otra clase y me invita a entrar.

—¡Grupos de cuatro! ¡Grupos de cuatro! La idea de esta dinámica —les está explicando la profesora que organiza la actividad— es trabajar en grupo y saber cómo trabajar en grupo, ¡que es diferente, eh! Así que vamos a reflexionar antes de empezar la dinámica sobre cómo se trabaja en equipo. Cada grupo tomará dos hojas de periódico. Aprenderemos a trabajar dentro de la diferencia, sabiendo afrontar el conflicto de un modo pacífico y constructivo y no a la defensiva o de forma agresiva. Y eso es muy importante, porque ya desde hoy y en el futuro os encontraréis trabajando o colaborando con personas con las que tendréis poco en común, y, a pesar de ello, deberéis gestionar las emociones para conseguir una colaboración eficiente y respetuosa con los demás. Y, para lograrlo, es necesario adoptar una actitud honesta, con uno mismo y con los demás.

Me resulta asombroso que todos los chicos y chicas, de pie por el aula, mantengan el orden y muestren entusiasmo por cada palabra que dice su tutora. Cuando a uno le hablan de institutos y de adolescentes, suelen hacer hincapié en la dificultad que entraña mantener la disciplina. Y hay tantas maneras de conseguir el respeto de los demás...

—La idea —continúa ella— es que pongáis las hojas de periódico en el suelo separándolas las unas de las otras. Contaré hasta diez y, antes de que llegue a diez, cada grupo debe conseguir que los cuatro componentes entren en la isla que ofrece la hoja de periódico. Debéis situaros sobre la hoja; si no, estaréis eliminados.

Empieza a contar hasta diez, y los alumnos y alumnas se apresuran a colocarse sobre los periódicos, abrazados, adoptando posturas inverosímiles para mantenerse todos unidos.

La actividad se repite cuatro o cinco veces, y permanezco observando el comportamiento de los alumnos. Se esfuerzan en conseguir que todos los compañeros quepan en la hoja de periódico. No son individuos aislados; son un equipo. Se arma bullicio, sí. Se oyen risas, se aprecia cierto alboroto para tratarse de una clase; no lo negaré. Se dice que la disciplina que añoran muchos es fundamental para mantener el orden. Pero, solo diez minutos después, están los veintiséis chicos y chicas sentados en un círculo hablando sobre lo que han experimentado y expresando emociones que normalmente, a esas edades, se guardan para ellos. Y lo más importante, lo que más me llama la atención es que, cuando habla un alumno, los demás guardan silencio y lo miran con atención, asienten con la cabeza, aportan sus opiniones respecto a las ideas del otro, participan en el bienestar de los compañeros, reflexionan sobre qué han hecho mal y qué deben mejorar para que el grupo esté más cohesionado.

—He disfrutado mucho. Gracias —le digo a la tutora.

—Bueno —me responde con humildad—, más o menos esto es lo que se hace en cualquier instituto, seguro.

Y con esa respuesta, que me saca una sonrisa, salgo del aula.

—Ya ves, para eso sirven las dinámicas —concluye Albert—. También pueden usarse para mejorar la concentración, para trabajar en silencio, para aprender a participar de un modo ordenado, para saber esperar su turno... Utilizamos distintas dinámicas para abordar estas competencias. De modo que acabaremos teniendo alumnos que sabrán participar o formar parte de cualquier actividad social que sea pacífica y constructiva.

Los novatillos y los expertos

Cuando un alumno entra en un instituto recién salido del nido de Primaria, muchas cosas cambian (por fuera y por dentro). Se

—*(...) Hacen que te des cuenta de lo que tienes a tu alrededor, que no estás sola en el mundo y que puedes influir en los demás con tus actos. Es tomar conciencia de que lo que aprendemos por fin sirve para algo desde un punto de vista de la sociedad (...).*

pasa de ser el más grande de los que pueblan las escuelas, al más pequeño entre los adolescentes. Eso, sin duda, requiere un tiempo de adaptación. ¡Cuántas cosas se les tienen que pasar por la cabeza!

Por otra parte, después de cuatro años en el instituto, uno se ha ganado el respeto de todos y mira a los de los cursos inferiores con cierta superioridad. Seguramente, muchos pensarán al ver a los novatillos: «¡Lo que os queda!».

Me interesa conocer la opinión de los chavales que llevan apenas unos meses en el instituto y la de aquellos que están a punto de irse del centro.

Así que organizamos una charla con chicos de 1.º de ESO y otra con muchachos y muchachas de 4.º.

Voy a estar diez minutos con los de 1.º, antes de su siguiente clase. Espero encontrarme preadolescentes en plena efervescencia y haciendo piruetas mentales. Sin embargo, al entrar, me topo con siete chicos y chicas sentados alrededor de una mesa, con sus trece años encima, y llenos de cosas que contarme y secretos que guardarse. Todos me saludan al entrar y esperan, atentos, a que empiece a hablar. Están solos; no hay ningún profesor que los controle (todo un detalle).

—Buenos días —les digo—. Sé que lleváis meses aquí y tengo mucha curiosidad por saber qué os ha llamado la atención de este tiempo. ¿Os gusta lo que habéis vivido? ¿Lo conocíais?

Todos sonríen y asienten con la cabeza.

—Claro —dice una de las chicas—. Es muy diferente a la escuela en la que estudiaba antes.

—¿Para bien o para mal?

—¡Para bien! En este tiempo me han enseñado a comunicarme con otras personas y a ser buena persona.

—¿Me estás diciendo —le interrumpo— que en unos meses se puede enseñar a alguien a ser buena persona?

—A ver... Hacen que te des cuenta de lo que tienes a tu alrededor, que no estás sola en el mundo y que puedes influir en los demás con tus actos. Es tomar conciencia de que lo que aprendemos por fin sirve para algo desde un punto de vista de la sociedad: si te enseñan ciencias sociales pero no te enseñan a desarrollarte como ser social; o te enseñan a conocer el medio pero no te explican cómo respetarlo... Me parecería incoherente, ilógico.

—¿Cómo te llamas? —le pregunto.

—Andrea.

—¿A todos os pasa lo mismo, o es que Andrea se está convirtiendo en una adulta y la estamos perdiendo?

Todos ríen ante el comentario.

—Para nosotros es muy importante el trabajo en equipo y el respeto hacia los demás —añade un compañero de Andrea.

—¿Y en cuanto a la relación con los profesores?

Una chica que me recuerda a la hija de Mr. Increíble (se tapa un ojo con el pelo, pero se expresa mucho mejor que esta última) levanta la mano pidiendo la palabra, aunque no sea necesario.

—Lo que más me gusta —dice—, y en lo que he notado un gran cambio, es que cuando ven que te pasa algo dedican todo el tiempo que necesites hasta que te encuentras mejor, te dan consejos, te escuchan, y eso me parece muy importante. Quizá los adultos no se dan cuenta de que tenemos nuestros problemas o preocupaciones o de que tenemos mucho que decir, pero aquí todos los profesores nos tratan con mucho respeto y cariño.

—¿Y te llamas...?

—Carmen.

Qué razón tiene Carmen. Se da por hecho que son seres a los que hay que controlar y que deben permanecer en silencio aplicando la disciplina, obviando el hecho de que es importantísimo escucharlos. Alguien debería formarnos a los adultos para entender esta etapa de sus vidas.

—Lo que más me gusta a mí es que en tutoría, si tienes algún problema, los compañeros se ofrecen a ayudarte y a darte consejos. Eso me encanta. Además, en Proyectos puedo relacionarme con gente nueva, gente que no conozco y que pueden tener un carácter parecido al mío o no —termina Carmen.

—Si tienes algún problema con alguien, también te dan más autonomía, y nos dejan ir a una sala donde podemos solucionarlo entre nosotros, hablando. Los profesores confían mucho en los alumnos —explica otro compañero.

—Eso he comprobado. Os dejaron solos en esta aula, y no os encontré colgando de las lámparas —digo en tono de broma.

—Claro. ¿Por qué íbamos a hacerlo si se está mejor sentados? —responde entre risas un chico que parecía la mar de desenvuelto.

No quiero robarles más tiempo, así que me marcho al ver que llegan alumnos de otra actividad. Me siento relajado tras salir de esta primera reunión: en solo unos meses, estos chicos y chicas ya tienen claro que su función trasciende de lo individual y son conscientes de que conviven con más gente. Para llevar tan poco tiempo estudiando allí, es todo un logro.

Ahora es el turno de los que han vivido el instituto durante cuatro años. Seis chicos y chicas de 4.º de ESO están esperándome en una sala formando un círculo. Entro con otra perspectiva, tras haber conocido a los de 1.º.

Las mesas están todas juntas formando grupos, pues esa es su manera de sentarse: mirándose y viendo la cara de todos. ¿Todavía hay lugares donde los pupitres están de uno en uno mirando a la pizarra?, me pregunto.

—Buenos días —les digo—. ¡Qué altos sois todos, comparado con los de 1.º...! ¡Y conmigo!

Se echan a reír.

—Decidme, ¿qué estáis aprendiendo en este instituto, ahora que ya estáis en el último curso?

—Aprendemos a vivir en sociedad. —Es lo primero que me

dice uno de los chicos—. Cuidamos mucho la cohesión del grupo, el trabajo colectivo, también el individual, la empatía, la confianza entre nosotros y los valores medioambientales.

—¿Cuál es tu nombre, perdona?

—Joseph —me responde.

—Cómo ser un ciudadano que tiene en cuenta la sostenibilidad —añade un segundo—, cómo tratar con gente diferente a nosotros, con gente mayor, distintos tipos de personas...

—Eso os lo habéis aprendido para decírmelo del tirón, fijo.

Algunos chocan la mano entre risas. Se me da bien este público.

—Yo recuerdo —habla un chico que está a mi lado— que cuando llegué al instituto pensaba que todo sería estudiar y estudiar, pero luego me di cuenta de algo que me dejó alucinado para ser un instituto: te enseñan a ser mejor persona. Que además de adquirir conocimientos, que es importante, también aprendes sobre valores, como dice Joseph. Y eso te hace mejorar porque, además de acceder a amplios conocimientos, también aprendemos a ser personas.

—Estáis en un instituto. ¿No creéis que es en casa donde deben enseñaros a ser buenas personas y que aquí debemos conseguir que aprendáis mucho?

—Cuando encontremos un trabajo, que no solo para eso se nos educa, necesitaremos mucho más que conocimientos —comenta una chica que estaba sentada frente a mí, con una seguridad abrumadora. Y prosigue—: Supongo que tendremos que saber relacionarnos con los demás, saber trabajar en equipo, saber actuar en la sociedad, ¿no crees?

—Además —añade la compañera que está a su lado—, también hacemos los grupos de servicio: vamos a una escuela para ayudar a los más pequeños a hacer deberes, con la lectura... Debemos estudiar, pero no es incompatible con aprender a ser mejores personas.

—*Cuando encontremos un trabajo, que no solo para eso se nos educa, necesitaremos mucho más que conocimientos. Supongo que tendremos que saber relacionarnos con los demás, saber trabajar en equipo, saber actuar en la sociedad, ¿no crees?*

ME PIDO IR AL GERIÁTRICO

Entre todo aquello que he visto en el instituto de Sils, hay algo que me llega muy dentro, y son los Grupos de Servicio. «Nuestra propuesta educativa ofrece a nuestros alumnos la posibilidad de transformarse para transformar. Si realmente queremos una sociedad mejor —dice Lola, responsable de estos grupos—, tendremos que arremangarnos y actuar. Uno puede ser muy inteligente, pero meterse en la piel de los demás, tener espíritu de solidaridad, conocer lo que hay a tu alrededor y estar dispuesto a actuar es lo que nos preocupa y lo que nos interesa.»

La adolescencia es la etapa en la que los chicos y chicas más necesitan sentir que son importantes, que los escuchen y desempeñar un rol que no siempre se les da. Hablar de los Grupos de Servicio con los alumnos de 4.º de ESO es una de las experiencias más bonitas que he vivido en mucho tiempo.

Albert me explica, a modo de introducción, en qué consisten estos grupos:

—Los Grupos de Servicio realizan algún tipo de servicio a la comunidad. De este modo nos sentimos partícipes, vemos que formamos parte de ella y nos concienciamos de que tenemos que contribuir a mejorarla. Hay distintos Grupos de Servicio: algunos son del instituto, como el del huerto o el de mantenimiento, y después hay otros que sí salen fuera del instituto, para ir, por ejemplo, a una residencia de ancianos, o a una pequeña escuela a leerles cuentos en inglés a los niños, o para hacerles las compras a personas mayores...

Catalin, un muchacho que ha permanecido callado mientras observa a los demás, explica su experiencia cuando era niño:

—Hubo una temporada en la que nos ponían muchísimos deberes y también exámenes, y estaba muy agobiado. Había muchos días en los que tenía que hacer deberes hasta la hora de dormir y madrugar al día siguiente para estudiar. ¡Y estaba en la escuela! Algunos alumnos del instituto fueron a mi escuela y me ayudaron. Así que, cuando ya me hice mayor y estaba aquí, me apunté al Grupo de Servicio que ayuda a hacer los deberes a los niños, porque entiendo perfectamente qué sensación tienes si alguien te ayuda cuando a ti se te hace todo cuesta arriba.

Farid es otro alumno que ha estado callado escuchando la conversación.

—Yo estoy en el grupo del huerto y en el Storytelling, en el que contamos cuentos en inglés a los niños de la escuela, o les hacemos representaciones en inglés —explica—. Y es muy bonito porque creas un vínculo con el niño, y cuando termina el trimestre es triste despedirse.

—Creo que es maravilloso lo que hacéis —les digo.

—¿Y sabes qué? —Farid me interrumpe para añadir algo, al tiempo que se coloca bien la gorra que lleva—. La gente suele decir que somos inseguros, irrespetuosos, maleducados, pasotas... Y lo que yo he visto de compañeros y compañeras aquí es para flipar. Tengo dos amigos que ya terminaron el instituto y siguen yendo a la residencia a ver a los ancianos, y son como de la familia. ¿Eso te parece de pasotas?

Lleno de asombro, le digo:

—Eso me parece de gente extraordinaria.

—Pregúntale a Felipe —me indica Farid—. También es muy chulo lo que hace.

Felipe toma la palabra:

—El primer Grupo de Servicio que hice fue ir a una residencia. La primera vez que entras en una te impacta. Cada anciano o anciana tenía su historia. Te sentías diferente con cada persona mayor con la que te encontrabas. Ahora estoy haciendo otro Grupo de Servicio: me gusta acompañar a personas mayores a hacer la compra. Y estoy con un señor que está solo. Completamente solo. La primera vez que le vi estaba como..., estaba muy triste. Pero cuando ya llevábamos juntos dos semanas, al verme llegar era como si viera a..., yo qué sé..., a Dios.

Todos rompemos a reír, dada la comparación. Alguien más terrenal habría cumplido la misma función. Felipe se ruboriza, pero le entiendo, y me emociona escucharle.

—¡Bueno, a ver! —rectifica, riendo—. ¡Tampoco pretendía decir eso! Me refiero... Me contó su historia, me dijo que él vivía en Barcelona y que vino aquí, y que no queda nadie de su familia. Y, claro, que unos chicos o chicas vayan para estar contigo, para ayudarte, para escuchar todas las cosas que tienes que contar... Dice que le alegra mucho, que es un gran cambio y que, al menos, le hace más llevadera su estancia aquí.

Me quedo mirándole en silencio. Nadie habla, de hecho. Felipe sonríe orgulloso mientras me devuelve la mirada.

Los Grupos de Servicio duran tres meses, y Felipe ya lleva uno con ese anciano. Me dice que cuando finalice el trimestre seguirá yendo a verle, ya que no se plantea de ninguna manera romper esa relación.

—Este señor y yo somos familia. Para él, soy alguien que le hace feliz. Para mí, es una persona que merece todo mi respeto.

—Y cuando salgáis, ¿creéis que seguiréis haciéndolo?

—A mí me consta —señala Albert, el profesor— que hay exalumnos que participaron en Grupos de Servicio con personas mayores y que siguen yendo a visitarlos muchas tardes.

—Yo hice el Grupo de Servicio en el geriátrico —dice Ana, otra alumna—, y cuando terminó el trimestre seguí yendo, porque no es lo mismo estar aquí haciendo manualidades o trabajos que poder compartir tu tiempo con ellos. La emoción que sientes cuando llegas y ves a todos felices no se puede explicar con palabras: cómo sonríen, cómo están deseando contarte cosas, cómo juegan contigo, cómo te hacen bromas... Eso te queda dentro.

—Por supuesto —asiente Farid—. Tú sabes cómo te sientes,

pero también sabes cómo se sienten los demás. Podemos cambiar la vida de la gente con nuestras acciones. Ya ves que son pequeñas, pero transforman las vidas de algunas personas.

—Después de escucharos hablar sobre tutorías, sobre la cohesión del grupo, sobre ser mejor persona, tengo una pregunta más, y tiene que ver con la relación con los compañeros. ¿Cómo es?

—Buenísima —se apresura a responder Joseph—. Dudo, y te lo digo honestamente, que haya un ambiente como este en otros institutos. Puede haber algún roce, somos personas, pero el nivel de respeto entre nosotros es tremendamente alto. ¿No ves que dedicamos tiempo a conocernos, a valorarnos y a entendernos?

Después de oír a estos chavales siento un alivio inmenso. Me quedo con la tranquilidad de saber que son conscientes de que con pequeños movimientos pueden provocar cambios en su mundo. Lo que no sé es si ellos saben que tienen la posibilidad de contagiar a más personas para mirar el mundo de esa manera. Si no lo saben todavía, cuando se den cuenta de ello, van a «flipar».

Despachos que no despachan

Es la hora del recreo y he quedado con Iolanda en la sala de profesores. Ella se halla sentada a una mesa y se levanta al verme. Ahí dentro está su «despacho».

Su mesa se encuentra en la sala de profesores, y no encerrada en otro lugar, dando la impresión de ser inaccesible para el resto de la comunidad. «Ese típico despacho tras una puerta es como una barrera que, de alguna manera, estructura una relación jerárquica. No decimos que aquí no haya jerarquía, pero la proximidad es importante», me dice.

Nos sentamos en uno de los sofás, rodeados de más profesores. La sensación es de bienestar; sienta bien desconectar un rato.

—Tengo curiosidad por saber cómo organizáis el equipo.

—Desde el equipo directivo organizamos todos los grupos docentes. Partiendo de una estrategia, formamos unos equipos que creemos que tienen potencial. Es decir, hay que distribuir a personas muy creativas o muy ordenadas a lo largo de la etapa. Para conseguir un equipo heterogéneo y que pueda desarrollar al máximo su potencial, debe estar compuesto de personas con distintas aptitudes que también tengan cierta afinidad o que se potencien entre ellas. Es decir, igual que consideramos que en nuestro proyecto con los alumnos debe prevaler la heterogeneidad dentro del grupo de clase, fundamental para desarrollar todo su potencial, seguimos la misma línea con el equipo docente. El liderazgo pedagógico consiste en gestionar ese equipo para potenciarlo al máximo con todas sus diferencias, divergencias, etc.

—Vale, pero ¿cómo sabéis cuáles son las características de cada uno?

—Realizamos muchas dinámicas de grupo entre los profesores, lo mismo que con los alumnos. Lo hacemos para conocernos, para fomentar la confianza, etc. Entonces vamos definiendo unos roles, unos perfiles...

—¿Y los que llegan nuevos? Porque ese es el gran hándicap de los centros públicos. Puede llegar una persona que nada tenga que ver con la filosofía de este centro...

—Quizá su perfil no sea muy parecido o muy afín al proyecto que tenemos por delante, pero hay que buscar aquellos aspectos de esa persona que encajen en el modelo educativo y que pueda llevar a cabo de forma competente. Y se encuentran, porque un centro de estas características es un organismo vivo que tiene muchas especificidades, por lo que siempre encontraremos algo que nos interese de esa persona. ¿Quieres un café? —me pregunta, para hacer una pausa.

—Con leche, por favor.

Aprovechando que Iolanda ha ido a por nuestros cafés, un compañero me saluda:

—No quería molestaros. ¿Cómo llevas la mañana?

—Genial. La verdad es que estoy disfrutando. ¿Llevas mucho tiempo aquí?

—Vine para cuatro días y ya llevo seis años. Antes de venir —me cuenta—, estaba en un instituto de más de mil alumnos y había dos jefes de estudios. Les dije que me iba al instituto de Sils. Uno de ellos me comentó: «¡Ah, el infierno! ¡Ya lo verás!», y otro: «Pero no le digas eso, pobre chaval. Tranquilo, que a mí me han hablado bien de ese centro». Y dije: «No os preocupéis. Pronto lo sabré». Y aquí me quedé.

Regresa Iolanda y continuamos hablando los tres hasta que suena una canción que anuncia el final del recreo. No es una sirena, no; es una canción.

COEVALUÉMONOS

Aquí los profesores no son los únicos que evalúan; también se hace una autoevaluación y una coevaluación. Lo compruebo en el aula de 1.º de ESO.

Entramos y nos colocamos al fondo de la clase. En la pantalla aparecen sus nombres y muchos colores. La tutora está dialogando con ellos. Se encuentran en hora de tutoría y es el momento de la coevaluación.

En la lista de los alumnos aparecen filas de distintos colores. Abunda el azul y el verde. Si su color es el azul, tienen libertad absoluta para moverse y son muy responsables usando esa libertad. Un alumno que está en azul, que suele haber bastantes en cada clase, puede quedarse en el aula en horario de patio; si debe ir al lavabo, no necesita pedir permiso... Pero precisamente tiene estos privilegios porque hacen un buen uso de esa responsabilidad.

Un alumno «verde», que es el color estándar, también disfruta de ciertas libertades.

El alumno «amarillo» es aquel que ha cometido una pequeña infracción. Así que tiene alguna restricción; por ejemplo, no puede salir solo de clase o no puede ir al patio abierto.

Luego hay otros colores más restrictivos que son naranja o rojo. Estos alumnos deben estar siempre a la vista de algún profesor. Pero los rojos son casos muy excepcionales.

Es un elemento de regulación o de autorregulación. Pueden cambiar el color en muy poco tiempo. El reto es que todos sean azul, que todos sepan usar correctamente su libertad y ser responsables. A partir de ese momento, actúan de la misma manera estando solos o con alguien. Pero es importante tomar este tipo de evaluación de un modo global y como parte de un proyecto integral. Se intentó aplicar en otro instituto de forma aislada, pero la evaluación era sesgada y se convirtió en un elemento represivo, en lugar de ser una herramienta para mejorar socialmente. Hay que tener cuidado con este tipo de cosas.

Cuando entramos en el aula, la tutora les está preguntando qué nota se dan ellos mismos y a los compañeros, y luego contrastan la nota de la tutora. Me parece un método realmente bueno para que ellos sepan cómo se están desarrollando, cuáles son sus debilidades y cuáles sus puntos fuertes, no solo desde una perspectiva individual sino también social.

Esta evaluación continua les permite ir haciendo modificaciones semana a semana, y no como en otros centros, donde reciben una nota a final de mes y, además, basada únicamente en el conocimiento de ciertas materias.

De este modo se aprende a afrontar las dificultades y conflictos de una manera pacífica y constructiva.

Soy profesor, no psicólogo

En un momento dado, reto a Jordi y a Albert, profesores del instituto, y les lanzo una frase que todos hemos oído alguna vez:

—Jordi, Albert, en algún caso ha habido algún profesor que haya dicho: «Yo soy profesor, no psicólogo». ¿Es así? Convencedme, pero decidme lo que realmente opináis al respecto.

—Creo —responde primero Jordi— que en educación existen dos perspectivas, César. La primera es una concepción política, o político-social. El decir: «En la educación obligatoria, Primaria o Secundaria, debemos dar contenidos, contenidos y contenidos. Y los que tengan que quedarse fuera, que se queden. Mala suerte para ellos. Que sigan adelante los que sean más listos o los que hayan tenido más oportunidades en la vida». No olvides que el contexto en el que vives obviamente influye. Y ahí entra también aquellos que dicen: «Yo no soy psicólogo, yo no soy educador social; soy especialista, y mi tarea consiste en que aprendan inglés».

—¿Y la segunda opción? —pregunto.

—La segunda opción es: «Nosotros formamos parte de la sociedad, y tenemos que ayudar para que esté más integrada, que todo el mundo tenga las mismas posibilidades, que todo el mundo (independientemente de su nivel social o de su capacidad intelectual) pueda alcanzar su máximo potencial». Porque si no, ¿qué queremos de la educación?

—¡Ese es el camino! ¡Esa es la pregunta! ¿Qué queremos de la educación? —exclamo, convencido de que Jordi ha dado en el blanco.

Es importante que todo el mundo tenga las mismas posibilidades, que todo el mundo, independientemente de su nivel social o de su capacidad intelectual, pueda alcanzar su máximo potencial.

—Hay algo... —añade riendo—. Hay algo que no se evalúa aquí, y creo que en ningún otro sitio, pero que debemos tener siempre en cuenta: es el tema del bienestar y de los valores. No hay ninguna prueba PISA ni de competencias ni de ningún tipo que valore el nivel de bienestar de los alumnos. Creo que si se valorara, aquí nos darían un excelente. Pienso que lo hemos conseguido gracias a las tutorías, gracias al esfuerzo dedicado a conocerlos y que se conozcan entre ellos. Y surgen conflictos, este no es un mundo irreal; son adolescentes, somos trescientas cincuenta personas, y es una manera de crecer también, pero se sienten a gusto y se respetan entre ellos. Y eso que se trata de una etapa que no es fácil.

—Me quedo con que es una manera de crecer, Jordi. Y para eso debemos darles herramientas. ¿Albert? ¡Tu turno!

—Aquí tratamos con seres humanos. Tratamos con un material muy sensible, y ellos están en pleno proceso de cambio: de personalidad, de identidad, de formación... Y es aquí donde nosotros debemos incidir. Con el tema de los deberes, por ejemplo, si algún alumno no está en condiciones de hacer los deberes, tú deberías saberlo, y si realmente no puede hacerlos, entonces no le pidas que los haga. Eso mismo puede trasladarse a las emociones o a la personalidad del alumno. Ellos deben aprender a gestionar la frustración, la decepción, la alegría, la euforia... Son emociones que tienen que identificar. Si no saben hacerlo, ¿cómo van a afrontarlas, o cómo van a afrontar las emociones de los demás si no se conocen a sí mismos? Y el profesor debe enfrentarse también a ese autoconocimiento: «¿Cómo voy a enseñarles a ser sensible si yo no lo soy?». En ese sentido, en un momento dado todos los profesores de este centro deben hacer alguno de los talleres. Yo puedo decir: «No sé hacer talleres». «Sí sabes —te contestarán—, porque tú eres tutor y quieres formar emocionalmente a alguien, ¿verdad?»

—A eso voy...

—Es un reto, profesional y personal —señala Jordi—. Si yo, como adulto, estoy evaluando la integridad del alumno (y no solo en el ámbito académico), entonces debo hacer lo mismo conmigo. Yo debo ser un ejemplo para ellos. Si no, sería una actitud incoherente por mi parte, y entonces, ¿acaso tendría autoridad moral para poder formarlos? Si pierdo los nervios, ¿cómo voy a decirle a una alumna que debe aprender a controlarse? Si grito en clase, ¿cómo puedo pedirles que no griten? Aquello que exiges a los alumnos debes exigírtelo primero a ti mismo.

Ha sido una de las conversaciones más interesantes sobre educación en Secundaria que he tenido. Es difícil no verlo así; de hecho, todos los profesores han sido adolescentes y deberían recordar cómo se sentían durante esa etapa de sus vidas.

—Maravilloso —continúo para sacarle el máximo jugo a esta conversación—. Y estoy de acuerdo con vosotros, pero ese conocimiento no nace por ciencia infusa. ¿Os dan herramientas cuando llegáis, o debes buscarte la vida?

Jordi invita a su compañero a que conteste.

—Bueno —dice Albert—. En el centro hay personas que están aquí desde el inicio del proyecto y que ya tenían una trayectoria profesional, y que ejercen de tutores acompañantes. Cuando tú llegas aquí, primero el claustro te da la bienvenida y luego se designa a una persona que estará contigo y que te explicará todas las dinámicas, te enseñará cómo debes actuar en ciertos momentos; es como un guía... También te permiten entrar en las otras clases, al igual que los demás pueden estar en la tuya. Si vas a ejercer de tutor, te explican cómo se trabaja la tutoría, cómo se hace, comparten mucha documentación contigo... Y llega un momento en que el ambiente de trabajo te resulta estimulante, y entonces tú también te buscas la vida y compartes lo que haces.

—¿Y hay una programación de dinámicas?

—Yo, al menos, no lo tengo sistematizado. Va en función del momento en el que se encuentra tu tutoría-clase.

—Pero sí tenéis un banco de datos de dinámicas...

—Sí, desde luego. Y va aumentando cada año.

Tras la charla y con las dudas resueltas, dejo que vuelvan a sus tareas, y yo me dedico a pasear por el instituto a mi aire para observar sin necesidad de guía. Y me gusta lo que veo.

Hay muchas cosas en esa especie de pasillo central, creado al colocar los contenedores a uno y otro lado. Entre todo aquello que adorna esas paredes me llaman la atención dos pizarras. Una de ellas, con números. Me explicarán luego que cada semana, desde el departamento de matemáticas, escriben un enigma matemático, y los alumnos que quieren pueden resolverlo, proponer la solución a través de la web, y los que dan con la solución obtienen un premio simbólico.

La otra pizarra es la que llaman «La pizarra de los valores». En ella, cada clase, una vez por semana, escribe un aforismo o una frase que han buscado en la red o, mejor, creada por ellos mismos, que trata sobre algún valor o algún aspecto a mejorar... Esa frase va acompañada normalmente de un dibujo. Así que ellos proponen las ideas, las votan en clase y las comparten con todos.

Decido hacer un recorrido por las clases y ser un alumno más. Estoy un buen rato en cada aula, y aprovecho para hablar con profesoras y alumnos. Descubrir toda la información que se mueve en esas clases, ver la participación e implicación de los chicos y chicas entusiasmados con cada paso adelante que dan, hace que recuerde mi etapa como estudiante en el instituto. Pienso que cualquier parecido con la realidad —esta realidad— es mera coincidencia. Me quedo con esta, sin lugar a dudas.

Comienza el espectáculo

El institulo de Sils lleva a cabo treinta y seis proyectos. De mis paseos por las aulas destaco algunos que han llamado poderosamente mi atención.

Uno que me resulta curioso y que han hecho unos alumnos de 1.º de ESO es «Pongamos una biosfera en Marte», en el que investigan sobre sostenibilidad, hábitats y plantas en dichos planetas. En otra clase de 1.º, su tarea consiste en hacer una casa, aislarla y construir una maqueta. Mientras montan una pared con trozos de cartón, una de las alumnas me dice que deben seguir cuatro fases: comprobar la teoría cinético-molecular, preparar el croquis y el material, adecuar el croquis y el plano, y elaborar un presupuesto. Disponen de ochocientos euros. Si rebasan esa cantidad, el proyecto se para en seco. Y si les sobra dinero tras montarla, pueden hacer otras cosas en la casa.

También hay proyectos de expresión, como el proyecto de la ópera, y este es especialmente curioso. Se hace en 1.º de ESO y se llama «Comienza el espectáculo». Les dan a elegir distintas óperas, ellos escogen una y luego modifican la trama y el guion, para que puedan entenderlo niños de Primaria. Investigan sobre la obra y los protagonistas, y hacen títeres con los distintos personajes. Finalmente, realizan una exposición oral en la que deben representar la obra en las distintas escuelas de Sils.

Los de 2.º de ESO están inmersos en la creación de una revista digital de ciencias. Me cuentan que esta recoge información sobre varias actividades vinculadas con las energías renovables, entre las cuales se encuentra la creación de hornos solares, que, además, tienen que construir los propios alumnos.

En 3.º de ESO, por ejemplo, están haciendo un proyecto sobre orientación laboral, porque en 4.º ya deben elegir itinerario. También en 3.º tienen un proyecto llamado «Y yo qué haré»: están elaborando un currículo. Se trata de imaginar que tienen diez años más y deben investigar cómo hacer un currículo para el futuro. Elaboran cuestionarios que les ayuden a decidir sus preferencias profesionales e investigan sobre las salidas laborales.

Otra clase de 3.º de ESO lleva a cabo un proyecto de lo más sorprendente: deben diseñar un nuevo edificio para el instituto. Como suena, no es ninguna broma; hasta ese punto se les da importancia a los alumnos invitándolos a participar en el futuro del centro. Tiene lugar en el Maths Project, un proyecto en el que mezclan inglés y matemáticas. Encargaron a los alumnos que fueran «los arquitectos»; debían diseñar este edificio por grupos. Para hacerlo, los chicos se inspiraron en páginas de arquitectura y en un gabinete de arquitectura de Helsinki, que ha diseñado una escuela preciosa. Una vez finalizados, elegirán el mejor proyecto y luego lo presentarán ante el gabinete de arquitectos finlandeses para que lo valoren, aportando sus opiniones y críticas.

Me explican que, en todos estos proyectos, los alumnos trabajan en grupos de cuatro o cinco, y también hay actividades individuales. Y al final de cada mes presentan sus trabajos en una exposición oral, para adquirir más confianza al hablar ante otras personas.

Todos estos proyectos que llevan a cabo los alumnos, me explican los maestros, junto con el modelo educativo del centro, son incompatibles con un horario normal. Así que dividen el día en cuatro franjas:

- Los **proyectos** fomentan la autonomía, el trabajo en equipo y el trabajo colaborativo. Los protagonistas son el grupo y el alumno. El profesor va de un lado para otro prestando su ayuda. Facilita enormemente las tareas. Los proyectos siempre están vivos. Ocupan 1/3 del horario.

– En las **clases de ámbito**, que son más clásicas, el alumno es receptor, al igual que aquellos que necesitan una formación y que van a escuchar a gente que puede enseñarles cosas. Toman apuntes y los estructuran. Eso, es innegable, resulta útil para luego poder adaptarse al sistema que después se encontrarán. Es 1/3 del horario.
– En la **clase de habilidades**, que es de instrumentales (Matemáticas y Lengua), ellos son los protagonistas, y suele ser individual o por parejas. Trabajan también la autonomía, cada uno a su ritmo.
– **Franja de talleres**. No supone mucho tiempo. Pretende estimular aquellas capacidades que nos hacen más sensibles y receptivos a nuestro entorno. Capacidad expresiva, artística... Aquí también entran los Grupos de Servicio.

Si el proceso de aprendizaje en este instituto ha sido exitoso, no debe resultar problemático para los alumnos adaptarse a otro contexto, a otro centro. Es decir, se les prepara para la vida, lo cual es mucho más significativo, pues se valora el proceso y no tanto el resultado, pero, ¡ojo!, también se les enseña a adaptarse a otros medios, para que «sobrevivan» en otros centros o ámbitos. Y los resultados así lo confirman. Los chicos y chicas que salen de Sils muestran altas competencias en las materias que abordarán posteriormente, y no solo durante el Bachillerato, sino también en la universidad. Es curioso que muchos exalumnos que están haciendo estudios superiores comiencen a valorar lo que aprendieron en Sils al entrar en la universidad, donde se requiere capacidad de investigación, comunicación oral, recursos para adaptarse a nuevas situaciones o trabajo en equipo como elementos básicos, elementos que se llevan en la mochila de Sils.

Con las puertas abiertas

Tras un día intenso y tremendamente enriquecedor, tengo reservada una cena con padres y madres de los alumnos. Siempre hay que tener en cuenta su visión ya que es muy valiosa. Ahora hay muchísimas familias que se plantean dónde llevar a sus hijos e hijas ya no solo por cercanía, sino también por otras razones. Quieren que sus hijos sean felices y tengan la posibilidad de sacar todo su potencial creativo y humano. Últimamente se ha notado este cambio de perspectiva tanto en padres como en docentes.

No quiero irme de Sils sin conocer antes la opinión de otra pata fundamental de la educación: las familias. Así que le propongo a Iolanda que organice una cena con algunos padres y madres que puedan venir como representación. Y entre plato y plato conversamos sobre el instituto.

—En primer lugar —les digo—, gracias por estar aquí conmigo hoy. Era muy importante para mí poder escucharos como familias de Sils que sois. Primero, me gustaría saber si, antes de traer aquí a vuestros hijos, conocíais el instituto, cómo funcionaba, o si os llevasteis una sorpresa al llegar.

—Con la jornada de puertas abiertas que hicieron hace dos años —comenta una madre—, mi hijo tuvo muy claro que quería venir a este instituto, y yo estaba de acuerdo con él. El sistema tradicional no me sirve ni me ofrece nada que valga la pena. Después de mucho insistir, su padre accedió. Y se le ve superfeliz.

—¿En qué curso está ahora tu hijo?

—Ahora está en 3.º de ESO y otro en 3.º de Primaria. Y teniendo en cuenta que pasan más horas en el instituto que en casa, y ya no solo por eso, sino por la importancia de lo que aprenden allí, consideré que era muy importante decidir dónde iba a pasar nuestro hijo toda su adolescencia. Quiero que haya continuidad y unos valores en todo lo que se trabaje.

—¿Y vosotros? —pregunto a otra madre que está sentada frente a mí.

—Nosotros tenemos una hija en 4.º de ESO en el instituto.

—¿Y está feliz?

—¿Sabes? Está algo triste porque sabe que el año que viene ya no estará aquí. Le encanta lo que hacen. Me lo ha dicho tantas veces...

—Yo creo que el sistema no ayuda demasiado, ¿no crees? —señala un padre que acaba de llegar hace apenas un minuto y que ha dejado su chaqueta sobre la silla—. En el caso de Primaria tal vez sí que existe vocación por parte de los profesores, pero en el caso de Secundaria acceden profesionales de otra rama distinta a la educación, y algunos sentirán amor por esta profesión, pero otros quizá no tanto.

—Si se les pide a los chicos que vayan con ganas al instituto, esa misma actitud debería mostrar cada día el profesor o profesora —dice otro padre en un tono convencido.

Y me pareció un comentario muy acertado. Todos hemos conocido, a lo largo de nuestra vida, a algún docente que percibe el ir a su trabajo cada día como si fuera a la guerra, a luchar contra veintiocho chicos y chicas cuya misión es hacerle la vida imposible. Si vas al instituto con ese estado de ánimo, difícilmente, tras cruzar la puerta de la clase, consigas contagiar pasión a tus alumnos. Lo primero que debes tener claro es que a esas edades los chicos y chicas tienen otras necesidades que las que puede tener un adulto.

—¿Y qué pensáis de su participación en la sociedad? ¿Realmente tiene impacto en sus vidas lo que hacen en el instituto?

Una de las madres que ha permanecido callada me hace un gesto con la mano mientras asiente con la cabeza y sonríe. Con tantas señales, la palabra es suya:

—Mi hija empezó hace quince días el Grupo de Servicio en el geriátrico, y al primer día de estar allí, llegó a casa y empezó a contarnos cosas: «Cuando llegué a la residencia, una mujer empezó a explicarme su vida...». Y lloraba (¡la nena, eh!)... Y me dijo: «Mama, mai et portaré a un geriàtric ["nunca te llevaré a un geriátrico"]. Voy a montar un hotel y vendrás conmigo». ¡Como si fuera una niña pequeña! Y tú piensas: esto, si no lo vive ella en primera persona... Es una experiencia inolvidable. Dice que es algo que no olvidará jamás. Y es que las vivencias... Por mucha teoría que te den, si no las vives, no te llegan hasta lo más profundo.

Oyendo estos testimonios, uno piensa: ¿cómo evaluar algo así? Pero, por otro lado, si nuestra intención es formar personas, experiencias como estas son parte indiscutiblemente de la evaluación global del comportamiento humano. Somos seres sociales, y nuestra interacción con todos aquellos que constituyen nuestro entorno nos define. Y en la vida evaluamos de forma constante para intentar ser mejores, en lo personal y en lo laboral. Así que en los centros educativos debería tomarse nuestro comportamiento social como una materia más para evaluar.

—¿Qué fue lo que hizo que os decidieseis a llevar a vuestros hijos a un instituto que hace cosas distintas? ¿No resultaba arriesgado? —les pregunto.

—De alguna forma era ir hacia lo desconocido, ¿no? —comenta una madre—. La gente decía: «No hacen deberes, no hay exámenes...», y es que para muchos es la única manera de que funcionen las cosas, porque siempre lo hemos hecho así. Y sí, teníamos ciertos recelos, pero, a la vez, muchas ganas de probar. Investigamos un poco y descubrimos que los chicos y chicas iban felices al instituto de Sils. Y eso es muy importante.

—La maestra de la escuela de mi hijo me dijo: «¿Cómo vas a llevar a tu hijo a ese instituto? Puede ir al que quiera». «Por eso le llevamos a Sils —le contesté—, porque es al que quiere él y nosotros también. Los conocimientos podrá adquirirlos donde quiera y siempre que quiera (y en este instituto también). Pero ¿y crecer como persona? ¿Y los valores?» —explica una madre.

—Yo tengo un chico en 2.º de ESO —dice otra—, y a nosotros nos motivó el que se tuviera en cuenta el factor humano, especialmente en una fase en la que se está formando su personalidad. En ese sentido, cuando exploramos las diversas opciones, fuimos a la jornada de puertas abiertas del instituto. Salimos muy contentos porque la presentación la estaban haciendo los propios alumnos que en ese momento estaban en 1.º de ESO. Y vi una frescura en todo aquello.

—Entonces ¿las sensaciones eran buenas?

—Sí, sí, totalmente. Pero estábamos algo preocupados, claro. A nuestro hijo se le daba bien estudiar. No queríamos que el estar aquí perjudicara su rendimiento académico. Sin embargo, estábamos convencidos de que siempre se está a tiempo para adquirir conocimientos. Y es mucho más enriquecedora esa habilidad que desarrollan para desenvolverse en un mundo tan complejo como este. Y eso era precisamente lo que enseñaban en Sils; esa era la gran diferencia.

—Y ahora, dos años después, ¿cómo lo ves?

—Entrar en el instituto fue un punto de inflexión en la educación de nuestro hijo. Desempeñaba dos roles: el rol de alumno y el de hijo en casa. Este último era duro, de típico adolescente, y nos resultó difícil de llevar. Con el paso del tiempo, se está dando cuenta de que no se puede ir así por la vida. Ahora tiene catorce años y ya, a esta edad, está aterrizando en un plano más... terrenal. Dice: «Me conozco más, para conseguir lo que quiero hay maneras y maneras, y debo actuar teniendo en cuenta que no vivo solo en el mundo y que hay más gente a mi alrededor...». Y creo que en este aspecto está aprendiendo y que tiene mucho que ver el modelo educativo que imparten en este instituto.

—Sí, van madurando. Algo parecido me pasó con mi hija —confirma otra de las madres.

—Y en cuanto a la relación instituto-familias, ¿existe un diálogo fluido? —pregunto—. Porque en estos tiempos ha ganado peso el grupo de iguales, y ha perdido fuerza lo que es la comunidad, incluso la familia, ¿no creéis?

—Ah, sí, totalmente. Y ahí el papel del instituto ha sido tremendamente importante para nuestros hijos, porque hay acciones que pueden llevarse a cabo con ese grupo de iguales y que nos resultaría imposible tratar de forma individual con nuestros hijos.

Con todas estas conclusiones termina la noche. Sin duda son opiniones muy importantes a tener en cuenta, pues cuando se habla de los adolescentes y de sus estudios, muchas veces se tiende a olvidar a los padres en relación con el ámbito educativo. Sin embargo, siguen teniendo tanta importancia como en Primaria, si no más. Y siempre hay que tener presentes sus opiniones.

Al día siguiente me espera el Consejo de Alumnos y ese claustro tan especial al que ha hecho referencia Iolanda. Habrá que estar atentos a cuanto se diga allí.

Participación y Consejo de Alumnos

En una sala, unos cuantos chicos y chicas están reunidos sentados formando un círculo y, al parecer, se están tomando decisiones importantes. En el instituto dejan que los alumnos participen mucho más que en una escuela tradicional y, además de su contribución a la comunidad, también tienen un peso específico en la toma de decisiones dentro de su propio centro.

Son chicos y chicas de 1.º a 4.º de ESO, y se reúnen una vez a la semana. Los alumnos son y se sienten partícipes en el funcionamiento de la clase y del centro. Lo que comentan entre ellos y las decisiones que toman se trasladan a las tutorías.

El Consejo de Alumnos es, junto con las asambleas de clase, uno de los espacios donde se hace más evidente la participación del alumnado. Gestiona la mayoría de las actividades extraescolares y cuenta con un presupuesto que administran ellos mismos. Las decisiones que se toman en el claustro de profesores son importantes, pero también lo son las que se toman aquí. De hecho, muchas veces los alumnos presentan propuestas al claustro que luego se llevan a cabo. Es una relación de toma de decisiones bilateral.

Un ejemplo muy interesante de esa participación e implicación del alumnado es la de «Puertas Abiertas» que comentaban los padres durante la cena. Los alumnos que han hecho 1.º de ESO son los encargados de organizar el recibimiento a las familias que quieran visitar el centro. Ellos dan la bienvenida a los chicos y chicas que entrarán en el instituto tras haber cursado 6.º de Primaria. Maravilloso.

SE PARA EL MUNDO

Antes de dejar Sils asisto a la reunión que todo el claustro tiene programada. Los profesores y profesoras, mientras esperan que comience, hablan entre ellos en una gran sala, y es en ese momento cuando se me acerca Carme, una profesora. Conversamos solo un par de minutos, pero es un placer escucharla hablar sobre la importancia que tiene en este instituto el tema social y el respeto a las personas y a lo que las rodea.

—Se para el mundo —me dice, convencida—. A cualquier falta de respeto se le presta toda la atención que merece. Desde el principio acordamos que, en cuanto empiezan en el instituto, los chicos deben tener claro que existen tres grandes límites. Tres límites que cuando se saltan, se encienden todos los semáforos, todos los *stops*, y todo se detiene en el centro: la clase y lo que estemos haciendo. ¿Cuáles son esos límites? La falta de respeto al adulto, ya se trate del conserje, o cuando vamos de excursión a un museo, o de la señora de la limpieza o del profesor; la falta de respeto al igual, al compañero, y la falta de respeto al material del centro. Estas tres faltas son gravísimas, y se empiezan a trabajar desde el primer día hasta el último en que se está en el instituto. De 1.º a 4.º. Se enseña sea la hora que sea, en la asignatura que estén dando, en el área en la que estén trabajando, en el proyecto que estén elaborando.

—Pero en muchos casos y en la mayoría de los centros eso es responsabilidad del tutor...

—No, no. Se trabaja aunque no seas tutor. Todos los profesores enseñan el valor del respeto, cualquier persona e incluso entre sus compañeros, entre iguales. Y se dedica el tiempo que sea necesario. Hay cosas que son prioritarias, y el respeto es la primera. Antes que profesores, somos personas, y si algo atenta contra ese respeto, se para el mundo. Todos lo sabemos.

Tras esta conversación, Carme y yo tomamos asiento. El claustro va a comenzar y yo sigo expectante. ¿Qué tendrá de especial?

Por de pronto, es la manera en que se inicia. Estamos unos treinta profesores sentados formando un círculo. Iolanda nos pide entonces a todos que nos levantemos y que busquemos a alguien que lleve algo del mismo color. Una vez establecido el caos y entre risas, encontramos a nuestras parejas, y entonces volvemos a sentarnos.

Seguidamente, invita a los que estamos allí a que digamos algo bueno de los compañeros con los que nos ha emparejado. Y tras los primeros instantes de barullo, se inicia la dinámica.

Josep es el primero en hablar.

—La Montse es muy cariñosa —dice, con ese artículo delante y esa entonación que caracteriza el idioma catalán. Y ella le da un beso.

Otra compañera, en el otro extremo, comenta:

—Del Quimi diré que siempre está dispuesto a ayudar, sobre todo cuando está de baja.

Todos se echan a reír y Quimi se ruboriza.

—Sí —responde—. Suelo caerme de la bici, sobre todo en Semana Santa.

Todos ríen de nuevo.

Es el turno de Jordi:

—Yo, de Laura... Me ha costado, eh, encontrar algo bueno... —bromea—. Tiene un punto de mala leche que me gusta.

Y Laura responde:

—De Jordi me gusta la capacidad que tiene para estar callado. —Se oye una carcajada general—. En realidad, es que sabe hablar cuando debe y siempre encuentra la palabra justa.

Así pasamos un rato, conociéndonos un poco mejor y viendo la parte más humana y, a la vez, social de cada uno. No hay mucha diferencia con respecto a las dinámicas que ellos mismos llevan a cabo con los niños. Ahora las cosas cuadran mejor: la coherencia es un sello de la casa.

Iolanda explica qué va a hacer durante esa tarde y la siguiente; se trata de reflexionar sobre lo que hace cada uno y plantearse si deben cambiar algo.

—Como organismo vivo que somos —expone—, debemos ir mutando. Tenemos que ver los cambios desde esta perspectiva. Una mutación no es un cambio total, es una evolución. Es muy importante que todos expongáis vuestras ideas sobre qué necesitamos mejorar, qué asuntos no tenéis del todo claros..., porque, si no, hablaremos los de siempre y volveremos a darles vueltas a las mismas cosas. Seguro que tenemos puntos de vista diferentes y podemos aprender muchas cosas unos de otros.

Nos explica qué dinámica van a llevar a cabo para construir el futuro entre todos:

—Daremos tres respuestas a tres preguntas que son las siguientes... Más que preguntas, son tres frases inacabadas que tendréis que terminar vosotros. Podéis ser concisos y rellenarlo con una sola palabra o podéis extenderos más; como os apetezca. Todas están relacionadas con el instituto, con nuestro modelo pedagógico y con nuestro centro en general:

»La primera es: "No acabo de ver claro...".
»La siguiente es: "¿Y qué tenemos? Pues tenemos...".
»Y la última, todavía más metafísica, es: "Sueño con...".
»Iremos copiando en la pizarra las palabras clave para trabajar sobre ellas y sacar conclusiones. Les haremos una foto y veremos qué composición sacamos de esos miedos, de esas dudas, de lo que tenemos y hacia dónde queremos ir. Tenéis cinco minutos para pensarlo...

Me siento un privilegiado por estar allí y poder vivir ese instante con ellos. Esa reunión de claustro invita a uno a quedarse y a querer participar. Estoy expectante por saber qué saldrá de esas cabezas, y pienso: «He vivido tantos claustros en los que tocaba sentarse y seguir los puntos del día hasta que uno se sumergía en el letargo...».

—Bien —retoma la palabra Iolanda—. La última persona que se incorporó al claustro es quien va a empezar. Irene, Josep, José, Jordi... Que empiece el que quiera.

Es Irene quien comienza:

—No veo claro... trabajo, contenidos y competencias. Luego, ¿qué tenemos?: diversidad metodológica, tutorías, trabajos en grupos... Es muy bueno. Y sueño con motivación, una buena convivencia y que los alumnos sean capaces de resolver los conflictos por sí solos.

Es el turno de Albert:

—No acabo de ver claro lo de trabajar las competencias con claridad. Tenemos diversidad. Tenemos un claustro muy bueno. Como seres humanos, no lo sé —todos ríen—, pero en el aspecto profesional, muy bueno. Y sueño con que podamos ver a los chavales como lo que son.

—No veo claro —dice Víctor— que podamos cambiar pocas cosas sin cambiar el resto. Tenemos mucha imaginación y pocos límites. Y sueño con tener tiempo para hacerlo bien.

Luego le toca a Jordi:

—Lo que hacemos aquí es intentar cambiar la sociedad, así que quiero entender cómo podemos hacerlo y cómo puede ayudarnos la administración para lograrlo. Tenemos ilusión; es maravilloso ver a los compañeros y compañeras cada día venir ilusionados al instituto. Y sueño con una escuela en la que todos tengamos ganas tanto de enseñar como de aprender.

—Tenemos un claustro motivado, y eso es muy importante, pero debemos saber hacia dónde vamos. Tenemos un buen equipo, transparencia, podemos participar, y no todo proviene del equipo directivo. No se limitan a darnos la información. El tiempo. Sueño con tener más tiempo —concluye Gemma.

Lola comparte sus inquietudes:

—Cómo enfocar la enésima revisión del currículo de Lengua Catalana. —Se oyen risas—. Tenemos familias implicadas, alumnos dispuestos a crecer. Sueño con que la educación se enfoque de manera más global, y que seamos más autoexigentes.

—No veo claro trabajar todo por proyectos —dice Joan—. Tenemos una gran y muy buena diversidad metodológica. Reflexionamos sobre lo que hacemos, y eso es muy bueno. Y sueño con algo práctico: un buen instituto, físico, claro... —Todos estallan en carcajadas—. Lo haríamos mucho mejor si tuviéramos unas buenas instalaciones.

Si algo me sorprende al escucharlos es que tienen muy claro que no están haciendo las cosas todo lo bien que desean. Quizá os llame la atención que, en un centro educativo que es un referente, varias personas exterioricen sus propias dudas delante de todo un grupo. Precisamente ese es el primer paso para mejorar:

ser reflexivo y dedicar tiempo para esa reflexión. Esta nos sirve para poder tomar buenas decisiones, por lo que deberíamos dedicar tiempo a pensar. Creo que el mejor regalo que podemos ofrecerles a los alumnos es actuar igual que les pedimos a ellos.

Es tan enriquecedor escuchar las dudas de los demás, los sueños y la visión de lo que ya tenemos, que desde este mismo momento deberíamos hacerlo en todos los centros educativos.

Tengo que coger el tren, así que los dejo con sus reflexiones, sus preocupaciones y sus sueños. Me acompaña hasta la puerta Víctor, con quien mantengo una breve charla. De lo que hablamos, me quedo con esto:

—El primer año que hicimos el cambio nos preguntaban sobre los niños, y contestábamos esto: «Nosotros creemos que irán mejor preparados, no igual, sino mejor». «Creemos», decíamos. Ahora ya han pasado unas cuantas promociones por el instituto y ya tenemos datos. Y no, no son peores ni mucho menos. Estos modelos atípicos de entender la escuela también tienen éxito académico. También te digo que aún no estamos donde queremos estar, y por eso lo cuestionamos todo constantemente para intentar mejorar.

Me da un abrazo y nos despedimos. Salgo del instituto pensando en la última frase de Víctor: «No estamos donde queremos estar, y por eso lo cuestionamos todo constantemente para intentar mejorar». Me parece una señal muy positiva viniendo de un docente. Y la asocio con una pregunta que me hicieron cinco o seis profesores y profesoras de este instituto con los que mantuve algunas charlas. Todos, a pesar de lo que viven cada día con sus alumnos, de ver cómo evolucionan, de la evidencia que suponen sus resultados y de la relación de respeto que tienen unos con otros, coincidieron en hacerme esa pregunta que seguramente harán a todo el que visite el instituto, y que todo maestro debería siempre llevar consigo: «Y ahora que has visto cómo trabajamos y lo que hacemos, ¿qué aspectos deberíamos mejorar?».

4

EL COLEGIO QUE REFLEJA LA DIVERSIDAD DEL MUNDO

Cuando uno constata que es más prescindible, las cosas comienzan a ir bien. Hay un momento en el que el chico o la chica empieza a vislumbrar cuál es el mejor camino para llegar a aquello que tú le has propuesto. En ese momento es cuando, como profesor, te dices: «Lo he logrado».

ÁNGEL SERRANO,
director del colegio Padre Piquer

Muchas veces nos abrazamos a nuevas metodologías o distintos enfoques innovadores que pretenden acabar con el fracaso escolar de un modo innovador y, sin pretenderlo, desnaturalizamos la educación privándola de lo más básico. La educación no puede funcionar sin sentido común y sin que analicemos el contexto social donde se sitúa el centro.

Ubicado en el barrio obrero de la Ventilla, en Madrid, el centro jesuita Padre Piquer ha sido testigo de la transformación del barrio a lo largo de cincuenta años, y ha sido el ejemplo perfecto del centro educativo que se adapta a su contexto y no al revés, que tiene en cuenta las necesidades de la gente de ese entorno y se reinventa para responder a esas exigencias que la sociedad le pone como reto.

Las características de este centro son interesantes: 1.100 alumnos, 38 nacionalidades, 8 religiones diferentes y el 45 por ciento del alumnado es extranjero. Con eso, el éxito académico de este centro concertado es del 85 por ciento en todos los niveles, y el absentismo, que hace años era un mal endémico, ahora es prácticamente inexistente. Ese éxito va de la mano de la educación que el centro propone, basada en el respeto a la heterogeneidad, la atención a la diversidad y el cuidado de la relación con las familias.

Para entender todo este engranaje que hace que funcione el Centro de Formación Padre Piquer, lo mejor es escuchar a Ángel Serrano, su director. Un hombre con facilidad de palabra, humilde y con clara conciencia de dónde se encuentra y de cómo debe enfocar la educación para que esta obedezca a su esencia. Y para descubrir el entorno que rodea este centro, es indispensable pasear por la Ventilla. Así que decido hacer de ambos objetivos uno, y le propongo a Ángel dar ese paseo por el barrio. Me apetece recorrer las calles por las que caminan y conversan los chicos y chicas del Padre Piquer.

—Soy químico analista —me dice mientras sujeta la puerta, invitándome a salir—. Solía decir que por nada del mundo sería docente.

He oído unas cuantas veces esta frase a personas que ahora aman esta profesión, muchas veces debido a que no guardan muy buenos recuerdos de su infancia en la escuela. Y, sin embargo, suelen ser estas mismas personas las que deciden darle un giro a la educación cuando se encuentran en el mundo de la docencia.

Cruzamos por un paso de cebra estrecho que termina en una acera también estrecha. Un hombrecillo delgado sube con brío la persiana de una tienda de ultramarinos. El ruido que produce la persiana al chocar con el techo asusta a un gato que se está lamiendo en la esquina y que rápidamente desaparece bajo unos coches aparcados. Lástima, me habría gustado saludarlo.

Ángel ha vivido todos los cambios ocurridos en los últimos años, en especial el de la década de los ochenta, cuando este colegio se transformó totalmente.

—Tuvimos que tomar la dura decisión de sustituir la EGB por lo que hoy es la ESO e introdujimos el Bachillerato. Es decir, decidimos centrarnos en los alumnos más mayores, porque el barrio disponía de recursos para los niños pequeños pero no para los adolescentes. Ahora tenemos cinco vías de Bachillerato para que puedan escoger lo que más les guste y todos tengan una línea definida por la que seguir.

—Y también tenéis Formación Profesional.

—Efectivamente. De manera que nuestros alumnos, al margen del contexto social en el que vivan, puedan elegir lo que quieran en función de su vocación profesional y su elección no se vea condicionada por su situación socioeconómica.

Giramos hacia la calle Cedros, y a nuestra derecha queda un solar cercado por una malla metálica con dos o tres agujeros suficientemente grandes para que un adulto pueda pasar. Dentro, qué curioso, tres esculturas hechas con botellas de plástico y viejos cedés comparten espacio con tres sillas de mimbre rotas.

—Dime, Ángel, ¿por qué ese punto de inflexión que lleva a ese gran cambio en los ochenta?

—Ese punto de inflexión se debe principalmente a la misión que tiene este centro: sabemos que estamos aquí para dedicar todos nuestros recursos, en especial los humanos, para atender a la gente. Pero no queremos hacerlo de forma asistencial, es decir, estar ante las personas más humildes y limitarnos a comentar: «Pobrecitos...». No. Queremos hacerlo con calidad, para que todos nuestros alumnos tengan la posibilidad educativa de hacer lo que quieran o puedan, darles la oportunidad de tener un futuro digno. En las aulas o en el patio de Piquer se refleja la diversidad que caracteriza el mundo. Este centro es la prueba de que personas diferentes, de contextos, religiones o situaciones vitales distintos pueden convivir en paz.

—¿Y cómo puede ser que haya ocho religiones en un colegio precisamente religioso?

—¿Y cómo puede ser que no sea así?

Volvemos a cruzar la calle, pero esta vez no por el paso de cebra. Una furgoneta vieja con las puertas de atrás abiertas impide el paso. Dos personas acarrean una cómoda antigua, como

—(...) Este centro es la prueba de que personas diferentes, de contextos, religiones o situaciones vitales distintos pueden convivir en paz.

una que tenía mi tía en el pueblo, en medio del pasillo, y que nunca pude abrir. Ángel me mira y sonríe. La casa de donde la han sacado tiene tantos años como ella. Como mi tía. Unas letras raspadas en cal azul muestran que en el local de al lado hubo un videoclub hace tiempo.

—Para llevar a cabo un cambio radical, ¿se necesita valentía o inconsciencia?

—Se necesita sentido común, que es la mejor herramienta para la creatividad. Y basta con mirar las cosas usando el sentido común para ver que lo que tienes a tu alrededor te está pidiendo algo que hasta ese momento no le estabas dando. El cambio era una necesidad, no un capricho.

—Tenéis un coordinador de Innovación en el colegio —le digo, asombrado—. ¡Eso es lo más!

—¿Verdad? —Sonríe—. Necesitábamos que alguien dedicara tiempo a pensar y a soñar, para que todo vaya saliendo, para comprobar qué hacen otros... Que se moviera y tuviese tiempo de analizar lo que había dentro del colegio, y también fuera de él, para ver qué podíamos hacer para mejorar. Y ahora este proceso en el que estamos requiere de alguien que organice todo eso.

—Es todo un lujo disponer de alguien así —le digo—. Y ahora toca dar. Sé que sois un centro muy implicado en la mejora de la educación y que cientos de personas os visitan.

—Más de tres mil personas han visitado el centro, y gran parte de esas personas vienen de la escuela pública.

—¡Vaya!

—El hecho de que la gente de la enseñanza pública se esté moviendo para ver otras cosas es un hecho significativo, muy importante.

Llegamos a otra calle. En una placa de color azul en la esquina de un edificio más moderno puedo leer: «Las Magnolias». Enfrente está una parte de las instalaciones del colegio. Pasamos por dos locutorios casi puerta con puerta y una pequeña ferretería que invita a entrar con un hilillo de música pop española. Fue en 1997 cuando Almodóvar retrató con su película *Carne trémula* una Ventilla de la que no queda mucho. Era entonces un barrio difícil, pero las cosas han cambiado para mejor.

—Ángel, miro el entorno en el que está el colegio y observo a los chicos y chicas que están en las clases y tengo la sensación de que hacéis magia.

—Educar con pasión significa estar dispuesto a darlo todo para mejorar la situación que viven estos chicos. Y acercar la educación a los chavales y sus familias hace que sean personas libres, tener la capacidad de poder elegir su vida, una vida con las mismas condiciones que los demás, poder tener un futuro digno. Y eso cambiará un mundo que, de momento, parece que se limita a poner barreras en vez de eliminarlas. Y este cambio del mundo pasa por los niños que están en nuestras escuelas.

—El objetivo de la educación es crear seres empleables, dicen algunos. ¿Qué opinas tú, cuyo centro, precisamente, intenta abrir un mercado laboral para los chicos y chicas?

—En nuestro colegio, uno de los objetivos importantes es el acceso al empleo, pero este no es el único fin de la educación que impartimos aquí; de nada sirve prepararlos para que sean trabajadores o directivos en grandes empresas si después no son capaces de hacer un mundo mejor. Para mí, eso significa que cuando la gente tiene la capacidad de tomar una decisión, antes de llevarla a cabo, piense siempre en cómo afectará a la gente más desfavorecida.

Antes en el Padre Piquer tenían un absentismo altísimo. Ahora deben decirles a los alumnos que las clases se han acabado y que es hora de irse a casa. Una de las claves de este éxito es que han conseguido que el colegio sea un espacio para el alumno y la familia, por lo que han recuperado la ilusión; han hecho ver a chicos y chicas que un futuro mejor es posible.

La lectora cuenta la historia de Caperucita Roja, e introduce frases inventadas con tal sutileza que hace olvidar a la audiencia el hecho de que no sabe leer todavía.

Tras haber jugado con las piezas de foam, los niños y las niñas de Infantil arriman el hombro para volver a construir el muro, y dejarlo tal y como estaba cuando llegaron.

Nuestro amigo y fan de la Real Sociedad prepara el pedido para ir a comprar. No se le olvidarán las galletas. Nada le ilusiona más que oír: «Soy la tendera. La tienda está abierta».

En El Barrio, los chicos y chicas de 1.º y 2.º de Primaria juegan a desempeñar roles de la vida real. ¿Aprenderán algo de esta manera?

En Amara Berri los medios de comunicación son parte esencial de su sistema. Cada detalle cuenta (ver relojes) para que esta sea una escuela hecha por y para niños.

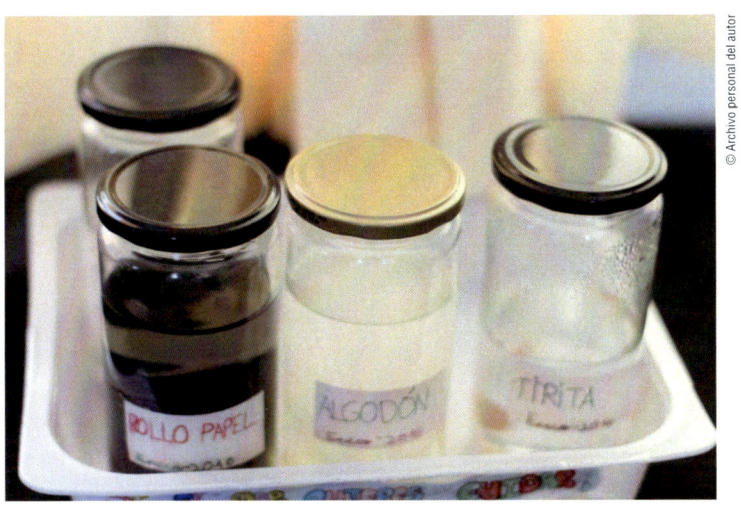

En el Observatorio de la escuela La Biznaga (Málaga) analizan cuánto tiempo tardan en disolverse algunos elementos. ¡De una «situación problemática» a un gran proyecto!

Los niños y las niñas de Infantil en este colegio de Málaga descubren en el huerto tesoros en forma de patata. Isabel tiene algo que ver con ello…

«Los niños empezaron a salir con libros, y pensamos que teníamos que crear un espacio más cómodo. Es una actividad de calidad porque ellos han hecho que lo sea.» Así me explica uno de los maestros cómo nació el maravilloso Bibliopatio.

«Cada cosa que le pasaba a la escuela nos pasaba a nosotros.» Isabel, encargada de la limpieza, y Miguel, el conserje, son mucho más que eso. Son el alma de la escuela La Biznaga, en Málaga.

Todos los días, cuando los niños y las niñas salen al recreo o para regresar a casa, la gata Tigresa les espera y se saludan. Desde que llegó a la escuela se ha convertido en parte del equipo.

El instituto de Sils está hecho con módulos prefabricados. Las ideas que salen de allí consiguen mejorar la sociedad donde viven sus alumnos.

Los chicos y las chicas llegan al instituto por la mañana. Les esperan dinámicas de grupo, talleres, compromiso social… La ESO también puede ser atractiva y participativa.

Las dinámicas de grupo son fundamentales en el instituto de Sils. Conocerse, aprender a respetarse, trabajar en equipo… forman parte del ser humano y hay que trabajarlos.

Solo diez minutos después, los veintiséis chicos y chicas están sentados en un círculo hablando sobre lo que han experimentado y expresando emociones que normalmente, a esas edades, se guardan para ellos.

Aula Cooperativa Multitarea del colegio Padre Piquer. «Sabíamos que teníamos que cambiar, así que empezamos a imaginar una escuela inclusiva, en la que cupiera todo tipo de chicos y en la que el centro de toda nuestra actividad fuesen ellos.»

En un colegio donde hay treinta y ocho nacionalidades distintas es un reto atender a toda esa diversidad. En el Aula de Enlace lo consiguen y es un éxito. Basta oírles hablar.

«Si no sabes adónde vas, di de dónde vienes.» La participación de las familias en la educación es fundamental. Diadie, padre de una niña del colegio, da algunas pistas.

La educación del colegio Padre Piquer está basada en el respeto a la heterogeneidad, la atención a la diversidad y el cuidado de la relación con las familias.

En Alpartir practicaron el «Rural knitting» para cubrir las columnas y los árboles de la escuela con baldosas de ganchillo. Participaron niños, familias, vecinos del pueblo…

Protectores planetarios de Alpartir. Los alumnos de esta pequeña escuela rural en la provincia de Zaragoza saben bien qué es participar activamente en la mejora de su pueblo.

Aunque saben que la mermelada se puede comprar, la elaboran ellas mismas en el horno solar y le dan una utilidad real a las matemáticas, que es para lo que deberían servir.

En la Constitución de la escuela de Alpartir queda reflejado que las opiniones de los niños y las niñas deben ser escuchadas. La cumplen felices porque la han hecho ellos.

En la Escola Sadako, uno de los pintores abandona su concentración unos instantes para asomarse a ver qué están creando sus compañeros. Parece que buscara inspiración en las obras de otros.

Una ventana permite que la luz del sol entre en la clase y se refleje en la arena, creando una imagen preciosa de los niños jugando entre partículas suspendidas.

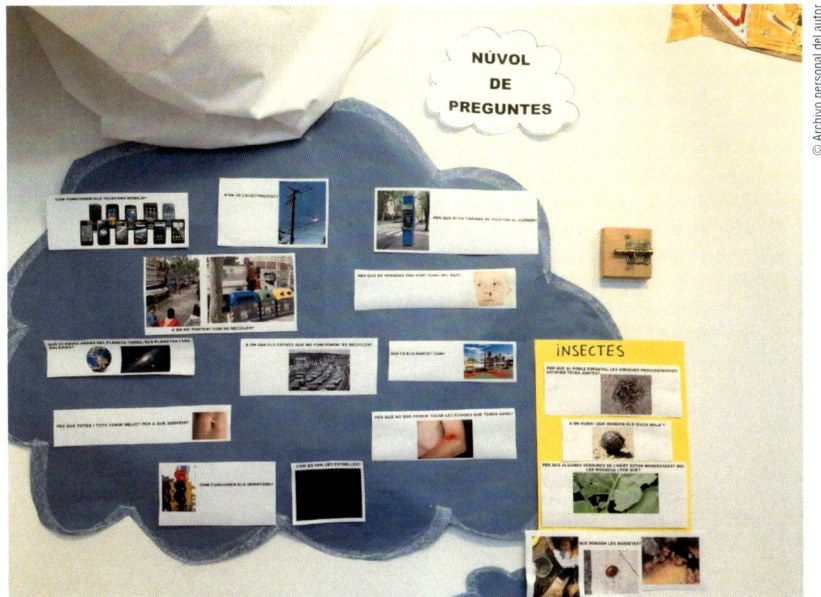

Todo empieza con una pregunta: ¿Adónde van los coches que no funcionan? ¿Por qué todos tenemos ombligo? No hay mejor manera de aprender que alimentar la curiosidad.

En Sadako, la asamblea sirve para que los niños expresen qué tipo de escuela quieren. Oriol lanza su maravilla pregunta: «Si no nos gusta lo que nos ponen de comer en el plato, ¿nos lo tenemos que comer o no?».

En O Pelouro no hay aulas, no hay distinción por niveles ni edades ni capacidades: todos son capaces, todos participan y todos trabajan en equipo.

Entro y descubro un mundo que parece hecho para los niños: un espacio abierto en el que hay dos o tres alturas y donde los alumnos están sentados en sillas o en el suelo.

Al terminar la tarde, Teresa y Juan se sientan con los niños y las niñas y les leen poesía, o les cuentan historias. Nada hay más importante para ellos que el bienestar de un niño.

En la escuela, dos niñas de cuatro años están concentradas cortando patatas y zanahoria que echan en un bol. Una de ellas, la de la fotografía, llama la atención por lo sonrosadas que tiene las mejillas.

Este cocinero está creando. En la cocina de O Pelouro los niños se expresan, comparten, se relacionan, aprenden, disfrutan. ¿No debería ser la escuela así?

Todos los niños y las niñas se tapan los ojos; algunos los cierran. Silencio, no se oye ni un ruido. Una niña de tres años aparta discretamente las manos para mirar a su alrededor.

—¿Cuál es la esencia de la educación? —le pregunto a Juan.
—Mira, esta pregunta te la hago yo a ti, para que te la guardes y te la contestes cada día —me responde.

—En nuestro colegio, uno de los objetivos importantes es el acceso al empleo, pero este no es el único fin de la educación que impartimos aquí; de nada sirve prepararlos para que sean trabajadores o directivos en grandes empresas si después no son capaces de hacer un mundo mejor.

—Si la felicidad pudiera medirse, me gustaría saber en qué medida esta les cambia la vida a los alumnos.

Tengo mucho interés en que me dé su opinión sobre la importancia del equipo directivo, ya que él forma parte de un equipo que ha conseguido cambiar totalmente este colegio.

—Es fundamental. He conocido a muchísima gente con gran iniciativa, alegría, creatividad..., y debido al poco apoyo por parte del equipo directivo acaban dejándolo y marchándose. Aquí somos un equipo de catorce personas que intentamos rotar a menudo. Y nos implicamos en lo fundamental, que son los niños. Todo lo que surja en una escuela y que beneficie el desarrollo de los niños debe ser estimulado.

Llegamos a la pequeña plaza donde se encuentra la entrada del colegio. Una vuelta a la manzana ha dado mucho de sí. Todos aquellos que se dirigen al colegio saludan a Ángel, y él responde haciendo un gesto con la mano.

—Entonces ¿qué recomendarías a esos equipos directivos que quieran cambiar su centro?

—Llevamos catorce años en este proceso y aún nos quedan muchísimas cosas por mejorar. Un día decidimos que debíamos cambiar y lo hicimos, pero con la certeza de que cada paso que diéramos haría que los chicos estuvieran cada vez mejor. Porque ese cambio profundo de la escuela consiste principalmente en ver que tus niños quieren venir al colegio, que disfrutan y que sacan buenas notas; para algunos niños, sacar buenas notas significa aprobar —aclara—. También significa que los padres estén contentos con el colegio y que los profesores, al acabar las clases cansados, piensen: «Merece la pena». Ese es el cambio. Ahí es hacia donde tenemos que mirar.

Retomamos el paso y, de nuevo, Ángel abre la puerta para que yo pueda pasar. Y prosigue con su explicación:

—El equipo directivo siempre debe apoyar a los profesores que apuestan por ese cambio. Si en una clase los chicos se lo están pasando bien y al día siguiente desean volver al colegio para seguir aprendiendo, y tú estás en tu clase viendo cómo los tuyos se aburren, entonces deberías entrar en esa otra clase para ver qué está sucediendo. Y eso debemos promoverlo también desde arriba. Pero las cosas no se producen por generación espontánea; en educación hace falta un equipo que lidere, que apoye, y un grupo de profesores que quieran cambiar las cosas.

Ya caminando por el pasillo, damos la conversación por finalizada. Ángel tiene tareas que atender y yo quiero sumergirme en el colegio para empaparme de todo lo que pueda.

—Te dejaré ahora con Gregorio —me dice—. Él te guiará por las clases y te explicará; sabe mucho sobre el centro.

Un chico alto, moreno, de complexión atlética aparece por las escaleras subiendo los escalones de dos en dos.

—¡Anda! ¡Mira quién está aquí! —Ángel le coge con cariño de la nuca. El chico se encoge de hombros y sonríe—. Lo hiciste de maravilla ayer, Harold. ¡Enhorabuena!

—Muchas gracias, Ángel.

—¿Qué tal? —le saludo, y él me da la mano sonriendo.

—Este tío que ves aquí ayer interpretó una obra de Shakespeare. ¿Cómo se llamaba?

—*Mucho ruido y pocas nueces.*

—¡Shakespeare! —exclamo, asintiendo y con una sonrisa.

—¡Sí!

—Cuéntame. Me encanta Shakespeare.

—Pues me gusta el teatro, pero la verdad es que tuve que estudiar un papel en el que nunca había visto ese vocabulario tan complejo. Y tener que poner el cuerpo de un modo para expresar el sentimiento de esa frase...

—Es un máquina —dice Ángel, orgulloso.

En ese instante llega Gregorio, y el director me lo presenta. Nos saludamos.

—¡Qué lástima habérmelo perdido solo por un día! —le digo.

Harold vuelve a sonreír.

—Disfruta del colegio —me dice Ángel, que se va charlando con el chaval.

EVALÚAME, YO SOY TU PROFESOR

Acompaño a Gregorio por el pasillo. Va a mostrarme algunas clases para que vea cómo funcionan. Gregorio es el director de Innovación del Padre Piquer, aunque los años que lleva en el centro hacen que sea mucho más que eso.

—En Secundaria, todos los días las clases empiezan con algo: una noticia, una canción, un vídeo... Los primeros minutos se dedican a crear un ambiente agradable. A cualquiera le gusta empezar su trabajo así. Con esto se consigue también establecer vínculos más estrechos entre ellos. Ahora los chicos serían incapaces de imaginarse empezando la mañana hablando de los verbos irregulares en inglés.

»¡Qué tal! Buenos días —saluda a un grupo de alumnos que se cruzan con nosotros en el pasillo.

En cualquier centro es normal saludar a los alumnos, pero en este caso tanto la expresión de Gregorio como la reacción de los alumnos denotan familiaridad. Se lo comento y levanta las cejas mostrando sorpresa.

—Mira, hay una anécdota que me encanta —comenta—: una chica asistió el otro día a un congreso y alguien le preguntó: «¿Qué hace que el colegio Padre Piquer sea diferente?». La chica se lo pensó unos instantes y luego respondió: «Bueno, en Padre Piquer, si tú estás mal, siempre tienes un profesor que te dedicará su tiempo». Una de las cosas más importantes es hacer que los chicos estén cómodos en clase, en los pasillos, en el patio... Este es un espacio de todos, y es nuestra obligación, qué menos, conseguir que se sientan bien.

Al girar en el pasillo nos encontramos con dos alumnas que charlan distendidamente junto a una mesa. Gregorio las saluda y se detiene. Las dos chicas sonríen.

—¿Tenéis dos minutos para hablar con nosotros? —les pregunta.

Aceptan y se sientan buscando una posición más correcta. María y Ana están acabando 2.º de Bachillerato. En unos días dejarán el Padre Piquer; una para estudiar Medicina y la otra, Psicología, o al menos esa es su intención. Gregorio me sorprende con la pregunta que les hace:

—Vosotras evaluáis a los profesores aquí, ¿verdad?

—Sí.

—¿Queréis decir que ponéis nota a los profesores? —pregunto—. ¿Y cómo funciona? Porque no es algo muy habitual.

—¿Ah, no? —me dice Ana, asombrada—. Yo pensaba que sí. Llevo seis años haciendo las encuestas.

Gregorio se muestra orgulloso.

—Contadnos qué aspectos evaluáis y qué tenéis en cuenta.

—Nosotros evaluamos sobre todo la globalización de las clases, la capacidad de transmitir los conocimientos y de comunicarse con el alumno, cómo nos hacen sentir, la empatía...

—Entonces, Gregorio, ¿qué características debe tener un profesor para poder trabajar aquí?

—Gracias al sistema de calidad, tenemos trece competencias que corresponden a los profesores, tutores y equipo directivo. Son evaluadas por los alumnos y por los propios compañeros docentes. No son competencias académicas, sino que se centran en la capacidad de motivación, en la equidad, en el autoaprendizaje, etc.; son competencias que van más allá de lo puramente académico y en las que uno puede mejorar.

—Entonces supongo que se requiere un profesorado con ciertas cualidades.

—Durante los dos primeros años, las personas con experiencia tutorizan a los profesores. Les decimos que la mejor manera de aprender es trabajar con otros.

Me parece asombroso y realmente útil. Tomo nota; ya no me imagino trabajar en un colegio que no ponga en práctica este sistema.

—Se necesitan ganas, ilusión y dedicación para trabajar con alumnos que viven situaciones difíciles —añade Gregorio.

María, que escucha atenta, interviene:

—Yo creía que era algo que se hacía siempre; no tiene sentido no hacerlo. Si te evalúan, puedes saber hacia dónde vas. Si lo estás haciendo bien, pues adelante, sigue así; pero si lo estás haciendo mal, tienes una referencia para poder cambiar.

—Pero ¿cómo puede evaluarme a mí un alumno? Eso es una barbaridad —exagero y teatralizo para provocar su respuesta. Y es una respuesta sin duda magistral.

—Los profesores, en cierto modo, trabajan para los alumnos. Si no te interesa qué visión tienen ellos de ti, entonces no sé cómo puedes mejorar o seguir ejerciendo... Es tan importante para el alumno como para ti como profesor.

Nos despedimos de las chicas y se quedan hablando entre ellas, adoptando de nuevo una posición más informal. Gregorio me anuncia que vamos a ver una de las apuestas más importantes del colegio, y para ello nos dirigimos a una de las clases de 3.º de ESO.

—Sabíamos que teníamos que cambiar, así que empezamos a imaginar una escuela inclusiva, en la que cupiera todo tipo de chicos y en la que el centro de toda nuestra actividad fuesen ellos, los alumnos y no el currículo. En ese sentido, y teniendo en cuenta las materias, queríamos que la lengua, las matemáticas o las sociales acompañasen el proyecto vital de nuestros chicos. Y si se unían, como sucede en la vida, mejor.

—¿Qué quieres decir?

—Queríamos un modelo que nos permitiera llevarlo a cabo

y decidimos juntar dos aulas, y así hacer grupos de sesenta alumnos. Globalizamos los contenidos por dos razones. La primera, porque tiene mucho más sentido relacionar las cosas; es decir, en la vida real existe una conexión entre las matemáticas y las ciencias, la tecnología, la lengua e incluso el inglés; no son compartimentos estancos. Y la segunda, porque si no eres profesor de Matemáticas sino de Ciencia y Tecnología, te pasarás once horas con los chicos, con lo cual tendrás mucho más tiempo para crear escenarios de aprendizaje.

Willy y su máquina

Llegamos al aula de 3.º. Coincide con el comienzo de una clase y hay bastante movimiento. Está a punto de ocurrir algo muy interesante, tanto para los alumnos como para mí: he entrado en un Aula Cooperativa Multitarea.

—El gran cambio —me había dicho Ángel, director del centro, durante nuestra conversación— se produjo al dar respuesta a esta situación: cuando un profesor abría la puerta para entrar en el aula y se encontraba con veinticinco o treinta alumnos tan diferentes entre sí y se veía obligado a decir: «¿A quién doy clase hoy?». La elección siempre causaba un malestar en unos o en otros, porque si te dedicabas a los que atendían en clase, mal; si te centrabas en aquellos que se distraían fácilmente, también mal. Y eso provocaba que los chicos no quisieran venir al colegio. Muchos de ellos, cuando llegaron a este centro a los doce años, estaban hartos del sistema educativo, que parecía dedicado casi exclusivamente a un tipo de alumnos, y los demás formaban parte de lo que llaman «atención a la diversidad». Se agrupaba a los alumnos por niveles. Con lo cual, los chicos y chicas sufrían un sistema educativo poco inclusivo y nada motivador. El gran cambio está en que ese profesor ya no tiene que plantearse esa pregunta, porque no está solo; hay tres o cuatro profesores en la misma aula, por lo que pueden atender a los alumnos sin cortar el ritmo de la clase.

Habría que ponerlo en mayúsculas: este es un Proyecto Inclusivo. Todo ocurre dentro del aula. Es fundamental que un alumno no sienta que «lo dejan fuera» por un motivo o por otro. Así, los chicos trabajan en un ambiente totalmente distinto. Ahora, con esta forma de enfocar las clases, se estimula el aprendizaje cooperativo y, además, eso ofrece la posibilidad de realizar distintas tareas dentro de una misma aula. De ahí el término de «inclusivo».

—Chisss... Necesito sentirme escuchado.

Willy, profesor de Sociales, pide a sus sesenta alumnos, en un tono tranquilo y sin exaltarse, que le presten atención. A los pocos segundos, todos atienden. En la pizarra digital se muestra un simulador de máquina que une aleatoriamente los grupos de los alumnos con un número.

Se hace el silencio. Solo se oye el tintineo del simulador cuando está a punto de dar el resultado.

—Para estudiar la guerra de los Treinta años van a trabajar las diferencias entre el arte del Renacimiento y arte Barroco el equipo... ¡seis! Levantad la mano. Y el equipo... ¡cuatro! Levantad la mano. Vale.

Los alumnos de estos grupos se ponen enseguida a sus tareas y a buscar información. Willy, mientras, sigue repartiendo suerte:

—Siglo XVII, un siglo de crisis. Con el cuadro de *Vieja friendo huevos* de Velázquez, vais a enfocarlo desde el marco social y cultural. Es decir, con el tema 1. El equipo...

La máquina, que sigue dando vueltas, mantiene en vilo a los concursantes.

—... ¡ocho! Levantad la mano. Y el equipo... ¡dos! Levantad la mano. Y el arte al servicio del poder religioso, la *Inmaculada*

Concepción de Murillo, que se trabajará con los dramaturgos Lope de Vega, Calderón de la Barca, etc., serán el equipo... ¡uno! y el equipo... ¡catorce! Vale, pues ya está todo repartido. Todos los alumnos celebran el sorteo con aplausos.

En cuestión de segundos, todos están trabajando en sus respectivos proyectos, y aprovecho para que me expliquen cómo se las arreglan para tener sesenta alumnos y tres profesores trabajando en una misma clase. Parece interesante. Me acerco a una profesora que acaba de dar apoyo a un grupo.

—Ahora mismo estamos en clase de ámbito sociolingüístico. En los distintos ámbitos siempre hay como mínimo tres profesores especialistas. En este caso está Willy, de Sociales; Celia, de Lengua, y yo soy Gemma, de Inglés. Nosotros tres somos los que gestionamos la clase, pero a veces se añaden otros profesores porque tenemos alumnos en prácticas. Siempre estamos abiertos a esa posibilidad. Dentro de este ámbito comenzamos el curso hablando sobre la Edad Media, luego abordamos el Renacimiento y, desde hace una semana, estamos con el Barroco. Fuimos a Toledo para meternos en el proyecto. A partir de ahí, hemos seguido un guion para ambientarnos en el mundo barroco viendo, por ejemplo, la película *El capitán Alatriste*, leyendo y analizando alguna letra satírica típica de la literatura de la época, hemos visto algunos juegos de palabras divertidos...

Willy se acerca entonces y comparte conmigo la idea:

—El objetivo es favorecer el aprendizaje autónomo y el aprendizaje cooperativo, así que a partir de la experiencia que han vivido tendrán que realizar un proyecto vinculado a esto. —Señala los cuadros que han aparecido en la pantalla.

—¿Y deben investigar? ¡Esto sí es otra forma de estudiar!

—Eso es. Hemos cogido los temas clave de la Historia del Arte de España del siglo XVII y los estamos mezclando con los temas clave de la literatura barroca del mismo siglo. Los alumnos deben buscar los elementos que tienen en común.

—Es algo parecido a un juego. De hecho, ya solo con la máquina que les has preparado...

—¡Sí! —afirma sonriendo—. A mí también me gusta mucho. Le da emoción. Luego —continúa—, la fase de exposición tiene dos etapas: por un lado, tienen que presentar la exposición actuando como si fueran un personaje, en este caso, del siglo XVII, y explicar su vida partiendo del cuadro y del texto literario.

—¿Disfrazados?

—Así todos nos lo pasamos bien. —Le da una palmada en la espalda a uno de los chicos que trabaja la *Vieja friendo huevos*—. En la segunda etapa, un representante de cada equipo, además de exponer su trabajo ante sus compañeros de 3.º, tendrá que hacerlo también, otro día, para los alumnos de 1.º y 2.º.

—Y en cuanto a mi materia —añade Gemma—, tendrán que preparar los paneles en inglés.

—Lo que acabas de ver —dice Gregorio, que ha permanecido en un segundo plano— no es algo improvisado. Todas las semanas, los profesores que trabajan en cada una de estas aulas se reúnen para planificar qué harán las doce horas de la siguiente semana.

—Cierto —corrobora Willy.

Yo soy de Lengua; no me líes

Me parece fascinante comprobar que por fin se lleva a la práctica la idea de educar de forma globalizada y sin materias estancas. Y noto que los chicos tienen ganas de aprender, de interconectar. Es como si desearan que dejasen de facilitárselo todo y confiaran en sus capacidades para encontrar respuestas por sí mismos.

—Pero ¿cuál es tu especialidad? —le pregunto a Celia.

—Yo soy profesora de Lengua y Literatura. Llevo aquí solo veintisiete años, un ratito.

—Por lo que he visto, todos vosotros hacéis un poco de todo. Supongo que mucha gente diría: «Yo soy de Lengua; a mí no me líes con otras cosas». ¿Qué opinas?

—¡Cómo que no! —se sorprende—. ¡Aquí se da lo que haga falta! Yo soy de Lengua, pero doy apoyo en Inglés hasta donde dan mis conocimientos, y en Sociales también puedo aportar. Intentamos complementarnos entre todos para poder aprovechar el potencial de cada uno, y lo hacemos tanto con los alumnos como con nosotros mismos. Cada profesor tiene su especialidad, pero nos apoyamos los unos a los otros en las distintas materias.

—¡De acuerdo! ¡Ahí quería llegar yo! Este sistema es mucho más enriquecedor para los chicos.

—Para los chicos, seguro. Y, si te soy sincera, yo me lo paso mucho mejor.

—Pero aclárame una duda terrible: ¿qué pasa con la administración?

Normalmente, los centros de enseñanza reciben la visita de un inspector para que compruebe que se están dando las horas estipuladas de matemáticas, de inglés, etc. Gregorio, un experto en el tema, responde enseguida:

—Cierto, pero no hay ningún problema, porque damos las horas convenidas. Simplemente, en vez de hacerlo por asignaturas, nos movemos por ámbitos.

—Entonces ¿podría utilizarse este sistema en cualquier centro de Secundaria?

—Por supuesto. Pero, ojo, no tenemos la fórmula mágica. Nuestra forma de organizarnos responde a las necesidades de nuestros alumnos, así que cada centro debe ajustarse a sus propias necesidades. Lo que sí es cierto es que, en pleno siglo XXI, los profesores ya no debemos ceñirnos a las clases tradicionales, y creo que ese cambio ya se está produciendo.

Gregorio baja el tono de voz para no distraer a los alumnos, que están inmersos en sus investigaciones.

—Es decir, ya tienes el contenido. A partir de ahí, debemos ser capaces de generar experiencias de aprendizaje relevantes para los chicos, para lo que necesitamos tiempo y trabajar en equipo.

Salimos de clase y dejamos a los alumnos con su trabajo en equipo de investigación y con sus tres profesores.

Muchas preguntas a las que se enfrenta el sistema educativo actual encontrarían la respuesta en este centro: atención a la heterogeneidad del alumnado, mejorar la atención a la diversidad y el seguimiento del alumno, aumentar el tiempo de interacción con ellos, promover un aprendizaje más activo, generar actitudes de ayuda, escucha, tolerancia y generosidad. No es poco. Y pensar que llevan quince años haciéndolo...

Mi conversación con Gregorio, de momento, termina aquí. Es la hora del recreo y quiero perderme entre los chicos que están en el patio y conversar con más gente para adquirir una visión más amplia.

Es un patio espacioso, donde hay un gran movimiento y alboroto. Tres chicos mayores juegan en una portería a pasarse el balón con calma, como si la flojera se hubiera apoderado de ellos. Tres chicas caminan algo más lejos gesticulando y deteniendo el paso; sus expresiones indican que la conversación es seria. Algunos están sentados con la espalda apoyada en la pared, desenvolviendo sus bocadillos. Al lado, Harold, erguido, apoya su zapatilla contra la pared mientras termina un sándwich. Camino entre balones y conversaciones, y regreso mentalmente a mis tiempos en el instituto. Apenas tengo recuerdos de esa época; no fue de las mejores y el cerebro hace bien su función.

En un momento dado, un balón golpea contra mis piernas y rebota. Al instante vuelve a suceder. Un chico ha intentado hacerme un caño mientras caminaba. Un caño, para quien no entienda de fútbol, es conseguir pasar el balón entre las piernas del adversario. Así que en ese momento yo era el adversario.
—Había que intentarlo —me dice.
—¿Cómo te llamas?
—Kamal. —Hace un malabar con el balón y, empujándolo desde los pies, lo lanza hasta sus manos.
Eso me recuerda mis tiempos de futbolista. ¡Y no era nada malo! Le pido el balón al pie. Eso motiva al chico y lo devuelve al suelo echándolo al aire, para pincharlo con un pie. «Pincharlo» también es un término propio de los futbolistas: simplemente se trata de que el balón caiga con suavidad y retenerlo con el pie. Me lo pasa, y así estamos unos minutos, exhibiendo nuestras artes. En ese tiempo me cuenta que lleva tres meses en España y quince días en el cole, que es de Bangladesh y que está feliz aquí.

Debe volver con sus amigos, pero antes me invita a ir a su clase después del recreo. Acepto encantado. Según me dice, es un aula en la que aprenden español los que llevan poco tiempo aquí. Tengo muchas ganas de ver esa clase: si Kamal lleva quince días en el cole y solo tres meses en España y es capaz de comunicarse como lo ha hecho, ¡algo estamos haciendo mal cuando nos pasamos años enteros intentando aprender inglés y apenas si sabemos pedir una barra de pan!

Es la hora de regresar a las aulas, y Kamal, que no se ha olvidado de mi deseo de visitar su clase, viene a buscarme. Ya me había enganchado a hablar con otras personas. Maite, del departamento de orientación, me ha explicado en qué consiste su trabajo en el centro. Le pregunto si puede acompañarme al aula de Kamal y así puede seguir contándome más detalles. Acepta.

Hola, soy Kamal y hablo castellano de lujo

Subimos unas escaleras. Hablo con Maite mientras sigo con la mirada a Kamal, que charla con sus compañeros sobre alguna jugada que ha surgido en el partidillo. Entramos en un aula en la que nos recibe un colorido cartel pegado en la puerta: «Aula de enlace». Veo doce o catorce mesas dispuestas en forma cuadricular, que van ocupando chicos y chicas de distintas nacionalidades. Me saluda la profesora y me invita a quedarme con ellos. Aprovecha que estoy allí para hacer las presentaciones. Yo soy el primero en hablar, ya que he sido el último en llegar.

—Hola. Me llamo César y soy maestro. Voy a pasar este rato con vosotros.

Un chico delgado pero fibroso levanta la mano deseando compartir algo.

—Hola. Me llamo Jade, tengo dieciséis años y soy filipino. Llevo en España un año, y en el cole, casi ocho meses.

—¿Y ya sabías hablar en español?

—No, pero en el idioma filipino hay algunas palabras que son igual. Por eso aprendemos con facilidad y más rápido.

La profesora le anima:

—Bueno y también porque los filipinos estudian mucho.

El siguiente en intervenir es un amigo mío.

—Hola. Me llamo Kamal, tengo diecisiete años, soy de Bangladesh y llevo en España tres meses, y en el cole, quince días.

—¡Ya, ya, si tú y yo nos conocemos! Ha intentado hacerme un caño jugando al fútbol, el tío.

Kamal se ríe mostrando complicidad.

—Hola. Me llamo Lucía, tengo quince años y soy de China. Llevo en España un año, y en este colegio, doscientos treinta y tres días.

—¡Anda! ¿Cuentas tu tiempo por días?

Ríe y se echa las manos a la cara, avergonzada.

—Pero ¿en China te llamabas Lucía o tenías otro nombre?

Me dice que, al llegar a España, eligió un nuevo nombre; pero se llamaba de otra manera, una que no soy capaz de reproducir.

—Muy bien, Lucía —le digo, y ríe de nuevo.

Otra chica, sentada junto a Lucía, toma la palabra:

—Yo me llamo Laky, tengo quince años y soy filipina. Llevo en España seis meses, y en el cole, cinco.

—¿Y qué te gusta comer?

—El bocadillo —dice, haciendo el gesto de comerse uno con ansia.

—¡Muy bien! ¿El bocadillo? Pero ¿un bocadillo de pan solo o con algo dentro?

—Beicon. Lleno de beicon.

—¡Qué pronto has aprendido, Laky! —exclamo, revolviéndole el pelo con la mano.

Una niña que mira con ojos expectantes, y que por fin ve que ha llegado su turno, dice:

—Yo me llamo Adelina, soy rumana, tengo quince años y llevo aquí en el cole ocho meses, y también ocho en España.

—Así que llevas aquí desde el primer día...

—Sí, casi.

—Y a ti ¿qué te gusta hacer? Olvídate del cole, y dime qué te gusta hacer.

—Estar con mi familia.

—Eso está muy bien, Adelina.

Sigo haciendo mi ronda y presentándome a cada uno de ellos. Me sorprende muchísimo que en tan poco tiempo sean capaces de comunicarse con esa fluidez. Cada vez que uno de ellos habla, yo miro a su profesora y ella me devuelve la mirada, orgullosa.

—Y tú ¿cómo te llamas?

—Me llamo Rasty, tengo dieciséis años y soy de Filipinas. Llevo en España seis meses, y en el cole, cinco.

—¿Qué es lo que más te gusta de lo que has visto en España?

Se apoya contra el respaldo de la silla y se echa las manos a la nuca.

—¡Muchas chicas guapas! —exclama.

—¿Muchas chicas guapas? —le pregunto—. ¡Maravilloso! Entonces ¡estoy en el sitio adecuado!

Todos estallan a reír. La maestra, ruborizada, se retira el pelo de la cara.

—Supongo que esto es lo más parecido a tener hijos, ¿no crees? Que en cualquier momento te dejan en evidencia. Pues esto es igual.

Ríen de nuevo.

Un chico que me ha estado observando sin perder detalle levanta la mano.

—¡Hola! —saluda efusivamente—. Me llamo Yasir, tengo diecisiete años y soy marroquí. Llevo aquí en España un año, y en el cole, ocho meses.

—¿Y qué te gusta hacer, Yasir?

—Aquí, en el cole, estudiar.

—Permite que lo dude. A ver: y además de estudiar, en tu vida, imagínate que no eres estudiante...

—Quiero baloncesto —dice, sonriente.

—Juega a baloncesto en un equipo semiprofesional —me informa la profesora.

—¿Sí? ¡Uau! —Y le choco la mano para felicitarle.

—¿Alguien quiere contarle lo que es el Aula de Enlace? —interviene la profesora una vez hechas las presentaciones.

Adelina se alza como portavoz:

—El Aula de Enlace es un lugar donde aprendemos español. Aquí estamos nueve meses, y ahora hay seis nacionalidades diferentes.

—Cuando llegamos al Aula de Enlace —continúa Yasir—, no sabíamos nada de español. Los alumnos pueden venir en cualquier momento del curso. Antes de incorporarnos totalmente a nuestros grupos de referencia, pasamos algunos ratos en diferentes clases.

—¿Y ya lo estás haciendo? ¿Has empezado? —le pregunta su profesora.

—Algunos ratos.

Salgo del Aula de Enlace con Maite, encantado de comprobar que existen otras posibilidades a la hora de enseñar a un niño o a una niña que llegan de otro país y que no entienden una palabra de español. En pocas semanas son capaces de comunicarse y eso les permite relacionarse con sus compañeros; de nuevo, la parte social de la educación entra en juego.

—La realidad de los alumnos del centro es complicada —me dice Maite—. Un cincuenta por ciento tienen dificultades socio-familiares, por lo que contamos también con una trabajadora social.

—¡Anda! ¿Una trabajadora social en el colegio?

—Sí, sí. Su trabajo se basa en tres líneas concretas: prevención, en la que diseña actividades que trabajan especialmente conductas de riesgo; intervención, para conocer las necesidades de los chavales y ponerlos en contacto con los servicios pertinentes, y, por último, se aborda la relación con la comunidad conectando así el trabajo del centro con los recursos colectivos del barrio y la ciudad para que sea algo global.

Esa es la función de la trabajadora social, una tarea absolutamente fundamental y que pone de manifiesto la necesidad de analizar el contexto social de los chicos antes de llenarles las cabezas de datos. Durante el recreo, Maite me ha comentado que su equipo está compuesto también por psicólogos y psicopedagogos.

—Trabajamos con los chicos qué quieren ser de mayores, los

ayudamos a trazar itinerarios profesionales... También compartimos horas de docencia para ayudarlos a descubrir todo su potencial y sus limitaciones. Y nos coordinamos con los tutores para la atención a la diversidad. Pero lo que más nos apasiona y que hace que nos impliquemos a fondo es la atención personalizada al alumno y a su familia: el chico que llama a tu puerta y te dice: «Necesito hablar contigo», y en ese momento dejas todo lo que tienes y te dedicas en exclusiva al alumno.

—Me parece maravilloso.

—Los acompañamos en los estudios, si rompen con sus parejas, cuando se llevan algún susto por acciones de riesgo... Recuerdo mi primera orientación aquí y fue muy duro. Los chicos venían y te decían: «Tengo un problema enorme porque me he metido en una pelea fuera del colegio», o «Creo que pronto me llegará una citación judicial, y no se lo he dicho a mis padres». Todo lo que puedas imaginarte, toda la casuística, ocurre aquí. Pero de verdad te digo que me siento una privilegiada, porque los alumnos dejan que me asome a su mundo interior. Intento tratarlos con mucho respeto y mostrarles mi enorme agradecimiento por la generosidad que supone que se abran a mí.

—¿Y cuál es la clave? Porque normalmente los preadolescentes o adolescentes suelen vivir en su mundo y no les gusta compartirlo.

Maite se detiene, mira al suelo unos instantes y luego prosigue:

—Es fundamental que nos vean como personas cercanas pero, a la vez, lo suficientemente alejadas de sus vidas; así, pueden contarnos sus problemas sin que nadie más se entere. O simplemente acogerlos, cuando se presentan llorando y te dicen: «Vengo a desahogarme, porque estoy hasta las narices y no puedo seguir en clase. Necesito un espacio y a alguien con quien poder llorar».

—Me parece increíble; increíblemente natural... Y debería ser obligatorio en todos los centros de Secundaria.

—También influye el hecho de que te vean a menudo. Yo me paseo mucho por el patio, me paso el día de aquí para allá, visito las aulas, cuando los veo, los saludo por su nombre. Es importante para ellos que se sientan reconocidos en su individualidad.

—Totalmente. Una vez más, volvemos al factor humano.

—Por eso me encanta Padre Piquer, porque no en todos los centros los alumnos tienen libertad de ir a orientación cuando les apetece.

Caminamos por los pasillos, despacio. Es muy interesante la visión de Maite y de su equipo, y su trabajo en cualquier centro es vital. Me lleva a una pequeña sala, donde nos encontramos con dos psicólogas que están haciendo el máster en Psicología Clínica, y llevan a cabo las prácticas con el colegio.

—En los casos más graves —continúa explicándome Maite— nos ayuda mucho el SIFA. Yo no podría trabajar en este colegio sin su apoyo. Es como un brazo extensible en el departamento, que da respuesta a esa dimensión más terapéutica que muchos de nuestros alumnos necesitan. Definitivamente, esta es la parte más bonita.

El SIFA es el Servicio de Intervención a Familias y Alumnos, y fue una referencia a nivel nacional hace quince años, ya que por primera vez surgió un servicio específico de intervención de este tipo. Actualmente, alumnos del máster (que ya están graduados en Psicología) intervienen entre alumnos y familias, utilizando un modelo de coterapia: en una sala, una persona realiza la terapia, y en una contigua, otro especialista observa la sesión a través de un espejo bidireccional y con unas cámaras de vídeo. Luego evalúan juntos la situación y deciden lo que van a hacer. Al tratarse de estudiantes, su labor se complementa con la supervisión de dos profesores que revisan todo lo que hacen. Pero en Padre Piquer querían ir más allá y han añadido la figura del mediador, quien posee numerosas herramientas para trabajar la resolución de conflictos y convivencia. No se trata de una simple terapia, sino de ser consciente de que el alumno forma parte de un ecosistema y, por tanto, se deben abordar temas como el colegio, la familia, los amigos, etc.

El Padre Piquer posee, por lo que voy viendo, una amplia gama de posibilidades para atender a los alumnos y a sus familias. Consideran fundamental el entorno social de los chicos y chicas, lo cual se nos olvida a menudo, y nos limitamos a verlos como alumnos y alumnas. El diálogo con la familia y ayudarlos a que tengan la posibilidad de salir adelante se hace más viable si el centro educativo se convierte en un nexo más que en un agente de educación objetivo.

Y otro aspecto de gran importancia en este centro es la Formación Profesional, como ya me ha explicado anteriormente Ángel. Si hay un lugar donde la Formación Profesional pueda convertirse en la esperanza de muchas familias, podría ser este.

Formando trabajadores respetuosos

No podía dejar pasar la oportunidad de conocer uno de los pilares del Padre Piquer: el Aula de Formación Profesional Básica y Ciclos Formativos Medios y Superiores del colegio.

Dentro de la oferta educativa, en los Ciclos de Formación Profesional Básica y en los Ciclos de Grado Medio están la rama administrativa y la electrónica, mientras que para los Ciclos de Grado Superior se ofrece Informática, Electrónica, Administración e Integración Social.

Roberto, profesor de Formación Profesional, me abre la puerta a las instalaciones y me invita a conversar con él y sus compañeros. Alrededor de una mesa de trabajo hay dos profesores y dos profesoras dispuestos a compartir conmigo información sobre una etapa tan importante como esta. Presumo que será una charla interesante.

—Los proyectos que estamos llevando a cabo en este momento en Formación Profesional son los que corresponden a esta etapa y los de modalidad dual. Durante esta última, los alumnos, que están en segundo curso, hacen las prácticas de enero a junio, al tiempo que están dados de alta en la Seguridad Social y reciben una retribución económica.

—¿Y hacéis algún tipo de seguimiento? Es decir, si los alumnos que ya han acabado han conseguido trabajo... ¿Qué porcentajes manejáis?

—En ciclos como Electrónica, Informática y Administración, hay un cien por cien de inserción laboral —dice Fuensanta.

Roberto matiza la respuesta de su compañera:

—Ahora estamos remontando un poquito. Hace unos años pasamos una etapa complicada. Actualmente hay una demanda cada vez mayor de técnicos de todos los niveles.

—Siete alumnos de los que acaban de terminar hace poco ya tienen trabajo —añade Paloma, otra compañera.

Les traslado un pensamiento generalizado sobre la Formación Profesional; quiero conocer su opinión al respecto.

—Otro punto importante en cuanto a la Formación Profesional y a la inserción laboral es que muchos alumnos que empiezan un ciclo formativo lo hacen porque, en un principio, no tienen intención de seguir estudiando, ¿verdad?

—Sí, es cierto —responde Sergio, otro compañero—. Luego se motivan, continúan y descubren que les gusta, e incluso muchos terminan en la universidad, aunque pueda sorprender. Eso también ocurre.

—Aquí mucha gente le encuentra el sentido a su carrera —añade Roberto.

—Y a su trayectoria personal. Muchas veces llegan muy rebotados.

—No es frecuente que la Formación Profesional sea la primera opción del alumno, es decir, son muy pocos los que dicen:

«Yo quiero estudiar Formación Profesional». Normalmente son chicos que no han podido acceder al Bachillerato, o a la universidad.

—Eso quería preguntaros, sobre los tipos de alumnos que tenéis aquí.

—Depende del nivel en el que estén. Los alumnos de la Básica, de Grado Medio y de Grado Superior son muy distintos, y también existen diferencias dependiendo de las titulaciones. En la Formación Profesional Básica, los alumnos vienen derivados del sistema educativo, y siguen siendo considerados como un alumnado que carece de capacidades para terminar la ESO. Yo creo que esto cambiará a medio plazo, cuando a la Básica se le dé realmente el valor que tiene, que es una cualificación profesional reconocida.

En este punto, Sergio frunce el ceño y asiente con la cabeza varias veces. Parece estar de acuerdo con lo que dice su compañera, pero, por otro lado, muestra su disgusto por algo que parece dolerle:

—La Básica no solo la hacen aquellos que no pueden seguir en la ESO, sino también los que se creen que no pueden. O sea, tienen asumido que ellos no sirven.

—Vienen de un fracaso escolar... —añade Paloma.

—Y ellos mismos se sorprenden cuando ven que sí que tienen capacidades. Pasan de un estatus autoasumido a otro nivel —se reafirma Sergio.

Se les nota preocupados cuando hablan de la autoestima de los chicos y chicas. Son conscientes de que con estos alumnos en especial la motivación de los profesores que los acompañan es un factor determinante.

—¿Creéis, entonces, que los profesores y profesoras tenéis algo que ver en este proceso?

—Mucho —responde Paloma—. Dos elementos esenciales son la metodología en el aula y, por supuesto, el profesorado.

—Está comprobado —dice Fuensanta— que, al principio, el profesor dedica tiempo a cohesionar el grupo, a hablar individualmente con los alumnos, a establecer un vínculo afectivo, a ganarse su confianza, a decirle al alumno: «Tú puedes», y «Tú tienes recursos para salir adelante...». Ahí reside el cincuenta por ciento del éxito, y no solo del éxito académico, sino también del éxito personal del alumno. Creo que eso es importantísimo.

—En los talleres, además, disponemos de tiempo para estar con ellos y preguntarles: «¿Qué tal te fue ayer?», o «¿Qué has hecho este fin de semana?».

—¿Y creéis que se valora lo suficiente?

—Yo creo que es una etapa que, por parte de muchas familias y alumnos, todavía está por descubrir —dice Paloma—. Es eminentemente práctica. Puede motivar a los alumnos y, para muchos, es vital.

—Creo que esa es la clave, despertar en ellos la vocación —añade Roberto.

—Debéis de tener historias bonitas...

—Yo, hoy, he alucinado con Luis...

—O con Álvaro, porque, después de un par de semanas sin venir a clase, está ahí solo trabajando y no hay que estar diciéndole que lo haga... Para mí, eso es algo emocionante.

Sergio comparte con todos los que estamos en la mesa algo que le ha contado uno de los chicos:

—Es que pasas de ser el de la gorrilla —le dice el chico a Sergio—, muy moderno y con ropa así o asá, a alguien que se siente útil. «Hostia —dicen—. Que viene este y sabe reparar cosas.» Y de repente te valoran...

Todos asentimos y dejamos ver una sonrisa de satisfacción. Sergio aporta otra clave de ese éxito:

—Cuando consigues que el alumno confíe en sus propios recursos... Creo que eso es lo más gratificante.

Paloma, por su parte, regresa al punto que nos ha unido alrededor de esa mesa, el factor humano:

—En la educación y con estos chicos en especial existe un elemento personal muy importante. Hay profesores que personalizan los conflictos. Es decir, en vez de vivirlo como un grito de ayuda por parte del chico de forma desajustada, lo ven como un pulso personal, como una lucha de poder.

Oyéndolos, pienso que nosotros también deberíamos estar formados y dotados de ciertas estrategias y herramientas, y que nos falta formación para ello. Hace un tiempo llegué a la conclusión de que el castigo es la proyección de nuestra frustración: cuando uno ya no sabe qué hacer, recurre al castigo o, en casos más graves, directamente a la expulsión. Por eso es fundamental que sepamos tratar este tipo de situaciones, y para ello es indispensable la formación.

—Cuando están en clase, a veces sueltan la típica expresión: «Profe, que me he *rayao*, me he *rayao* y ya no aguanto más», una expresión que utilizan muchísimo. Y tal vez lo que necesitan es que les dediques media hora de atención.

Decido terminar con una pregunta que, en realidad, expresa la conclusión a la que he llegado tras haberlos escuchado:

—¿Sois conscientes de las vidas que habéis cambiado?

Sergio responde:

—Pues, si te pones a pensarlo, entonces te das cuenta de que sí...

—Y ocurre en el otro sentido —añade Roberto—: lo que han cambiado mi vida los chavales por los que he pasado yo. Ahora me doy cuenta, y, además, tengo una niña de diez años y me pregunto cómo soy como padre. No sé...

—Poder ver cómo empiezan y cómo terminan, cómo han evolucionado estos chicos, que han pasado aquí dos cursos con nosotros, y la madurez que han adquirido, eso sí que emociona, sí que te llena —dice Sergio.

—(...) Hay profesores que personalizan los conflictos. Es decir, en vez de vivirlo como un grito de ayuda por parte del chico de forma desajustada, lo ven como un pulso personal, como una lucha de poder.

—Cuando aterricé en Formación Profesional —comenta Fuensanta—, no conocía nada de esta etapa educativa; era como tirarte a una piscina llena de agua sin saber nadar, pero entonces, con el tiempo, vas aprendiendo. Y aprendes a nadar gracias a tus compañeros, a otros profesionales, y a lo que te enseñan los alumnos. Luego vas adquiriendo tu propio estilo, pero es verdad que lo que te enseñan los alumnos y los compañeros no tiene precio. Y nosotros también vamos creciendo no solamente como profesionales, sino como personas.

Después de haber conversado con ellos, uno siente que ha crecido interiormente. Se habla muy a menudo de la educación, pero se suele olvidar la Formación Profesional. Está claro que la función de esta gente, en un momento tan importante para los chicos como es descubrir la manera de construirse un futuro, toma un papel más que relevante en la vida de muchos alumnos.

Si no sabes adónde vas, di de dónde vienes

Como he hecho en las otras escuelas, mi intención ahora es recoger las palabras de padres y madres sobre el centro, sobre sus hijos y sobre la educación en general.

Preparamos un almuerzo en la sala donde habitualmente se toman el café a la hora del recreo. Sentados alrededor de una mesa estamos Ana María, Diadie y yo. Unas pastas de té acompañan nuestro café. Instantes antes de comenzar, se une también Mercedes, jefa de estudios. Sonrío y le hago sitio. Me gusta que la gente del equipo directivo esté interesada en lo que opinan las familias; muchas veces estas tienen las respuestas que los docentes buscamos.

Ana María es madre de una alumna que termina este año 4.º de ESO y es también miembro activo del A.M.P.A. Su hija mayor, que es profesora, también estudió aquí. Diadie es el padre de Waranka-va, que está en 2.º de ESO.

Cada centro tiene sus peculiaridades, pero hay muchos aspectos que coinciden, tanto en los temores iniciales como en la satisfacción posterior. Aquí, como sucedió en el instituto de Sils, la actividad de Puertas Abiertas es la que marcó a estas familias. Ana María, por ejemplo, reconoce que tenía mucho miedo, miedo porque son muchos los años que pasan en este centro: entran con once y se van a encontrar con alumnos de veinte, ya que se estudia también Formación Profesional y en los recreos coinciden. Le llamó sobre todo la atención la experiencia de las Aulas Cooperativas Multitarea:

—¡Imagínate! —dice—. Si ya sentía cierto temor, eso lo aumentó aún más. Pero enseguida vi que los resultados eran muy buenos en todos los sentidos.

En el caso de Diadie, fue su mujer quien acudió a la jornada de Puertas Abiertas, pero él quería este centro para su hija, pese a profesar la religión musulmana.

—Personalmente —dice, manoteando con la mano derecha y acompañando el movimiento con un ligero vaivén de la cabeza—, el hecho de que el centro fuese religioso ya me daba una buena sensación, pero la verdad es que, dejando a un lado la fe, para mí un colegio es bueno si son buenos los maestros, y de momento Waranka-va los ha tenido muy buenos. Aunque, al principio, a mi hija le costaba comunicarse —añade—, los profesores han sabido transmitirle lo que querían, así que estoy muy satisfecho.

Mi siguiente pregunta para él es previsible, y seguro que se la han hecho muchas veces:

—¿Y cómo se te ocurre llevar a tu hija a un colegio de religión católica siendo tú musulmán?

Rompo el hielo con las galletas y cojo la primera. Diadie entorna los ojos, mostrando seguridad en la respuesta:

—Yo creo en lo que siento, y a eso yo lo llamo fe. Si ambos poseemos esa fe, ya tenemos medio camino recorrido. Y otro aspecto que me gusta mucho de este colegio es que todos se respetan y pueden decir: «Soy libre...».

—De todas maneras —añade Ana María—, aunque nuestro colegio es religioso, también es multicultural. Aquí hay alumnos de todas las religiones. Yo no he elegido este colegio porque fuera un centro religioso. Y estoy de acuerdo con Diadie: ante todo, respeto, eso es lo que enseñamos en mi casa y quiero que siga aprendiéndolo también fuera.

Les hablo de la educación en valores y de la preocupación del Padre Piquer por educar a personas, porque me interesa conocer la opinión de los padres. Diadie es el primero en hablar tras haber tomado un sorbo de su café con leche:

—Sin valores, uno no puede valorarse como persona ni tener consideración por uno mismo, por mucho que hayas aprendido en otras materias. Es muy importante trabajar este tema en las escuelas.

Ana María está de acuerdo con Diadie, e insiste en la necesidad de que la educación empiece en casa y que luego persista en la escuela:

—No es suficiente con que aprendan esos valores en el colegio, también se les debe enseñar en casa.

—Estoy de acuerdo —confirma Diadie—. Para mí, es fundamental que se enseñen en los dos sitios. Si solo se da en un lugar, es como barrer solo una parte y dejarte otra, entonces no sirve para nada.

—¿Qué es lo que más os gusta del colegio?

—A mí me gusta la libertad de la que disfrutan los niños, y también que haya alumnos de diferentes nacionalidades y religiones, porque es muy enriquecedor. Sabía que en este colegio no había barreras de este tipo.

—¿Y qué cosas cambiaríais del centro?

—Hay que conocerlo de cerca para poder cambiarlo.

Con estas palabras tan sencillas, Diadie ha dado respuesta a un reto que es necesario afrontar de cara al cambio en la educación. Los padres deben participar, pero, para hacerlo, tienen que conocer el sistema educativo que propone el centro y sentirse parte del mismo. Mercedes, que se ha mantenido al margen durante todo este tiempo mientras escuchaba, ha pensado lo mismo que yo.

—Diadie —le dice—, tenemos que vernos más menudo. Después de escuchar lo que acabas de decir, me doy cuenta de que suele ser habitual que en Infantil y Primaria los padres participen en la escuela, pero luego, en Secundaria y en Bachillerato, eso desaparece. Quizá podríamos establecer unos días para compartir opiniones, ya no como una escuela de familia, sino crear entre familias y los tutores unos vínculos que nos ayuden a conocernos mejor. Seguro que saldrían grandes cosas de esos encuentros.

—Sí. Totalmente de acuerdo —dice Ana María.

—Y abordaríamos temas más allá de los meramente académicos —confirma Mercedes.

—Sí, creo que es una idea estupenda.

—Seguro que todos nos llevaremos grandes sorpresas, y positivas, además —concluye Diadie.

—Cierto —le digo—. Hay que hacer más hincapié en el aspecto humano que académico. Lo primero es lo primero.

Ahora Ana María interviene con una anécdota:

—Te voy a contar una experiencia que yo tuve aquí y que me gustó muchísimo. Mi hija estaba en 2.º de ESO, en Aula Cooperativa. Nos llamaron para hacer unos trabajos; iban a hablar sobre el alcohol, las drogas. Nos preguntaron a algunos padres si podíamos venir porque íbamos a hacer grupos con los niños. No sabes lo que es escuchar a esos chicos hablando de sus experiencias con el alcohol... Jamás pensé que a esas edades..., jamás. Además, el hecho de que se abrieran, de que me contasen esas cosas, que compartieran conmigo problemas familiares. Incluso sabía cuándo iba a ser la próxima fiesta que iban a montar, o botellón, reunión, llámalo como quieras. Cuando se acabó y nos fuimos, todos los padres que habíamos asistido estuvimos comentándolo. Todos coincidimos en una cosa desconcertante: no conocíamos a nuestros hijos.

Es un testimonio absolutamente cierto. A estas edades, a los chicos les cuesta comunicarse con los padres, y, sin embargo, entre amigos o fuera del círculo familiar el diálogo suele ser más fluido. Es en ese punto cuando el trabajo que realizan en los centros educativos puede conectar a unos con otros.

Hablando de diálogo, llega el final del nuestro. Todavía estamos sentados, hablando entre nosotros, supongo que cada uno buscando nuestras propias conclusiones. Diadie saca un papel de la cartera y un bolígrafo del bolsillo. Aparta dos tazas de café y se hace hueco en la mesa. Empieza a escribir en él, luego se levanta de la silla y me hace un gesto con la mano para que me acerque.

—Se escribe así —me dice, señalando repetidamente con la punta del bolígrafo el nombre de su hija.

—«Warankava» —pronuncio.

—No te olvides del guion.

—Waranka-va —repito con cariño—. ¿Por qué el guion es tan importante?

—Hay un proverbio que dice: «Si tú no sabes adónde vas, por lo menos di de dónde vienes». Este es mi punto de partida. Cuando me concedieron la nacionalidad española, cogieron el nombre de mi padre y lo pusieron como apellido. El nombre de la familia en realidad es el «-va», así que lo que hice fue colocar el nombre de mi padre al lado del de mis hijos, formando un nombre compuesto. De momento intento saber hacia dónde voy. Lo que sí tengo claro, y es un buen punto de partida, es de dónde vengo. Eso mismo debería ocurrir con la educación. Con guion también, claro.

Nos despedimos de Ana María y de Diadie con un abrazo, y tanto Mercedes como yo nos quedamos en silencio unos instantes moviendo la cabeza como hacen esas figuritas de perros que algunos solían ponen en la bandeja trasera de los coches. Con qué sencillez un padre acababa de dejarnos una lección tan importante a dos docentes.

No me encuentro

—Debemos crear itinerarios nuevos —me dice Gregorio en el vestíbulo, antes de despedirnos—. Lo que llamamos «fracaso escolar» ocurre porque hemos definido un camino tan pequeño que el que no cabe, se sale. Pero si ese camino fuese más grande, muchos chicos podrían seguir en él.

Esta es una de las descripciones más sencillas y más certeras sobre el fracaso escolar que he oído. Con qué simplicidad hace referencia a todo lo que ofrecen en este colegio, a los cientos y cientos de chicos y chicas que han sido educados en ese sistema y que ahora creen en un futuro mejor para ellos.

—Te voy a contar una historia que pasó hace poco —me dice.

Dejo mis cosas junto a un banco y me siento, y le invito a que la comparta conmigo.

—Esta es la historia de una niña paraguaya que lleva un mes en Madrid. Como yo doy clase en 3.º de ESO, me dicen: «A ver si puedes estar un rato con esta chica, que acaba de llegar». Hablo un poco con ella. «¿Qué tal estás?», le pregunto. Le resulta difícil expresarse; aun así, me cuenta que vive en España con su madre y sus hermanos, y que su padre se ha quedado en Iguazú. Buscamos un ordenador y le pido que me indique su pueblo y que me cuente cosas sobre él. Entonces veo que vivía en la frontera entre Paraguay y Brasil; o sea, que esta chica estaba hace nada en las cataratas de Iguazú, que debe de ser un sitio absolutamente maravilloso, con sus amigas, su novio, sus cosas... Y, de pronto, por motivos que ella desconoce, la montan en un avión con un billete para España. Esta niña tenía un bloqueo emocional que cualquiera de nosotros puede entender. Y no olvidaré su cara y sus palabras cuando le pregunté de nuevo: «¿Qué tal estás?». Ella respondió moviendo la cabeza de lado a lado. Dijo: «No me encuentro». Cada vez que la veo en clase o por los pasillos, me acerco y le pregunto: «¿Te encuentras?». Y ella sonríe y me contesta: «Me voy encontrando».

Nos levantamos y caminamos por el pasillo, con calma, sin prisa.

—Este colegio, César, me ayudó a cambiar mi mirada que estaba centrada exclusivamente en lo académico, en el currículo, en las asignaturas; me ayudó a ver y a descubrir a las personas. Por eso puedo decir que este lugar me ha ofrecido mucho más de lo que yo le he dado. Sé que hay cosas que podemos mejorar, pero creo que todos los profesores vamos evolucionando cada día para ofrecer lo mejor de nosotros mismos a los chicos y chicas.

Estas son las palabras de Gregorio, profesor del colegio Padre Piquer, antes de despedirme del centro:

—¿Sabes?, cuando conoces a estas personas te das cuenta de que en realidad sabes muy poco. En sitios como este puedes comprobar, por mucho que lo digas una y otra vez, que la diversidad es una fuente de riqueza que no cesa de aportarte cosas, y que puedes encontrar información en cualquier lugar, pero lo que no puedes encontrar y que debes forjarte tú mismo es la posibilidad de poder compartir tu vida, tu experiencia y ser consciente de que cada paso que das no solo te afecta a ti, sino también a todos aquellos que tienes a tu alrededor. Si consegui-

—(...) Lo que llamamos «fracaso escolar» ocurre porque hemos definido un camino tan pequeño que el que no cabe, se sale. Pero si ese camino fuese más grande, muchos chicos podrían seguir en él.

mos transmitir este sentimiento a los alumnos, tendremos mucho camino recorrido.

Le doy un abrazo y me marcho, llevando muchas cosas conmigo. De entre todo lo que he escuchado, hay un comentario que se repite como un mantra mientras me alejo. Algo que me ha dicho Ángel al inicio de mi visita: «Sabemos que estamos aquí para dedicar todos nuestros recursos, en especial los humanos, para atender a la gente. Queremos hacerlo con calidad, para que todos nuestros alumnos tengan la posibilidad educativa de hacer lo que quieran o puedan, darles la oportunidad de tener un futuro digno».

¿Qué mejor manera de definir el trabajo de un docente?

5
LA ESCUELA QUE PUSO A UN PUEBLO EN EL MAPA

Es imprescindible que un niño venga contento a la escuela y con ganas de aprender. ¿Qué niño con ocho años no tiene ganas de descubrir el mundo?

JUAN ANTONIO RODRÍGUEZ,
director de la escuela de Alpartir

La escuela rural: la gran olvidada, la gran luchadora. Donde la cooperación es sinónimo de subsistencia. La escuela que trasciende sus propios muros para fusionarse con el pueblo y el medio atendiendo a todos los ámbitos imaginables. Los grandes centros escolares podrían aprender de ella, de su relación con el entorno, de los vínculos que se crean con toda la comunidad, que es la que la mantiene.

Me apetece mucho vivir ese contraste que supone pasar de la gran ciudad a un pequeño pueblo de menos de seiscientos habitantes, donde una escuela entera alberga treinta y cinco alumnos, la misma cantidad de niños que llenaría una única aula de un gran colegio. Quiero ver cómo los niños y niñas se las arreglan para ser agentes activos del cambio dentro de una pequeña comunidad. Sin duda, la escuela rural Alpartir bien podría ser como un pequeño laboratorio, donde todas las estructuras sociales acompañaran los avances en el ámbito educativo. Si realmente funciona allí, ¿por qué no podría hacerlo en otros sitios mayores?

Espero mucho de esta visita, y lo dice alguien que estudió en una de estas escuelas.

Aunque soy de Zaragoza y ya he estado dos o tres veces en Alpartir, esta vez decido dejarme guiar por el GPS. Hace tiempo que no lo uso, y de vez en cuando te da sorpresas, por lo que acabas conociendo nuevos lugares, como finalmente ocurre: me pierdo. Pero el GPS me propone otro camino para llegar al pueblo. Me lleva por una carretera muy estrecha y con bastantes curvas, pero eso me ofrece la posibilidad de viajar por lo más profundo de los campos de Aragón. En una recta, poco antes de llegar, tengo que parar el coche: un conejo se ha plantado en medio de la carretera y no tiene prisa por marcharse. Salgo del coche y, al acercarme un poco, el animal da dos saltos y desaparece.

Dentro del pueblo decido tomar las calles que me lleven hacia la zona alta, pues sé que ahí encontraré la escuela. Eso recuerdo de mis otras estancias aquí. Es un pueblo pequeñito, recogido. Muchas casas con fachadas blancas y algunas con ladrillos de cara vista. Hoy es un pueblo lleno de sol. Dos o tres señoras mayores cruzan frente a mí. No hay pasos de cebra; aquí no se necesitan. En un pueblo la gente se respeta y no hay ni atascos ni prisas. Una de esas señoras, mujerona de unos sesenta años, levanta la cabeza y una mano para saludarme aun sin conocerme. Saluda al cristal de mi coche, pero le devuelvo la cortesía. En los pueblos todos nos saludamos... Cuando uno llega a la ciudad, las primeras veces es algo que se echa de menos. ¿Por qué no podríamos saludarnos igualmente? En Alpartir seguramente habrá mil rutinas como esa que cualquiera venido de fuera podría encontrar curiosas. Es una de las cosas buenas de los pueblos pequeños y esto era, en cierto modo, como volver a mi pueblo. Las cosas se valoran cuando no las vives cada día. Y es que los pueblos tienen tanto en común...: las calles estrechas, algunas empedradas, las puertas con alguna maceta, las ventanas con alguien mirando, los saludos de mujeronas que no te conocen... Es como estar en tu hábitat. Aquí uno se siente a gusto ya solo al entrar.

Una calle empinada que serpentea entre las casas termina dejándome justo frente a la escuela. Seguro que si venís a visitarla y preguntáis a algún oriundo, este os dirá: «No tiene pérdida». Confirmado.

Las columnas abrigadas

Lo primero que veo al entrar en el recinto de la escuela son unos árboles y columnas envueltos en baldosas de lana multicolor hechas a ganchillo. La estructura del centro es poco más que una casa de una planta y está rodeada de un terreno donde hay árboles (entre ellos, reconozco los almendros), un espacio de tierra y unas pistas deportivas.

A lo lejos veo a niños y niñas agachados en la parte de tierra. Me encuentro con una niña de unos siete años y la saludo:

—¡Buenos días!

—¡Hola!

—Oye, y esto, ¿por qué lo habéis hecho? —digo, señalando las columnas—. ¿Porque tienen frío?

—¡No! Porque nos apetecía ponerlos y los hicimos todos juntos: los padres, las madres, las abuelas, nosotros, algunos profes...

—Ajá... Pero ¿qué sentido tiene?

—Nos apetecía decorarlos.

La sencillez y la claridad en la respuesta no da espacio a más preguntas.

—Hombre... La verdad es que mola porque me recuerda a una bufanda de mi abuela —le digo.

—El verde lo hice yo con mi abuela, y los pompones los hicimos todos los niños.

—Chulo, chulo. Y lo habéis puesto también en los árboles porque esos sí tienen frío, ¿verdad?

—No —responde, y se pone a caminar de nuevo—. Porque también nos apetecía. Es que era como un toldo, pero se caía. Y entonces decidimos ponérselos a los árboles.

La acompaño hacia dondequiera que se dirija.

—Estoy buscando a Juan Antonio, el director. ¿Sabes dónde está?

—¿Yiyi? —Afirma con la cabeza, y señala con el brazo derecho hacia donde está el grupo de niños.

Antes de irse me deja un mensaje enigmático:

—Está preparando la cápsula.

La cápsula

Yiyi está agachado bajo un almendro, rodeado de niños que miran algo en el suelo. Su figura desgarbada se asoma entre ellos. Le distingo por su barba de cuatro días, que siempre me ha recordado a la que se pintan los niños con corcho quemado. En lo demás se les parece: Yiyi tiene también ese brillo en los ojos que denota una curiosidad infinita por cualquier cosa que se mueva, y esas ganas de aprender de todo y de todos a cada instante. Algunos se entretienen cogiendo ramas para que las hormigas suban por ellas. Cuando se percata de mi llegada, se levanta y mira alrededor.

—¡Víctor! ¡No! ¡Deja los bichos! ¡Ven a contárselo a César! ¡María, que se te van a subir!

Nos damos un abrazo como hacen los buenos amigos.

—¿Cómo va todo? Te estábamos esperando.

—Bien, ¿y tú? ¿Tenéis conejos controlando las entradas del pueblo? ¡Qué organización!

Yiyi vino a Aragón hace años desde un pequeño pueblo de Granada y se había traído para aquí todo el acento de allí. A veces habla a bocajarro y uniendo unas cuantas vocales, lo cual convierte en un reto el adivinar el mensaje. Pero sé que se esmera.

—¿Qué *diceh*? —pregunta, con ese acento andaluz que no encaja para nada en un pueblo del centro de Aragón—. Ven aquí, que es un momento importante.

Hace que me agache junto a un agujero en el que han metido algo y le da una palmada a un niño que está junto a él.

—Hasta que vayamos al instituto no se puede abrir —me cuenta el chico—. Hemos metido aquí una cápsula donde hemos puesto cosas. Lo vamos a enterrar para luego abrirlo en 2022.

—¡Caracoles! ¿Y qué cosas hay dentro de la cápsula?

—Juegos, monedas, peluches, muñequitos pequeños, tatuajes y una foto.

—¿Y por qué tenéis que guardarlo tanto tiempo?

—Para ver si recordamos nuestras cosas.

—Claro, claro. Obvio... ¿Y las hormigas están aquí porque quieren los juguetes? —pregunto al ver cómo los insectos se amontonan sobre un hueso de cereza, cerca del agujero.

—Sí. Han visto lo que metíamos.

—¡No! —salta un compañero—. ¡Porque se están comiendo un hueso!

—¡Chicos! ¡Venid todos, que esto se cierra! —grita Yiyi para que se acerquen los treinta y cinco niños y niñas de la escuela.

—Anda, vamos a hacerle una foto. Este es un momento histórico —digo, apuntando con mi cámara mientras un chico y una chica echan tierra y piedras sobre la cápsula del tiempo, rodeados de miradas expectantes.

Los niños dejan de echar tierra durante los segundos de la foto y todos dejan de moverse, como si se hubiera parado el tiempo junto a la cápsula, y la actividad continúa tras el «clic».

Todos aplauden en el momento de pisotear y apelmazar la tierra, y cada grupo vuelve con sus maestros hacia las aulas. Yo me quedo con Yiyi y sus alumnos, que van desde los cinco años hasta los doce. Mientras hago tiempo para que se organicen, observo el entorno en el que está situada la escuela y el pueblo. Es un valle verde que contrasta con la tierra de secano que rodea Alpartir. Dentro de la zona de la escuela tienen unos cuantos árboles entre los que destacan los almendros. De la rama de alguno de ellos, precisamente, penden unos objetos que parecen hechos a mano por los niños.

Protectores Planetarios

—¡Anda! ¿Y esto qué es? —pregunto.
—Comederos de pájaros —contesta una niña que debe de tener algo más de siete años—. Rita, la cigüeña, nos trajo una carta diciéndonos que teníamos que poner comederos de pájaros, porque los pájaros en invierno no tenían comida. Así que les picamos almendras, les ponemos pan rallado...
—Pero los pájaros tienen libertad para ir donde quieran. ¿Por qué van a venir justo aquí?
—No sé, porque quieren.
—Pero ¿habéis visto pájaros comiendo aquí?
—Sí, sí —observa un compañero de la niña—. En la sala de profes tenemos unos carteles de los pájaros que vienen aquí a comer y, con las tabletas o los móviles, lees el código QR y te sale toda la información para diferenciar unos de otros.

Mientras rodeamos la escuela, me encuentro con una compostera. Pido a los niños que me expliquen para qué la utilizan, sin perder de vista a Yiyi, que no deja de observarnos. Sin haber entrado todavía en la escuela me estoy dando cuenta de todo lo que hay por aprender alrededor de ella.

Una niña, que no ha hablado hasta el momento, pide la palabra:

—Esto es una compostera. Tiramos aquí los restos de frutas, verduras, etc., y vienen los bichitos y los hacen tierra. Y los utilizamos para las plantas del huerto.

Nos dirigimos todos hacia el interior del edificio, porque unos niños tienen que recoger datos sobre meteorología y otros deben seguir con sus actividades. Nada más entrar, observo una gran cigüeña de cartón colgando del techo. Sin duda se trata de Rita. Entramos en una de las aulas y nos sentamos rodeando una de las mesas. Hay más alumnos haciendo otras cosas en el aula, pero van y vienen.

—Medimos el tiempo —me explica una alumna de 5.º de Primaria, y me muestra los aparatos que usan para ello—. Nos ponemos como una bolsa para ver si hace mucho viento o no, también para ver qué tipo de nubes hay y cuánto calor hace, cuál es la temperatura, etc. Miramos si ha llovido o no, y si ha llovido, anotamos cuánto ha llovido. Lo hacemos nada más entrar los lunes, miércoles y viernes, que son los días que toca.

—Oye, una pregunta: ¿respetáis el medioambiente, es decir, vuestro entorno?

—Sí —responde—. Vamos por grupos de proyectos y recogemos todos los desperdicios que tiran y todo lo demás. Y, después de almorzar, recogemos también todo lo que han tirado en el recreo, porque a veces se dejan alguna cosa. Por ejemplo, los de fútbol (yo también juego pero no tiro nada) cogen batidos y los porteros se dejan el *batidico* al lado de la portería, se ponen a jugar y se olvidan del batido. Y eso hay que recogerlo.

—¡El *batidico*! Muy bien, de Aragón como yo. —Me hace gracia la expresión, que es muy nuestra—. O sea, que después del recreo recogéis. ¿Y eso lo hacéis por turnos?

—Sí, cada semana les toca a diferentes niños; tenemos la hoja en clase.

—Es un rollo, ¿no? —digo, intentando buscarle las cosquillas.

—No. Te diviertes. Porque vamos uno de cada curso, desde 1.º hasta 6.º. Y dos de Infantil.

—Es que somos Protectores Planetarios también —señala su compañera.

—¿Y por qué os llamáis Protectores Planetarios, que suena a superhéroes?

En ese momento, una niña de unos siete años, que ha estado al tanto de la conversación desde otra mesa, dice:

—Porque Rita la cigüeña es nuestra protectora planetaria y todo el colegio creemos en ella.

—¿En quién?

—En Rita. Y nos manda cartas desde muchos sitios.

—¿La cigüeña, has dicho? ¿La de los comederos? —pregunto.

La niña se acerca a mí levantando las cejas y me susurra:

—Sí. A ver, los de 5.º y 6.º sabemos que no existe porque somos nosotros los que hacemos las cartas, pero es un secreto. Solo lo sabemos 5.º y 6.º. Los de 4.º todavía creen en ella.

—Vale, vale. Y lo de cuidar a los animalitos que me contó Yiyi, ¿es verdad o es una trola suya?

—¡Es verdad! Teníamos un renacuajo, pero ahora no sé dónde está.

—Vaya...

—Hemos hecho balsas, hoteles...

—¿Habéis hecho hoteles? Sois una caja de sorpresas. ¿Podré quedarme hoy?

—¡Hoteles de insectos!

—¿Hoteles de insectos? ¿Qué es eso de hacer hoteles para insectos? ¿Dónde se ha visto eso? ¡Es una locura!

—Son como casas para las cucarachas, las abejas, las moscas y todo eso.

—Entonces, para aclararme: lo de los Protectores Planetarios tiene que ver con el respeto a la naturaleza, saber dónde vive uno, ser consciente de ello y respetar lo que te rodea. ¿Es así?

—Sí. Eso es. Sabemos que depende de nosotros que la Tierra mejore. De nosotros, digo, de todos los niños, claro. Pero aquí tenemos que poner nuestra parte.

Oímos algo de jaleo que proviene del recreo y nos asomamos por la ventana. Todos los alumnos están saliendo al patio. Es una escuela pequeña; no hay campana, ni timbre ni música para avisar. Termino la conversación con mis amigos y amigas y nos damos la mano para despedirnos, aunque con toda certeza volveremos a vernos.

El regalo

Durante el tiempo del recreo, Juan Antonio me invita a acompañarle al pueblo. Quiere comprar torta para los chicos. Es un buen momento para hablar de nuestras cosas, de los alumnos y la escuela. Yo le conozco desde hace unos años, porque su mujer y él llevan tiempo realizando muchos proyectos interesantes desde su escuela. Ahora toca hablarle como si fuésemos dos desconocidos.

La tienda no está lejos, pero como es un municipio pequeño, todo es cuestión de perspectiva. Si digo que hemos de ir a la otra punta del pueblo suena a barbaridad, pero si se llega en diez minutos, la cosa cambia.

Me dice Yiyi que ahora no tienen panadería, y que todos días les traen el pan de fuera y lo reparten entre las tiendas. El señor que llevaba la panadería se jubiló un año antes de llegar ellos dos a la escuela, pero había sido un negocio de, mínimo, dos generaciones. Es una pena que cosas así se vayan perdiendo. No obstante, la hija del panadero llevó hace unos años unos cuantos artilugios de panadería a la escuela para hacer un taller con su hija, la nieta del panadero, que entonces estudiaba Primaria.

Tomamos, pues, rumbo al centro del pueblo. En el camino

me explica todo lo que hacen en el centro. Pese a ser una escuela pequeña, si intentara contar con los dedos de las manos todos los proyectos que llevan a cabo, necesitaría unas cuantas manos.

Por una parte, cada trimestre elaboran un proyecto. Por norma, en el primer trimestre hacen uno sobre los seres vivos; en el segundo, sobre historia y sociedad (que vinculan a Alpartir), y en el tercero se aborda la materia, la energía... Esta estructura se repite cada año. En el caso de los seres vivos, van alternando cada año animales y plantas. Y como es una escuela asociada de la UNESCO, y este es el Año Internacional de los Suelos, han centrado su interés en la compostera del huerto y esperan a ver qué animales salen de ahí.

Al final de cada proyecto hay una exposición oral y cada grupo explica y muestra lo que ha hecho.

Este año, durante el segundo trimestre, han hecho un trabajo sobre la Edad Media, de al-Ándalus. Porque Alpartir tiene sus orígenes en la cultura árabe.

—La palabra «Alpartir» significa «el regalo» —me dice—. Este lugar es una mezcla de páramo y estepa, y es un regalo contemplar este paraje, aquí, desde el valle, con su río y ese entorno tan agradable. Eso cuando baja agua por el río...

Vamos callejeando hacia la plaza del ayuntamiento. Cerca de allí encontraremos un pequeño supermercado donde comprar las tortas. Sentado a la sombra de un árbol, junto a la puerta de un garaje, un anciano apoya sus dos manos en un bastón de madera. No tiene prisa. Un perro cruza la calle y se pierde dentro de otro garaje. Desde un tejado no demasiado alto sale el cable de la luz, que cruza hasta la terraza de otra casa. En él, observando qué ocurre en la calle, dos gorriones descansan.

—¿Cuántos habitantes tiene Alpartir? —pregunto mientras observo todo a mi alrededor. Echaba de menos la calma que se respira en lugares como este.

—Casi seiscientos. En verano siempre hay más, claro. ¿Qué día es hoy?

—Jueves —le digo.

—Entonces hoy sí vas a ver más ambiente. Los jueves tenemos un mercadillo y esto se revoluciona. Fruta, camisas, zapatos, hasta una churrería viene a veces.

Basta decir eso para que aparezcan tres señoras acarreando carros de la compra en distintas direcciones, y un señor de un bigote pronunciado se cruza con ellas con bolsas llenas de productos en las dos manos. Giramos una esquina para entrar en una calle más estrecha y encontramos un grupo de señoras hablando sobre alguien que ha tenido un hijo. Hablan felices.

—Cuéntame de la escuela, que sé que hacéis muchísimas cosas.

—Hacemos tres sesiones a la semana dedicadas a los proyectos. Algunos son permanentes: el Proyecto Digital, el de Biblioteca y el de Convivencia. Dentro del Proyecto Digital tienen importancia las redes sociales: blogs, Facebook, Twitter... Para nosotros es muy importante compartir lo que hacemos. Eso permite que las familias sepan qué estamos haciendo día a día.

—Curioso, sin duda. En una pequeña escuela mantenéis informadas a las familias gracias a las redes.

—Hombre, nos vemos todos los días al comienzo del cole y cuando salen los niños, pero todo canal de comunicación con las familias es necesario.

—He visto que tenéis también una biblioteca, pequeñita pero que impregna todo el centro. Porque tenéis libros de lectura por los pasillos, por las aulas, en estanterías...

—En el Proyecto de Biblioteca invertimos mucha energía. La biblioteca es el principal centro de recursos, y así debería ser en el pueblo también. Además, ahí se incluye el Grupo de Lectura de Madres o Leer Juntos.

—¿Madres leyendo en la escuela? ¿Cómo es eso?

—¡Ey! ¿Qué haces? —Yiyi saluda a un señor que está sacando unos cuantos tubos, una caja de herramientas y distintas piezas de fontanería de una furgoneta blanca.

—Aquí andamos —responde el hombre—. Ya me dijo la chica que le gustó mucho.

—Es que hicimos una charla de fontanería, una niña del cole y su padre —me cuenta—. ¿Qué me decías?

—Eso lo hacéis bastante, ¿verdad? El llevar a las familias a la escuela.

—Es necesario. Aquí todos los que pueden, contribuyen de una manera u otra. La educación está también en el entorno.

—Te preguntaba por las madres que dices que van a leer a la escuela.

—Así es. La escuela es vista como un centro social también al servicio del pueblo, y esto debería ser así en todos los pequeños municipios. Los viernes, un grupo de unas doce madres van a la escuela para leer, y lo hacen por placer. Es un número nada desdeñable. Piensa que son treinta las familias del centro.

—Es un porcentaje altísimo, desde luego. La escuela como centro social... Qué bien. ¿Y Leer Juntos?

—Leer Juntos —me explica— forma parejas de lectores con otros no lectores, y entre ellos se ayudan durante media hora de lectura, y escritura, diaria. Se trata de una actividad muy eficaz para mejorar la convivencia entre niños y niñas.

A medida que me cuenta cosas, pienso que es como si todo fluyera de la escuela hacia fuera y viceversa, creando un vínculo entre esta y su entorno. Acercar la escuela a la sociedad y la sociedad a la escuela; uno de los retos que tiene la educación.

—Como dato interesante —me dice Yiyi—, la gestión de la biblioteca la hacen los alumnos y alumnas. Cuando se adquieren nuevos ejemplares, primero los leen los bibliotecarios y luego estos pasan por las clases documentando las lecturas. Y una opinión favorable de un bibliotecario pesa mucho. Luego mantendremos una conversación con dos de ellos. Dar voz y oportunidades a los niños funciona mejor, y ponerlos al cargo da resultado. Confiamos en ellos y responden con creces.

Llegamos a la zona del mercadillo; el bullicio que encontramos aquí recoge todo el silencio que hallaríamos en otras partes del pueblo. Son voces pidiendo cambios, debatiendo tallas, comparando precios, firmando acuerdos. El olor de la fruta fresca y la verdura se mezcla con el del cuero de los bolsos que se agolpan en colgadores. Hoy no hay olor a churros, la churrería no ha venido.

Bandejas llenas de naranjas, peras, cerezas o plátanos; puestos donde la ropa se muestra por tallas y colores, zapatillas y zapatos mezclados con sandalias y deportivas, puestos de flores, alguna camioneta que sirve de trastienda y una bolsa de plástico que corre soplada por el viento. Yiyi la coge y hace una bola con ella. Se la guarda en el bolsillo mientras va saludando a la gente a izquierda y derecha.

Conseguimos cruzar toda la zona de mercado y al instante encontramos la pequeña tienda donde compraremos el almuerzo. Yiyi entra; y yo decido esperarle fuera. Haciendo esquina hay una casa más antigua que las del entorno, y en una de sus ventanas, a la altura de la cintura, plantas de todos los colores se entremezclan y han empezado a escalar por la fachada. Las han regado hace no mucho, porque el agua resbala por la pared y está a punto de tocar el suelo de la calle. Cada rincón de un pueblo, mirado con la calma necesaria, tiene detalles excepcionales. Hay que encontrar la tranquilidad para apreciarlos.

Sale Yiyi con tres tortas azucaradas. Me las da para que las guarde y saca la bolsa del bolsillo. La sacude con energía. Ahora ya tenemos dónde llevar las tortas hasta la escuela.

—Cuando llegué aquí me sorprendió que hubiera una cooperativa de aceite, fíjate tú —me dice—. Compramos el aceite en el pueblo, eh.

En lugar de tomar la misma calle, me lleva por otro camino diferente.

—Vamos por este otro lado. Se va más rápido. Antes hacíamos poca vida en el pueblo. Venías a la escuela, dabas clase, cerrabas y te ibas de vuelta a Zaragoza. Vivimos allí. Poco a poco vas entrando en el pueblo y ahora somos una familia más, aunque no seamos de aquí.

—Porque... vivís en Zaragoza, ¿verdad?

—Sí, sí. Hablando de la relación con el pueblo... Creo que es importante saber llevarte bien con quienes convives. Es más importante que muchas otras cosas. En la escuela tenemos un Proyecto de Convivencia que es el buque insignia. No tenemos conflictos en Alpartir —me comenta—, ni queremos tenerlos.

—¿Qué hacéis? Cuéntame.

—Si alguien tiene algo que decir sobre educación es la UNESCO. La UNESCO propone trabajar la cultura de la paz en estos ámbitos: «Cuidamos las relaciones», «Cuidamos nuestro entorno» y «Cuidamos a las personas». Así que en esta escuela se toman muy en serio estas recomendaciones.

Yiyi mete la mano en la bolsa y da un pellizco a una de las tortas. Saca un trozo y lo parte en dos. Me da uno. Camino de la escuela me cuenta los proyectos que absorbe del organismo internacional, y me parece espectacular la manera en que entremezclan todo.

En «Cuidamos las relaciones» fomentan la mediación escolar, el trabajo en asambleas (todo lo que se decide en el cole se discute en las asambleas), la Constitución escolar que tienen (cada dos años se revisa y se firma)... En «Cuidamos nuestro entorno» también tienen unos cuantos proyectos muy interesantes: los Protectores Planetarios sobre el que hablé con las niñas, el cuidado de un huerto que tienen... En «Cuidamos a las personas» se centran en el cuidado de la salud, recogen ideas también de Amnistía Internacional, Derechos Humanos...

Y como es una escuela asociada de la UNESCO, dan especial importancia a la defensa y el conocimiento del patrimonio natural, social y cultural, que es todo lo que los rodea, incluidas, obviamente, las personas mayores, a las que, desde la escuela, otorgan un lugar prioritario en la educación y en la participación de los niños y niñas.

Y lo mejor de todo es que este conjunto de actuaciones, que los alumnos han interiorizado muy bien, están interconectadas y se realizan cada día de forma natural.

No llevan libros, aunque a veces hacen uso de ellos para buscar información, y están suscritos a la revista *National Geographic Kids*.

Forman parte de Escuelas Promotoras de Salud, están dentro de la Estrategia Aragonesa Contra el Cambio Climático, pertenecen a Escuelas Greenpeace, al Centro Embajador de Save the Children, a las Escuelas Amigas de UNICEF. Y, además, los niños y niñas de Alpartir aprenden cosas que impone el currículo, ese lugar donde, para algunos, se encierra todo el conocimiento.

Impresionante. Levantas una piedra y ahí no ves nada, pero Yiyi encuentra siempre un proyecto interesante que llevar a Alpartir.

—Los niños trabajan en grupos y estos son siempre heterogéneos; se mezclan niños desde Infantil hasta 6.º de Primaria. Y cada grupo usa herramientas distintas y las aprovechan para presentar el producto final. Unos hacen maquetas, otros diseñan con *Minecraft*...

—¿*Minecraft*? Pero eso es un juego de ordenador...

—Eso es. De ordenador o de consola. Nosotros tenemos las dos opciones. Aquí pueden realizar construcciones libres mediante cubos, recolectar recursos y crear objetos con distintas utilidades, combatir criaturas... ¿Y por qué una consola dentro de una clase? Porque utilizamos la «gamificación» en el aula.

—A ver, a ver... Gamificación. Explica eso.

—Es algo así como usar juegos con un fin didáctico y también con el fin de trasladar contenidos curriculares —señala Yiyi—. Es importante que lo sepan las familias; si no, ¡puede provocar ciertas dudas en casa! Porque le preguntas a un niño: «¿Qué has estado haciendo en clase hoy?». «Jugando al *Minecraft*.» Pero lo que realmente ha estado haciendo es, primero, buscar información: partes de una mina (galería, pozo...), ha diseñado un escenario... El año pasado diseñaron una ciudad de la Edad Media, con su castillo, las casas de los campesinos... Es decir, todo aquello que caracterizaba la Edad Media y la etapa feudal.

Además de la consola, me cuenta conforme caminamos, tienen juegos de mesa, juegos de cartas... y cada uno tiene una finalidad específica: mejorar la ortografía y la atención, profundizar en ciertos aprendizajes matemáticos o en el cálculo mental... Como dice Yiyi, los niños aprenden mucho mejor jugando.

—Eso sí —puntualiza—, sin perder nunca de vista que nosotros, como docentes, tenemos un currículo que cumplir.

—Niños de distintos niveles y de edades en clase. ¿Eso es bueno o malo? —le pregunto, llevándome a la boca mi trozo de torta.

—Hablas de distintos niveles... Los grupos que tenemos son heterogéneos, porque los treinta y cinco alumnos están distribuidos en tres aulas, en las que aprenden juntos estudiantes de distintas edades. Lo que no suele enriquecer a los niños y niñas es la homogeneidad, ¿no te parece?

—¿No sería mejor mandarlos a un sitio donde haya más niños de su misma edad?

—¿Para que se socializaran? Pues tampoco sé yo si eso se consigue en otros centros. Se podría decir: «En un grupo más grande se socializan, y lo que está pidiendo todo el mundo es una disminución de ratios, y eso ya lo tenemos en la escuela rural. Así que meter a un niño nuestro de 6.º de Primaria en una clase de veintiséis de 6.º, donde están separados y no tienen relación entre ellos... No sé yo si la socialización es mayor que la que se lleva a cabo en Alpartir. Se tiende a hacer todo homogéneo y eso va en detrimento de la educación.

—¿Y cómo es el paso a Secundaria? Especialmente en vuestro caso, y hablo de las escuelas rurales, ya que suele decirse que cuesta más. Aunque yo he estudiado en la escuela rural y no creo que sea así. ¿Qué opinas tú?

—En cuanto a contenidos, están al mismo nivel que la media de la comarca; ni mejor ni peor. Está comprobado. Pero sí que sabemos que en expresión oral, trabajo en equipo, tema de convivencia..., la diferencia se nota para bien.

—¿Qué debe tener un maestro o una maestra para trabajar en Alpartir?

—Debe escuchar a los niños, a las familias, que no le importe que entren las familias en la escuela. ¿Trabajo en equipo? En eso fallamos, y soy consciente de que tenemos que mejorar; no nos enseñaron a hacerlo.

Llegamos a la escuela y recorremos el recreo saludando a los niños.

—¿Cuál crees que es el objetivo de la educación, Yiyi?

—Mira este niño de ahí. ¿A qué se dedicará cuando se incorpore al mundo laboral dentro de quince o veinte años? Ni siquiera sabemos qué será... ¿Cómo le educo yo para eso? No sé qué necesitará para hacer ese trabajo, lo que sí sé es que necesitará ser buena gente, curioso, creativo, capaz de trabajar con otros y pensar globalmente, de ser responsable, de ser feliz haga lo que haga. Siempre decimos que el objetivo de esta escuela es que los niños sean felices. Pero nosotros debemos saber cómo ofrecerles esa felicidad; si no, bastaría con llevarlos a un parque lleno de bolas. ¿Y cómo pueden acercarse a esa felicidad? Pues obteniendo resultados, entendiendo el mundo, planteándose cuestiones y dándoles respuestas a todo aquello que investigan.

Llegamos a su pequeña sala de profesores, en la que no caben cuatro personas, y dejamos las tortas sobre la mesa. Entre hoy y mañana todos comerán de ese regalo que ha traído Yiyi. Un maestro entra tomándose un café. Nos saludamos. Abre la nevera, coge un tetrabrik de leche y vierte un poco en su vaso. Se marcha de nuevo para estar con los niños.

—En algún momento habréis tenido la visita de un inspector y os habréis visto obligados a esconder lo que estabais haciendo, a pesar de saber que funciona con los niños...

—Alguna vez.

—Eso no debería ser así. Tú eres el director de esta escuela, ¿cuál sería la reacción del equipo directivo en esas circunstancias?

—No acatar lo que dice el inspector así como así, hablar con él, defender el proyecto educativo que tiene el centro, claro. Y ya no solo con el inspector, también con las familias. Debemos defender lo que hacemos aquí, aunque a algunos padres les cueste ver que el cambio es favorable para sus hijos.

La mermelada que mueve la Tierra

Una vez que ha terminado el recreo y la conversación, dos niñas de 5.º de Primaria me invitan a pasar a una de las clases que está vacía, porque todos los alumnos van a presentar sus trabajos. Por eso aprovechan para enseñarme un proyecto que han hecho hace poco. Además de ser Protectores Planetarios y respetar el medioambiente, también saben hacer un correcto uso de las herramientas que tienen a su alcance. Esta entrevista tiene miga.

—¿Cómo os llamáis? —les pregunto.

—Inés y Chiara.

El objetivo de la escuela debe ser que los niños sean felices. Para acercarlos a la felicidad hay que ayudarlos a plantearse cuestiones y darles respuestas para que puedan entender el mundo.

—¿Sabes que tienes un nombre muy chulo? ¿Siempre te has llamado así?

Ríe.

—Sí. Es italiano.

—¡Anda! Mola. Oye..., contadme qué lleváis en las manos.

—Mermelada de fresa.

—¿Y vale para comer?

—Sí, claro —responde Chiara.

—Pero ¿no echaríais mermelada de fresa de un bote y ya está?

—¡No! Lleva fresa, azúcar, limón exprimido y algo más.

—Sí —confirma Inés—. Hay que echarle fresas partidas en pequeños trozos, exprimir dos limones según cuánto vayas a hacer: si haces un kilo, pues tanto limón, y así.

—¿Y por qué hacéis eso? ¡Si se puede comprar!

Chiara lo tiene claro:

—Porque nos divertimos más estudiando así. Un día hicimos mermelada de fresa porque estábamos viendo los gramos, los decigramos y todo eso.

—¿Y no se aprenden mejor haciendo las cuentas que salen en un libro?

—Así es más divertido.

—Y ya de paso coméis, claro —añado.

—Entonces —prosigue Chiara, ignorando mi comentario—, para facilitar el estudio hicimos mermelada de fresa. Más o menos en un día y medio estuvo lista. Y este es el resultado. Echamos los ingredientes a la cazuela, pusimos la cocina solar en dirección al sur, y cada diez minutos tenía que salir un alumno a remover la mermelada y a controlar la raya, porque como la Tierra se mueve...

—¡¿La Tierra se mueve?! —exclamo, mostrando mi mejor versión de hombre asombrado.

Chiara se acerca para susurrarme de nuevo:

—Eso es lo que dice Yiyi...

—He ahí la conclusión —digo mientras me levanto—. La Tierra se mueve según Yiyi, y por eso la mermelada fluye.

—No, pero no solo con la mermelada se mueve la Tierra, es con todo. A ver, es que la raya de la cocina solar se gradúa con la sombra. Eso es para cocinar.

—¿Y habéis hecho más cosas en esa cocina?

—Sí. Patatas, borrajas, judías verdes... Verdura, mucha. Mucha verdura.

—Mmm... ¡Verdura! —Me relamo—. ¡Pero si a los niños normalmente no les gusta la verdura! ¿A ti qué te gusta?

—Las patatas y la pizza —contesta Inés.

—¡Menudas verduras son esas!

—Ya... —aprueba, sonriendo.

—Bueno, a ver, que os desviáis del tema. Contadme más cosas.

—Aparte, también tenemos hornos solares, que es donde hacemos las pizzas, castañas asadas, y es lo más fácil de cocinar en el horno.

No puedo dejar que se vayan a su clase antes de probar esa mermelada de fresa hecha con cocina solar. Investigamos un poco y finalmente conseguimos algunas galletas que han sobrevivido al recreo. Les pido que repartan una para cada uno y que unten con alegría ese manjar cercano a la ambrosía sobre mis galletas.

Los bibliotecarios

Yiyi me ha contado algo sobre la biblioteca, sobre los mediadores, sobre la Constitución... Pero me apetece escuchar esos proyectos de boca de los que los viven cada día: los niños. Preparamos una reunión con Mario, de doce años, y Félix, de once, ambos de 6.º. Hemos de esperar un poco porque Félix está hablando con alguien de Zaragoza, organizando una excursión que va a hacer toda la escuela. Un niño, sí. Organizando. Habéis leído bien.

Cuando termina sus gestiones, converso con ellos.

—¿Queréis contarme un poco cuál es vuestra función en el cole?

—Yo soy mediador y bibliotecario —dice Mario.

—Yo mediador, bibliotecario y representante de los alumnos en el Consejo Escolar.

—Lo que hacías ahora, Félix, ¿es porque eres tantas cosas a la vez?

Ríe.

—Bueno, ahora me toca a mí y ya está. Pero es interesante hablar con adultos para hacer algunas gestiones.

—¿Y lo consigues? ¿No te piden que los pases con tu padre o con tu maestro?

—Al final sí lo consigo. Cuesta, pero sale.

—Bien, bien... Y explicadme, ¿qué hacéis como mediadores?

—Intentamos dar soluciones para que los compañeros resuelvan sus problemas —dice Félix—. Cuando alguno tiene un conflicto (por ejemplo, si no le dejan jugar a algo), entonces nos llaman a nosotros, nos cuentan la historia, proponemos una solución para que se arregle la cosa, y ellos deciden. Nosotros solo damos ideas y ellos escogen.

—¿Y debéis formaros para ser mediadores?

—Sí, hay una formación previa para los que se quieren presentar.

—Imaginad que ha sucedido un conflicto en el recreo... o en clase.

—Los profesores tienen la obligación de dejarnos tiempo para solucionar los problemas —explica Félix—. Hay veces que llamamos como testigos a los que han visto qué ha ocurrido, y todo es confidencial. No lo pueden saber ni los profes.

—¿Y esto funciona?
Félix asiente con la cabeza, satisfecho.
—Sí. Esto va mejor. Hace unos años había un montón de conflictos; ahora hay muchos menos. El propósito es que funcione.
—Estoy aprendiendo un montón de cosas con vosotros. Y muchos mayores también tendrían que aprender. ¿Y qué más sois?
—Bibliotecarios los dos —dice Mario.
—¿Y cuál es la función de un bibliotecario?
—La biblioteca la llevamos cuatro bibliotecarios en los recreos de los martes y los jueves.
—De los libros de arriba de la estantería, que poca gente del cole conoce —añade Félix—, nos dan uno a cada bibliotecario y nos dejan una semana para leerlo, y luego lo presentamos por las clases y damos nuestra opinión sobre el libro: decir si nos gusta, explicarles si tiene mucha letra, que sería para los mayores, o si tiene poca...
—¿Y estáis todo el año?
—Sí. Todo el año nos corresponde ser bibliotecarios. Al principio de curso se presenta un currículo para ser bibliotecario.
—¿Un currículo?
—Sí. Cada uno de nosotros tiene que presentar uno, y después se elige. Normalmente nos eligen los profesores. Este año nos han preguntado todo: nivel de inglés, qué hemos sido antes, si tenemos experiencia, en qué hemos trabajado, si es que hemos trabajado, datos de dónde vivimos, si sabemos conducir, número de teléfono, ¡todo!
—¿Y alguna pregunta curiosa en el currículo? Por ejemplo, ¿no os preguntan por vuestra comida favorita?
—No, porque eso no es útil para leer. —Mario se muestra avispado.

—No. Esas cosas no. Y después tenemos que pasar una formación para saber utilizar el programa Abies, que es el programa que utilizamos para prestar y devolver libros.

—¿Y quién os enseña?

—Yiyi, normalmente.

—¡Genial! A ver, Félix, dices que eres representante del Consejo Escolar. ¿Cuál es tu función?

—Estar en el Consejo Escolar para escuchar a la comunidad educativa como representante de los alumnos. En el aula TIC a veces se junta el Ayuntamiento, representantes de las madres y demás y todo el profesorado, y debaten cosas buenas para el colegio.

—¿Y tú hablas? ¿Expresas tus opiniones?

—Sí, porque tengo que dar la opinión de todo el colegio. Antes no había representante de los niños en el Consejo Escolar, y ahora sí.

Llevo un rato de conversación con ellos y se les ve dos chicos resueltos, dominan cualquier tema que tenga que ver con la escuela y hablan con naturalidad de asuntos que no siempre son cuestión de niños. Están cómodos, y percibo que tienen un sentimiento de pertenencia recíproca a la escuela: sienten que la escuela es de ellos, y sienten, también, que ellos pertenecen a esa comunidad, con todo lo que eso conlleva de implicación. Creo que uno ha de sentirse parte de algo para estar a gusto en ese lugar. Algo tan básico que nos sucede a los adultos, les ocurre también a los niños.

—¿Y alguna de vuestras propuestas fueron aceptadas por los mayores?

—Pues cuando nos dieron el Premio de Medioambiente de Aragón, nos juntamos todos en una asamblea, todo el cole, y propusieron hacer un aparcabicis, y lo hicieron. El primer año se llenó entero y hubo que ampliarlo. Y fue idea nuestra y la hicieron. Y este año han hecho el arenero, que es nuevo.

—¿Y eso lo decidís entre vosotros?

—Sí, los alumnos hacemos una asamblea y ahí se votan nuestras propuestas. Lo que decidimos lo presento ante el Consejo Escolar y suelen aprobarlo. También nos dejaron unas ruedas y decidimos pintarlas de colores y ponerlas como bordes del arenero. O sea, tenemos que ver los recursos que hay y qué podemos hacer con ellos.

—¿Habéis estudiado siempre aquí?

—Él no, pero yo sí. Yo llevo desde Infantil —dice Félix.

—Yo vine hace tres años. Soy de Zaragoza y vine a vivir a Alpartir.

—Entonces, Mario, tú antes estabas en un cole de Zaragoza. ¿Cómo te sientes aquí?

—Es curioso. Allí éramos seiscientos alumnos y aquí somos algo más de quinientos habitantes en todo el pueblo, y solo treinta y cinco niños en la escuela. Es como más familiar todo. Imagínate.

—Por cierto, ¿cómo veis eso de estar con los de 4.º y 5.º de Primaria en la misma clase?

—Bien, porque ellos pueden aprender cosas que estamos dando nosotros, y así estarán más preparados para los siguientes cursos.

En una respuesta espontánea, Félix tiene una visión global y deja apartado lo individual. Me sorprende positivamente que anteponga a sus compañeros antes que a él mismo.

—Vale, pues decidme qué ventajas tiene vivir aquí.

—En Zaragoza, si sales, hay que tener mucho cuidado porque hay más coches y es más peligroso, y aquí puedo salir más.

—Hay más campo, podemos salir y jugar por ahí.

—Nos vamos al parque a dar una vuelta, a las pistas, a algunas tiendas del pueblo a comprar por las tardes…

—Y a veces subimos hasta las montañas por los caminos que hay.

—Y puedes hacer cosas para el pueblo, también. Algunas veces nos han pedido que hagamos propuestas para mejorar la vida en el pueblo.
—Eso está muy bien, ¿no? —digo, sorprendido.
—Somos pocos, y entre todos podemos hacer muchas cosas.

La Constitución

En esta escuela tienen una Constitución que han creado los propios alumnos y que llevan a rajatabla. Para que acoja por igual a todos los niños y niñas de la escuela, está traducida a todos los idiomas que cohabitan en este colegio. Así que tienen la Constitución de Alpartir en castellano, rumano y marroquí. Y quieren traducirla también al chino, a pesar de que no hay niños de esta nacionalidad.
—¿Y cómo es que queréis traducirla al chino si no tenéis ningún compañero chino?
—Por si algún día llega alguno —contesta Félix, encogiendo los hombros.
—Cada dos años la revisamos e introducimos nuevas normas, y vamos al ayuntamiento para que la firmen.
—Pero una Constitución... Eso lo hacen los mayores, los políticos, ¿no?
—No. Nosotros también podemos hacerlo. No somos tan mayores, pero también podemos.
—¿Y cuántos años lleváis con esta Constitución?
—Lleva años. Creo que cuando salió al principio solo tenía ocho artículos. Ahora ya tiene...

Mario hojea las últimas páginas de su Constitución buscando respuesta. Mientras, reflexiona:
—Normalmente, en los otros colegios no se hace esto. Los mayores lo deciden todo y allí no cuentan las opiniones de los

—*(...) Aquí puedes opinar, y en los otros colegios las reglas las ponen los maestros. Aquí, con las asambleas, decidimos nosotros las normas y las cumplimos más felices.*

niños. Aquí puedes opinar, y en los otros colegios las reglas las ponen los maestros. Aquí, con las asambleas, decidimos nosotros las normas y las cumplimos más felices.

Félix, que ha estado indagando en otra copia de la Constitución, le ayuda:

—Se firmó por primera vez en 2010, y se revisó en el doce, el catorce y otra vez en el dieciséis. Se va modificando con artículos nuevos.

—Por favor, Félix, léeme algo de vuestra Constitución. Me muero de curiosidad.

Félix se pone serio y comienza a leer:

—«Constitución Escolar del Colegio de Alpartir. Preámbulo. Los alumnos y alumnas del CEIP Ramón y Cajal, mediante los cauces democráticos de participación, revisan y aprueban la siguiente Constitución Escolar.»

A continuación os cito algunos de estos artículos:

> **Artículo 1:** Las familias, el profesorado y el alumnado tenemos derecho a que se nos escuche con respeto y sin interrumpir, y a decir lo que pensamos.
>
> **Artículo 2:** Será un derecho para los alumnos y alumnas asistir al colegio aseados, puntuales, con el material preciso y con ganas de aprender.
>
> **Artículo 3:** Todo el mundo tendrá derecho a que se respeten sus materiales y a que se le devuelva lo que preste sin estropear.
>
> **Artículo 4:** Los compañeros y compañeras nos relacionamos entre nosotros de una manera cordial, evitando los insultos.

Entre ellos había uno que me gustó especialmente:

> **Artículo 31:** Todo niño tiene un derecho de tiempo de juego en sus horas escolares.

—Este significa que, como todos los niños y niñas tenemos derecho a jugar, no se nos puede castigar en el recreo —puntualiza Mario.

—Pero este artículo —aclara Félix— se complementa con este otro: «Los niños tenemos el derecho y el deber de aprovechar el estudio en las horas escolares». Porque sabemos que también tenemos deberes. No todo es jugar.

—¿Y qué deberes son esos?

—Debemos tratar bien a las personas.

—No hacer a otras personas lo que no quieres que te hagan...

Mario coge la Constitución y, mirándome, la agita.

—Este documento no debemos olvidarlo nunca. Lo hemos hecho nosotros.

Ha sido una conversación muy edificante. Y con qué sobriedad y seguridad hablan estos dos chicos.

Sucede algo curioso cuando me despido de Mario y de Félix; antes de cerrar la puerta, este último se da la vuelta y me dice:

—En casa tenemos nuestros derechos y nuestros deberes, eh. Si nos castigan en casa por alguna trastada que hayamos hecho, podríamos decir: «¡Tenemos derecho a jugar!», pero sabemos que antes que eso, o igual de importante, está nuestro deber de respetar a nuestros padres.

Y así es. Derechos y deberes deben ir juntos, siempre de la mano, y a la hora de educar en los primeros, debemos fomentar también los segundos.

Mamá, cuando hay un conflicto, nos hacen caso a nosotros

Al igual que en Sils, me apetece conversar con las familias de estos niños y niñas para mirar desde su perspectiva esta transformación que ha tenido la escuela en los últimos años. Las invitamos a venir a la escuela, y en la biblioteca, donde ocurre casi todo, hemos compartido dos horas muy interesantes.

—Decidme, ¿a qué curso van vuestros hijos o hijas?

—Yo tengo una niña en 4.º y el mayor, que ya está en el instituto —dice una madre.

—Yo tengo mis dos hijas en la escuela: de nueve y tres años. Vinimos a vivir aquí hace tres —añade otra.

—Mi hija tiene tres años y está en Infantil —comenta una tercera.

—¿Qué ha cambiado de cuando vosotras estudiabais? —les pregunto.

—¡Uy! La maestra impartía castigos duros, incluso nos levantaba la mano.

—Yo acabé la escuela y me puse a trabajar. Era algo bastante habitual en los pueblos de los alrededores.

—¿Y qué os llama más la atención de la escuela de vuestras hijas?

—Que cuiden el medioambiente, que vayan al mercado a comprar fruta, que tomen decisiones pensando en los demás...

—Que sepan que pueden cambiar las cosas, en la escuela y en el pueblo.

—Lo que más me llama la atención es cómo trabajan las emociones. Les explican cómo se sienten en cada momento y cómo reaccionar ante ciertas circunstancias.

—Qué curioso. Parece que ha cambiado bastante —comento—. Habladme de la relación de los niños con las personas del pueblo.

—Tienen muy claro el respeto hacia todos los mayores. Por la calle se saludan, vienen a la escuela las abuelas y abuelos a hacer punto, a bailar... Hacen un montón de cosas juntos.

—También tienen un día del abuelo. Ellos van a la escuela y les cuentan qué hacían de niños, a qué jugaban... Y muchos días vienen para hacer cosas con los chicos en la escuela.

—Qué bonito. Suena muy bien. Pero ¿les dará tiempo de acabar todo lo que tienen que aprender? —les pregunto. Estoy encantado con lo que me están explicando, pero necesito una visión crítica de la escuela por parte de las familias.

—Se aprende mucho de los mayores, eh. ¿Quién lo duda? Tienen un montón de cosas que enseñar, más que muchos libros.

—Esos momentos que pasan con los abuelos no son tiempo perdido, nunca. Ni para unos ni para otros.

Una de las madres asiente con la cabeza, sonriendo. Tiene ganas de compartir su opinión:

—Yo sí tenía mis dudas cuando vine a visitar la escuela y vi todo lo que hacían; me di cuenta de que hacían muchas cosas, entre ellas, las actividades de los abuelos. Pensaba que así los críos se perdían días de clase y que no podrían acabar con el temario obligatorio. Pero luego te das cuenta de que al final de curso han aprendido muchísimas cosas, y no solo lo establecido.

—Por cierto. Has dicho que tu hijo ya está en el instituto; ¿qué nos puedes contar? Porque algunos suelen decir que los alumnos que vienen de escuelas rurales, al estar siempre en pequeños grupos y al conocerse todos, cuando van a un centro grande les cuesta socializar con los demás.

—Mi hijo ya está en 2.º de ESO —me dice, sonriendo—, y a nivel curricular no ha tenido ningún problema; en expresión oral y en cuanto a comunicarse con los demás, en trabajar en equipo..., tiene facilidad.

—El primer trimestre les cuesta quizá más —señala una madre—, pero eso les pasa a todos. Todos sufren ese cambio. Y ahí es cuando entra en juego saber adaptarse, y eso ya lo han aprendido aquí. Que sepan hablar en público, que no les dé vergüenza expresar lo que piensan o lo que sienten, que sepan colaborar o ponerse en el lugar de otra persona... es algo con lo que tendrían que ir todos en la mochila.

—Que sepan ponerse en el lugar de otra persona... —digo yo—. Eso es fundamental. Al parecer, aquí se fomenta mucho la convivencia, ¿verdad?

—Mi hija es mediadora, y se siente superorgullosa. El otro día me dijo en casa: «Mira, mamá, cuando hay un conflicto en la escuela, que hay muy pocos, hay que explicar lo que ha pasado y todo se para. Nos hacen caso a nosotros». Y les enseñan a solucionar problemas.

—¡Ojalá nos hubieran enseñado eso a nosotras! —exclama una madre.

—Y ayudar a los pequeños también les encanta. Y no hay que decirles nada; lo hacen de forma natural. No existe esa diferencia que se ve en algunos sitios, que parece que de 6.º a Infantil haya un abismo.

—Entonces, el hecho de que estén de 1.º a 3.º y de 4.º a 6.º juntos, ¿tiene ventajas o inconvenientes? —les pregunto.

—Mi niña pequeña ha entrado con tres años. Lo veo como una ventaja, porque son esponjas y está aprendiendo cosas de los que van a 3.º de Infantil. Sin embargo, mi otra hija, que está en 3.º de Primaria, no va a la misma velocidad que iría si todos los alumnos fueran de 3.º...

—¿Te das cuenta? —le digo—. Hablamos de velocidad con los niños... ¡Qué miedo! Debemos pararnos a reflexionar sobre ese vértigo que amenaza a las escuelas.

—¡Ay! —exclama, soltando un suspiro—. Es verdad...

Entonces les propongo hacer una tormenta de ideas para determinar los beneficios que aporta este tipo de sistema educativo, y las respuestas se suceden una tras otra:

—Los mayores pueden ayudar a los pequeños.

—Los mayores también sirven de ejemplo para los más pequeños.

—Es bueno que se relacionen niños y niñas de distintas edades.

—Yo lo veo muy positivo. Pueden aprender todos de todos.

—Hablando de vosotras —las interrumpo para abordar un tema que las afecta especialmente—, participáis en la escuela también, ¿verdad?

—Sí, sí.

—Hacemos de todo aquí. —Y todas se echan a reír.

—¿Por qué os reís? —les pregunto.

—Porque sabemos que no se hace en todos los sitios y aquí es algo normal.

—Es que en bastantes escuelas —aclaro—, el hecho de que los padres y madres entren es visto como una intromisión.

—Sí, sí. Yo vengo de otra escuela y era impensable que tú pudieses entrar allí... Cuando te llamaban, y ya está. Y, al llevarlos, los dejábamos en el recreo «así» y adiós.

—Exacto —confirmo—. Y en algunos casos puedes pasar hasta conserjería...

—Sí, sí, sí...

—...y si pasas más, te dan un calambrazo —digo para terminar la frase.

—Sí, sí... Ah, bueno... —Se percata de lo exagerado de mis palabras—. ¡Ay, no! ¡Eso no! —Y, de nuevo, todas ríen ante el comentario.

—Los hace sentir muy bien el hecho de que nosotras participemos. Porque las cosas que hacen son para ellos igual de importantes que las nuestras lo son para nosotros.

—¿Y qué tipos de actividades habéis hecho aquí, en la escuela?

—A ver, ella y yo —señala a una de las madres— venimos a las clases interactivas...

—Robótica, cálculo mental, juegos de mesa...

—Experimentos, también. Hemos hecho algunos experimentos.

—Sí. Yo robótica, también.

—Venimos dos veces a la semana.
—Sí, dos veces.
—¿Cómo que robótica? —señalo, sorprendido—. ¿Sois ingenieras?
—¡Nooo! —contestan todas a la vez.
—Estamos aprendiendo. Ellos nos enseñan a nosotras.
—Y también ayudamos a que respeten los turnos, a que colaboren unos con otros...
—Veamos, ¿qué más hacemos madres y padres? En Halloween nos disfrazamos, luego vinimos aquí para disfrazar a los chicos, fuimos al baile... También hemos hecho *rural knitting*...

Me llama la atención esta última actividad.

—Perdona... ¿*rural knitting*?
—Tejimos baldosas de ganchillo para cubrir las columnas de la escuela. Participó muchísima gente de Alpartir.

¡Ahora entiendo lo de las columnas abrigadas!

Con el fin de mejorar la convivencia, han puesto color en su escuela confeccionando cuadrados de 20 × 20 centímetros que han sido tejidos en las columnas de entrada del colegio y en algunos árboles, en una acción *rural knitting* durante las Jornadas Culturales que ha hecho, y en las que han participado los niños y las niñas, las familias y los vecinos del pueblo.

—El día de las almendras, con todas las que se recogen en la escuela, hay un concurso de postres hechos con ellas, y premios, y también compramos libros ese día.
—Y hay padres o madres que vienen para hablar de su trabajo, y lo explican a los niños...

Después de hablar con ellas un buen rato, me dispongo a hacer una reflexión sobre lo que esta escuela está logrando con sus hijos:

—En estos días que he estado aquí he comprobado que vuestros niños y niñas respetan el medio donde viven, respetan a las personas con las que lo comparten, respetan a los compañeros, y si tienen algún problema, intentan solucionarlo, vienen felices, disfrutan, aprenden... No está mal, ¿eh?

—Nada mal... Está genial. ¿Qué más quieres?

—Yo creo que es lo más importante. ¿Qué puedes desear para tu hijo? ¿Qué madre no quiere que su hija sea feliz, que sea buena persona y que aprenda todas estas cosas?

—¿Sabéis? —termino—. De vosotras, de las familias depende que esta escuela continúe así, y que más escuelas sigan el mismo camino. Sois fundamentales para este cambio. Muchas gracias por lo que hacéis.

Un pueblo conocido por su escuela

Quiero tener la opinión de otra pata fundamental en la educación, si en educación incluimos al ámbito social de la misma. Recordemos que somos entes individuales pero que dependemos de la interrelación que establecemos con las personas que tenemos a nuestro alrededor y con el entorno. En todos los municipios es importante, pero, en los pueblos pequeños, una buena relación entre la escuela y el ayuntamiento se convierte en una cuestión de supervivencia mutua. Así que allí me dirijo para hablar con la alcaldesa de Alpartir y con la concejala de Educación para conocer qué visión se tiene de la escuela desde este organismo público.

Marta Gimeno, alcaldesa, y Helena Gómez, concejala de Educación, me esperan en el consistorio.

—Ahora Alpartir se conoce por su escuela... —les digo.

—Nunca piensas que tu escuela sitúe a tu pueblo en el mapa —contesta orgullosa Marta—. Y precisamente un pilar tan importante como es la educación, que sea un referente y que Alpartir se asocie con esa palabra, pone en valor a toda la comunidad, y todos se sienten orgullosos de su pueblo. La educación es el mejor embajador que se puede tener. Por primera vez las familias no se van de Alpartir para buscar colegio para sus hijos, sino que quieren quedarse. Incluso alguna se muda aquí desde otro sitio. Eso es desarrollo rural.

—Escuela rural, ¿qué significa para vosotras?

—La defensa de la escuela plural, de la escuela pública... Es la que tenemos. Importantísima para la subsistencia de los municipios. Aragón es un ejemplo, desgraciadamente, de despoblación masiva en muchos pueblos, y que el tuyo tenga una escuela es una base para fijar población; igual que el empleo fija población, una escuela también lo hace. Esto es así: se cierra un colegio y desaparece un pueblo.

—Escuela rural para mí significa calidad en todos los sentidos —asegura Helena—. Poder educarte en el entorno donde vives y con esas características que no todo el mundo tiene el privilegio de vivir... Escuela rural es cercanía, es compartir, poder estar con tus hijos en cualquier momento, flexibilidad...

Marta prosigue:

—Conciliación familiar, preocupación por el entorno, que nuestros niños y niñas estén conociendo y transformando su pueblo, y conocer es querer. Y querer es quedarse, es mantener, es evolucionar, es comprometerte con tu comunidad...

—Estoy con vosotras. Una escuela rural no debería cerrarse ni con cuatro ni con tres ni con dos ni con un niño. Yo lo he vivido y sé lo que significa. Decidme, ¿qué relación tienen los niños con el ayuntamiento? Porque el contacto de la escuela con las administraciones locales, además de con las familias, debería ser fluido.

—Celebramos el día de la Constitución en el ayuntamiento, se añaden artículos... Esa es una forma de participación, pero cada vez que nos llaman, ahí estamos. No hace mucho, el concejal de Medioambiente hacía una excursión con ellos y con

—*(...) Esto es así: se cierra un colegio y desaparece un pueblo.*

todos los maestros una vez al mes como parte de la Educación Física. Aquí hay treinta y tantos senderos despejados y señalizados. Además, nos llamamos a menudo...

—Y ahora lo estamos preparando todo para que puedan participar en los plenos, más allá de la escuela. Y también estamos elaborando el Plan de Infancia. Tuvimos unos problemas con las pistas deportivas y decidimos reunirnos con ellos para que aportaran soluciones.

—Además, nos han abierto las puertas de la escuela, han hecho que nos sintamos parte de la comunidad educativa. Las asociaciones están implicadas, las familias están implicadas, los vecinos están implicados. La educación de estos niños y niñas va mucho más allá del colegio y todos podemos propiciar espacios para el encuentro y el aprendizaje.

Ver a dos representantes de un ayuntamiento hablar así de la escuela y de la comunidad educativa me llena de esperanza. Poco se puede avanzar si desde las instancias de gobierno no se apoya la educación.

—El ayuntamiento es el órgano que representa al pueblo... ¿Qué podéis aprender de los niños y niñas y de la escuela que tenéis?

Helena reflexiona un instante y dice:

—Creo que podemos trasladar al ayuntamiento esa forma de hacer las cosas que caracteriza a la escuela. Cada uno de nosotros tiene unas habilidades específicas, pero juntos podemos mejorar las cosas. Así que deberíamos aplicar este tipo de funcionamiento.

—Hablamos mucho últimamente sobre cómo tener a nuestros niños y adolescentes metidos en temas de ocio, y la idea va por buen camino. Nos gustaría extender la filosofía del cole a las calles, a las plazas, a los espacios para jóvenes...

—Y más allá de la escuela, ¿creéis que los niños y niñas están contribuyendo a que este mundo sea un lugar mejor?

—No solo se están formando a nivel académico —explica la alcaldesa—. Lo que comprobamos cada día fuera de la escuela es que son personas emocionalmente sanas y felices. Y transmiten a las familias ese entusiasmo, y así estas acaban teniendo otra visión de la vida.

Lo que les planteo a continuación supone un reto para ellas, como lo es para todos los que consideramos la educación como el gran motor de cambio.

—En Ashoka existe la utopía de crear un mundo en el que todas las personas sean agentes de cambio. La educación es el punto donde empieza todo, y no es difícil imaginar a niños y niñas que participen, que tomen partido con el objetivo de mejorar las cosas. Pero el entorno donde vives debe serte favorable para que tú, como agente de cambio, puedas potenciar tus habilidades y lograr tus objetivos. Veo Alpartir como un laboratorio, ¿verdad? Un lugar, un microcosmos donde eso puede conseguirse. Aquí se está creando un sentido de la comunidad que podría ser un ejemplo para otras muchas. Podríamos decir: en Alpartir todos reman en la misma dirección, hay un movimiento participativo y asociativo enorme. Visto así, ¿cómo lo vivís vosotras, desde un puesto tan importante en el ayuntamiento?

—Creo que estamos en un momento muy dulce —responde Marta, convencida—. Se están realizando muchos cambios y a nivel de toda la comunidad. Esto ya ha empezado. Es como un motor que va hacia delante cuyas piezas están todas engrasadas.

—Eso sería maravilloso —dice Helena, sonriendo—. Supondría la solución a todos los problemas. Seríamos mejores personas, aprenderíamos a respetar los derechos de otros y a asumir nuestras obligaciones... Debemos ir tomando conciencia de ello, y que seamos cada vez más y que sumemos en todos los ámbitos. Que sepamos escuchar y deshacernos de los intereses puramente personales. Sobre todo debemos tener una mente abierta para avanzar, y que la educación sea la base. Nosotras tomaremos como ejemplo a nuestra escuela para seguir aprendiendo, que la tenemos cerca.

La casa

Ya por la tarde, cuando todos los niños se han ido y antes de que me marche de Alpartir, Yiyi quiere enseñarme algo. Le hace ilusión que vea lo que lleva meses construyendo a unos metros de la escuela: su casa.

Como ya he comentado, Yiyi es de Granada, pero reside en Zaragoza desde hace años. Vive intensamente la educación. Es un ser apasionado de su trabajo y siempre está pensando en cómo hacer para que los niños sean felices, algo que comenta con frecuencia. Y a fe que lo consigue.

Me muestra su futura casa, a medio hacer. Entramos por la puerta de atrás saltando sobre sacos, piedras y materiales de construcción. Lleno de ilusión, me explica que todos los materiales y cada parte de su hogar han sido pensados para respetar el ecosistema y para causar el menor impacto posible al entorno. Cómo no. Subimos al piso de arriba y me explica dónde estará su sala de estudio, su habitación y la de las dos criaturas que le aguardan en su hogar con Carolina, su mujer. Bajamos de nuevo y me invita a abrir una puerta. La abro, pues, y al salir me encuentro en lo que pronto será su porche. Y enfrente, a escasos treinta metros, está la escuela.

—Aquí —me dice, señalando con la mano—, cuando todo esto esté en su sitio, nos tomaremos un café tú y yo, mientras contemplamos ese edificio de ahí. Y entonces, entonces hablaremos de educación.

No debemos olvidar nunca que la diferencia entre una escuela y otra es la gente que las conforma. Cuando se habla de escuela rural, se habla también de implicación. Se habla, aunque no se nombre a menudo, de familiaridad, de compromiso y de pureza. La escuela es el alma del medio rural, es el corazón de la comunidad. Y un maestro que elige este camino sabe que perderá algunas cosas, pero que ganará muchas otras, y estas son de las que dejan huella para siempre. Cuando pensamos en la escuela como un elemento más de una comunidad, la mejor manera de contribuir a que se valore es formar parte de ella.

6

LA ESCUELA EN LA QUE TODO EMPIEZA CON UNA PREGUNTA

Es fundamental que sepan trasladar lo que están aprendiendo en la escuela al mundo en el que viven, y que sean capaces de organizar o dinamizar proyectos para mejorar el entorno.

JORDI MUSONS,
director de Escola Sadako

Una antigua leyenda japonesa cuenta que quien consiga hacer mil grullas de origami, conseguirá ver cumplido su mayor deseo, pues se dice que una grulla tardó mil días en llegar al Sol Naciente sobre la espalda de una tortuga.

Sin embargo, esta vieja leyenda revivió en la mitad del siglo xx con una niña llamada Sadako Sasaki, que tenía dos años cuando, en 1945, cayó la bomba en Hiroshima. A los doce años, como consecuencia de la radiación, los médicos le diagnosticaron leucemia. Cuando la pequeña Sadako estaba en el hospital recuperándose de su enfermedad, su amiga Chizucho le contó la historia de las mil grullas de papel: si se desea algo con mucha fuerza y haces esas mil grullas de papel, los dioses te concederán ese deseo que tanto anhelas.

A pesar de su lucha contra la enfermedad, no pudo conseguir su propósito y murió en 1955 después de haber hecho seiscientas cuarenta y cuatro grullas. Posteriormente, sus amigos prosiguieron la simbólica tarea de completar las mil grullas con la esperanza de que se acabaran las guerras en el futuro.

La Escola Sadako, en Barcelona, nació hace cuarenta y ocho años en un momento en que surgieron muchas escuelas en la zona que luchaban contra los modelos educativos tradicionales. Buscaron un nombre que estuviese relacionado con algún valor significativo, y fue entonces cuando descubrieron la historia de Sadako Sasaki. En Japón, Sadako es símbolo de paz, y la escuela tomó ese nombre como un signo de identidad de su modelo educativo, basado en distintos valores pero, sobre todo, en la cultura de la paz. Y por ello la imagen de la pajarita aparece en muchos sitios dentro del centro.

C*aps* de Día

Entro en el edificio tras abrir una puerta metálica con cristales. Y entonces, para mi sorpresa, dos chicas de unos trece años salen a recibirme.
—¡Buenos días! —me dicen.
Las saludo, feliz. Qué agradable que te reciban con una sonrisa cuando entras en una escuela.
—Buenos días. Soy César. Vengo...
—Ya lo sabemos —responde una de ellas—. Somos Carla y Carmela, somos las *Caps* de Día. Cada día se turnan dos alumnos de diferentes cursos y nuestra tarea es que la escuela funcione bien durante todo el día y ayudar a la gente que lo necesite.
—¡Eso es fantástico! Yo lo necesitaba y por eso me habéis recibido nada más entrar. Pues ¡funciona! Me he sentido muy bien acogido, así que gracias. ¿Estáis aquí todo el día? —les pregunto mientras observo que al inicio del vestíbulo, a la derecha, hay una mesa con dos sillas.
—Tenemos muchas tareas. Hay una lista de cosas que debemos hacer durante el día.
—¿Son académicas?
—Son para ayudar a la comunidad, y a la escuela —responde Carla—. Por ejemplo, ayudamos a Mari Carmen, que es la chica de mantenimiento. La ayudamos a poner las toallas en los baños, por ejemplo.

—O si hay un jersey en el pasillo —continúa Clara—, en los baños o en el recreo, lo llevamos a la clase o a cosas perdidas. A la hora del patio hay juegos de construcción y de mesa, como la oca. Nosotras somos las responsables de sacarlos fuera y asegurarnos de que, cuando un alumno lo ha utilizado, lo traiga en buen estado y completo.

—Te vamos a llevar a la sala de profesores —dice Carmela—. Te están esperando allí.

—Perfecto. La verdad es que ayudáis muy bien.

Se ríen.

—Eso es muy chulo —añado—. ¿Y cómo os sentís?

—Satisfechas. Satisfechas de ayudar.

La Escola Sadako es un centro concertado, laico, de Infantil a Secundaria, donde lanzan sus propias iniciativas de emprendimiento social dentro y fuera del centro. Una escuela en la que se fomenta el aprendizaje colaborativo, donde se trabaja la educación emocional, social y filosófica, y los alumnos están involucrados en su comunidad. Y mientras que en otras escuelas se siguen introduciendo los temas importantes de la vida de una manera transversal, Sadako vive esa transversalidad como la clave de su proyecto. Así que tengo muchísimas ganas de ver cómo logran hacer todo eso con unos resultados académicos muy positivos, además.

Llegamos a la sala de profesores y las dos *Caps* de Día se despiden para volver a sus tareas. Al instante se acercan Cristina y Manel, dos profesores del centro, con quienes charlo un rato antes de que me enseñen la escuela.

La pregunta es el comienzo de todo

La escuela está distribuida en dos edificios, uno para los niños de tres y cuatro años, y el otro para los alumnos de cinco años hasta 4.º de ESO. Cristina es coordinadora de Infantil y me propone que comencemos por el otro edificio y veamos todo lo que hacen allí. Así que salimos a la calle y empezamos a caminar cuesta arriba.

—Está cerca —me dice Cristina, que ve que me falta el aliento a los cinco segundos de iniciar el ascenso—. Está en una torre, aquí al lado.

—No, no —la tranquilizo—. Si esto me viene muy bien para mis gemelos.

Ella y Manel sonríen.

—Ahí comienza todo el proceso de aprendizaje que luego se lleva a cabo en la escuela «grande» pero con niños de tres, cuatro y cinco años —me explica Cristina.

En apenas un minuto llegamos al otro edificio. Antes de entrar, Manel me comenta:

—Todo empieza con una pregunta.

—¿Qué quieres decir?

—Verás que de sus preguntas salen muchos proyectos, de sus preguntas y de sus conversaciones. Esas inquietudes, esa curiosidad, que son el motor de todo, aparecen en esas conversaciones.

—Así que lo que para muchos pasa inadvertido, como son las conversaciones entre niños, para vosotros es esencial...

—Eso es. Y por eso debemos estar atentos. Más adelante, ellos mismos debaten esas inquietudes dentro del grupo, pero al principio somos nosotros los que debemos reconocerlas a través de los diálogos de los niños, y luego las exponemos en la asamblea; asambleas en las que los alumnos participan. Por ejemplo, con tres años, trabajamos con todo el grupo una pregunta de las que ellos han elegido o que a nosotros nos resulta interesante. Responder a estas preguntas puede llevarnos tiempo.

—Hay algunas —añade Cristina— que necesitan de tres semanas o de un mes para poder resolverlas. Intentamos que no sean muy largas, para que los niños no pierdan el interés y, además, porque hay muchas otras preguntas en la nube que verás más adelante.

—¿Vamos dentro? —pregunta Manel.

—Vamos.

Es un edificio de dos pisos, con aulas pequeñas pero que se ajustan perfectamente a la función que tienen. Nada más entrar, a la izquierda, vemos a unos cuantos niños experimentando con distintos sonidos, manejando artefactos que han creado allí o instrumentos que tienen a su alcance. En otra sala, a la derecha, diez o doce niños hacen construcciones con diversos elementos o juegan a pasar arena blanca de un lado a otro. Veo barro, arcilla... Una ventana permite que la luz del sol entre en la clase y se refleja en la arena, creando una imagen preciosa de los niños jugando entre partículas suspendidas. De fondo, un gran mapamundi con banderitas pegadas en muchos países.

—¿Ves? —dice Cristina, señalando el mapa, al constatar que lo estoy observando—. Un ejemplo de pregunta que ha surgido es: «¿Para qué sirven las banderas?». A partir de esta pregunta se hacen pequeños proyectos que generan todavía más preguntas. Ahora estamos viendo los países.

—¿Y cuándo plantearon la pregunta sobre las banderas?

—Hace dos semanas —responde Cristina—. Primero surgió esa pregunta, y entonces empezaron a traer banderas. Ayer vinieron también con un cuento de unos niños que viajaban por el mundo, y hoy ha aparecido el mapamundi que ves.

—Entonces ¡estáis en continua transformación! Cada día es prácticamente una aventura nueva.

—Eso es. Es muy enriquecedor también para nosotros, imagínate. Y, además, estamos atentos a todo lo que dicen, porque como el centro está abierto a las familias, tal vez una de ellas diga: «Ya que estáis hablando de esto, somos de Argentina y vamos a ir para hacer un plato típico de nuestro país», y nos trasladamos a la cocina.

Subimos al primer piso. Los niños circulan libremente, y las paredes de las escaleras están repletas de imágenes relacionadas con los números que los niños se encuentran en su vida. Fotografías de relojes, de botones de ascensor, de mandos de televisión... Cualquier objeto que contenga un número estará en esa escalera, seguro. Desde que he visto esa recopilación de imágenes, voy fijándome más en esas cosas. Os pasará también, seguro.

Cristina me explica la estructura del aula, distribuida en rincones, mientras damos un paseo por ellos.

—Hay seis rincones a los que los niños y niñas van libremente. Y puede haber hasta quince niños por rincón; así que se reparten. Entran, hacen la actividad y, cuando está finalizada, se van a otra, no sin antes haber puesto un *gomet* en una lista que está junto a la puerta.

—¿Esto os resulta útil para saber qué rincones les gustan más?

—Sí, pero también sirve para que los niños adquieran más autonomía.

Me alejo un momento de Cristina y me mezclo entre los niños. Una niña que no llega a la altura de mi cadera me pinta sin querer con el pincel y se me queda mirando, preocupada.

—¡Hala, qué chulo te ha quedado mi pantalón! —le digo.

Y la niña se va sonriendo.

La sigo con la mirada y descubro a cuatro niños con bata que están pintando sobre unos lienzos apoyados sobre caballetes. Uno de ellos abandona su concentración unos instantes para asomarse a ver qué están creando sus compañeros. Parece que buscara inspiración en las obras de otros. Lo primero que pienso al verlos es: «¡Qué maravilla! ¡Están manchados hasta las cejas!».

La nube de preguntas

En una pared veo una gran nube hecha de cartulinas de color azul. Y al lado leo: «Núvol de preguntes». En su interior hay recortes de fotos unidos a una pregunta, cada una de lo más variado.

—¿Qué es esta nube? —les pregunto.

—En la nube empieza todo. Es como una lluvia de ideas pero con preguntas que se ponen ahí, y de estas surgen otras nuevas. Y en diferentes momentos los alumnos escogen en pequeños grupos qué preguntas van a investigar juntos. Y las pasamos al «Tablón de Sabios».

—¿El Tablón de Sabios? Me imagino esto como un árbol gigantesco del que salen infinitas ramas, todas llenas de aprendizaje.

—Eso es. Se colocan esas preguntas en el pasillo para que todos puedan ver lo que están trabajando y qué alumnos están haciendo juntos la misma investigación. Lo importante no es tanto la respuesta sino lo que aprenden durante todo este proceso. Eso es lo más importante.

Me lo repito a mí mismo: «Lo importante no es la respuesta sino lo que aprenden durante el proceso». Ahora entiendo por qué sigue fallando el sistema educativo: se les piden respuestas continuamente, pero unas respuestas que previamente les hemos dado para que aprendan. Sin embargo, todo el proceso se queda en el camino...

—Podrás verlo en cada clase de Infantil y de Primaria —me dice Cristina—. En Infantil, las preguntas que pueden resolverse con una búsqueda de información se las damos para que las respondan en casa, porque eso no implica ningún método científico, que es lo que nos interesa. Las que necesitan de más experimentación, hipótesis..., las hacemos en clase. Y son las que trabajamos con el grupo.

Me admira que sepan captar tan fácilmente la esencia del aprendizaje, estimularlo sin imponerles límites, y comprobar que el deseo de saber, la curiosidad y la búsqueda de respuestas son aspectos que comparten todos los niños (y, en realidad, todos los seres humanos).

La estructura se repite en cursos superiores con el mismo resultado. Algunas preguntas que leo dentro de las nubes, y que son fruto de las inquietudes de los niños, son: ¿cómo funcionan los teléfonos móviles?, ¿qué había antes del planeta Tierra, de los planetas y de las galaxias?, ¿adónde van los coches que no funcionan?, ¿por qué no nos podemos tocar las heridas que tienen sangre?, ¿quién hace los parques?, ¿por qué hay cabinas de teléfono en las calles?, ¿de dónde viene la electricidad?, ¿por qué todos y todas tenemos ombligo?

¡Qué hambre de conocimientos me entra pensando en estas preguntas!

Seguimos andando y vemos el «Relato de Investigación».

—En este relato —dice Manel— explican qué pregunta han escogido, sus hipótesis, organización, etc.

Según me comenta, a partir de 3.º de Primaria, además de la pregunta, pueden incorporar un proyecto o una acción de mejora, un diseño o la elaboración de un experimento. Lo único que les piden es que el formato para llevar a cabo algunas de esas opciones pase por un proceso en el que adquieran diferentes habilidades. No es lo mismo hacer una conferencia que una infografía o un vídeo o un relato.

—Además —añade Cristina—, las familias tienen acceso a las nubes de preguntas y consultan qué temas les resultan afines. Por ejemplo, una mamá que es médico vio la nube y observó que había tres preguntas relacionadas con su profesión. Habló con la maestra y dedicó una tarde a hablar sobre esas preguntas. Otro padre se ofreció a venir porque sabía mucho de reciclaje, y una de las preguntas que habían hecho los niños

—(...) ¿cómo funcionan los teléfonos móviles?, ¿qué había antes del planeta Tierra, de los planetas y de las galaxias?, ¿adónde van los coches que no funcionan?, ¿por qué no nos podemos tocar las heridas que tienen sangre?, ¿quién hace los parques?, ¿por qué hay cabinas de teléfono en las calles?, ¿de dónde viene la electricidad?, ¿por qué todos y todas tenemos ombligo?

era: «¿Adónde va el papel cuando se recicla?». O una tía de una niña vino porque sabía hacer jabón y este tenía relación con otra de las preguntas.

Antes de regresar al otro edificio, Cristina me lleva a ver un gran mural en otra pared. Oigo golpes continuados en una de las salas. Me puede la curiosidad y asomo la cabeza por la puerta. Observo a un niño con una bata verde sentado a una mesa y aporreando una masa amorfa de arcilla. Está creando, seguro. Satisfecha mi curiosidad, vuelvo con los adultos.

—Esto es un «Mapa de Aprendizaje», y lo verás también en todas las clases. Con ellos queremos que los alumnos tomen conciencia de la importancia de la adquisición de habilidades y competencias, que son tanto o más importantes que los contenidos que vayan aprendiendo.

Muchas ramas dibujadas que salen del centro conducen a expresiones como: hacer las cosas poco a poco, hacer hipótesis, volver a intentarlo, observar para explicarlo a los compañeros y compañeras para que lo entiendan, cuidar el material de la clase y las cosas de los demás, pedir ayuda a los compañeros y compañeras...

—Y ese mapa —concluye Cristina— va creciendo a medida que avanzan en el proceso de aprendizaje.

Yo lo traduzco como una invitación maravillosa a la reflexión, que tanta falta nos hace. Reflexión sobre nuestro proceso y nuestra relación con uno mismo y con los demás. Sería un acercamiento al autoconocimiento pero hecho por muchos niños a la vez. Uno no aprende solo; aprende siempre con los demás.

La manifestación de los niños

Converso con Manel en la puerta de la sala de profesores, que da a una zona del recreo. Me ha ofrecido una magdalena gigante de una remesa que han hecho los niños, y a eso nunca se le puede decir que no.

—Lo siento —aparece Jordi, director de Sadako—. Tenía una reunión y me era imposible cambiarla.

—Me han cuidado muy bien —le digo, guardando la magdalena en una mano y saludándole con la otra.

Camisa de rayas azul y blanca, pelo rizado peinado hacia atrás y algunas canas. Jordi se muestra familiar desde el comienzo. Sabe, también, que Manel y Cristina son buenos anfitriones. De hecho, da la sensación de que hablar con él es como continuar conversando con estos. Apenas hemos hecho la presentación de rigor y nos apartamos a un lado. Ha comenzado el recreo y los niños están sacando neumáticos, bloques de construcción, colchonetas... Es un recreo lleno de vida. Como todos los recreos, podría decirse, pero no. En este los alumnos han decidido diseñar sus espacios y han preparado sus juegos. En un vistazo rápido me sorprende ver a una chica de las mayores de ESO con otra más pequeña en brazos. No hay limitaciones de espacio para mayores o pequeños; todos conviven. Comparto mi admiración con Jordi.

—Lo que buscamos —responde— es que se mezclen y se relacionen niños y niñas de diferentes edades.

La idea me gusta. Me resulta mucho más natural que lo que ocurre en otros lugares, donde los niños de Infantil salen a una hora diferente de los de Primaria para evitar problemas. Sí, se evitan problemas, pero también se impide que se relacionen entre ellos.

—En Sadako —continúa explicándome Jordi— le damos mucha importancia al recreo. Creemos que es un espacio de educación no formal muy potente, donde suceden muchas cosas de una importancia vital para la vida de nuestros alumnos. En general, no lo consideramos como un espacio académico ni educativo.

—Te entiendo —le digo—. Normalmente es un espacio donde los profesores vigilan y los niños juegan, aunque tampoco tienen muchas alternativas de juego.

—Eso es. El espacio de juego que propone la escuela puede mejorar o no las relaciones sociales, la creatividad, el trabajo en equipo, etc., y, además, ahí es donde más se relacionan, donde se aprende a trabajar con los demás, a convivir.

—Entonces aquí los profesores no vigilan...

—¡Exacto! Lo que hacen es observar con quién se relacionan los alumnos, quién está solo en el patio, quién interactúa positivamente, etc. Toda esta información es fundamental para poder acompañar al alumno en su proceso de crecimiento y aprendizaje.

Jordi me aporta una interesante visión de un espacio al que normalmente no se presta atención. Y no debería ser así. Las interacciones entre los niños y niñas se producen de forma más natural en el recreo que en clase, así que debemos observar. Observar, que no vigilar. Cambia la perspectiva y verás cosas diferentes.

Una chica de la ESO pasa junto a nosotros mientras toma notas. Parece que va observando a los niños que llevan juguetes.

—Disculpa —le digo mientras me dirijo hacia ella—. ¿Cómo te llamas?

—Laia.

—¿Podrías explicarme qué estás haciendo?

—Claro. Tenemos unos juegos para el patio, y apuntamos en unas listas lo que se lleva cada uno. Así que los niños vienen y nos piden lo que quieren y nosotras apuntamos el nombre y el curso. Cuando termina el patio deben devolver el juego.

—¡Seguro que son videojuegos! —bromeo.

—No, no. Hay juegos de mesa, pelotas...

—¿Y preparáis bocadillos también?

—¿Eh?

—Ahí tenéis una pizarra que pone «Menú de Patis». ¿Tenéis alguno de lomo?

—¡No! —responde la alumna entre carcajadas—. ¡Son juegos! Es un menú de juegos para el recreo y anunciamos lo que hay hoy.

—Vale, pues ponme uno de lomo.

Laia ríe de nuevo y regresa a sus quehaceres. Jordi me espera con una sonrisa.

—Algo que decidimos hace años —explica— fue implementar proyectos o iniciativas para que el balón dejase de ser el rey durante el recreo.

Me anima a pasear por el recreo, que se divide en tres alturas, pero en todas hay niños de distintas edades. En una zona han puesto un arenero. Allí veo a unos cuantos chicos de unos diez años lanzándose con unos neumáticos. Más neumáticos a mi izquierda, pero en este caso unas niñas juegan a saltarlos y otro alumno, que podría ser de 2.º, ha puesto dos juntos y se ha metido dentro, mostrando solo la cabeza. Al fondo, un jardín vertical. Más abajo, filas de niños esperan turno en la yincana que han organizado los de la ESO.

—Me sorprende —le confieso a Jordi— ver a tantos alumnos mayores mezclados con otros más pequeños... Además, les leen cuentos o están sentados contándoles cosas en lugar de encerrarse en pequeños grupos con gente de su edad.

—Durante el curso —me explica Jordi, poniéndome la mano derecha sobre el hombro mientras seguimos caminando— hacemos muchas actividades que fomentan el conocimiento mutuo, la convivencia y el aprendizaje. Tenemos un proyecto que se llama «Acompanya'm» [Acompáñame], que pretende promover la colaboración y el vínculo afectivo entre alumnos de diferentes niveles.

A medida que caminamos, veo a más alumnos mayores compartiendo su tiempo con niños y niñas de cinco años o de los primeros cursos de Primaria, y veo plasmado lo que Jordi me va diciendo.

—Todos los alumnos de la escuela —sigue explicándome— son o bien padrinos o bien ahijados de otros alumnos, y en algunos cursos hay alumnos que ejercen las dos funciones. El padrino tiene la responsabilidad de colaborar en el bienestar de su ahijado, que a menudo se materializa en muchos momentos especiales de complicidad, estima y modelaje positivo entre iguales. ¿No te parece genial? —Ríe y me da una palmada en la espalda.

Continuamos nuestro camino y sigo descubriendo cosas de Sadako que hacen de esta escuela un lugar ideal para que los chicos y chicas propongan alternativas y se sientan parte del colegio. Podría decirse que son ellos los que forman el engranaje para que el centro funcione tan bien como lo hace. Así, todos los cursos se responsabilizan de dinamizar algún espacio de su comunidad: los alumnos de 5.º, por ejemplo, son los encargados de escoger, comprar y mantener los materiales adicionales para los espacios de recreo; los de 6.º son los responsables de gestionar la recogida de contenedores de aceite «oli-clack» que las familias traen al centro cuando se llena; los alumnos de 1.º de ESO organizan los días SAK (días de recreo con actividades de bailes, música, saltar a la cuerda...).

—Estos chicos —me dice Jordi— organizaron un día SAK de canto, ¡y lograron que hubiera cuatrocientos niños sentados en el recreo! Pero ¿sabes lo mejor? Una chica con dislexia comenzó a cantar, y se pusieron todos de pie. Yo lloraba viéndola. En unos segundos, toda la autoestima que había ganado... Estas cosas te encuentras cuando les das la posibilidad de actuar a los niños y niñas. Hay tesoros ocultos. Entre esos chicos y chicas hay tantos tesoros por descubrir...

No acaba aquí la participación de los alumnos. Los de 2.º de ESO, después de asistir una formación en resolución de conflictos, hacen de mediadores en los espacios de recreo. Lo más importante de los mediadores no es que ayuden a resolver conflictos, sino que ellos entiendan cómo resolverían los suyos para actuar igual con los otros.

Un grupo de alumnos de 6.º propusieron crear «El rincón de estar bien en clase». Crearon sus normas, lo prepararon y lo compartieron con todo el grupo. Decidieron crear este rincón porque hay momentos, según ellos, que uno está cansado de tanto trabajar y necesita desconectar. Además, expusieron que algunos de la clase eran bastante movidos y para mejorar su atención creían que les iría bien un espacio donde volverse a concentrar.

El resto de los cursos también tienen su responsabilidad en el marco del proyecto «IMPLICA'T» (¡Implícate!).

El emprendimiento social halla en este centro uno de los grandes referentes: los chicos y chicas de 3.º de ESO emprenden acciones de Aprendizaje y Servicio con actividades para mejorar su entorno y la calidad de vida de las personas que los rodean, y los chicos y chicas de 4.º de ESO tienen que diseñar un proyecto de mejora del mundo, mirando más allá de las puertas del colegio.

Un grupo de alumnos de 4.º de ESO decidieron llevar a cabo una acción, que se ha repetido los dos últimos cursos por Navidad, en la que prepararon unos lotes de limpieza y productos útiles para personas mayores que viven solas en su barrio. Era la excusa para pasar con ellos unos ratitos y hacerles compañía.

Cuatro alumnas organizaron un mercado de intercambio en el que participaron familias y alumnos de otros cursos y personas de fuera del centro, con la intención de incentivar el intercambio y la cooperación.

Los alumnos de 3.º de ESO prepararon la Milla Solidaria colaborando con el proyecto de UNICEF Aguas por el Níger.

Es, simplemente, impresionante.

Todo esto se logra porque los chicos y chicas comienzan desde su interior; en esta escuela se intenta pasar del aprendizaje a la metacognición, que el alumno comprenda por qué hace lo que hace y que actúe en consecuencia.

Jordi me cuenta una anécdota que le sucedió con unos chicos de 4.º de Primaria:

—Habían preparado carteles para manifestarse durante el recreo; pedían no tener que subir a jugar a una terraza del colegio. Comenzaron la marcha por el recreo mientras gritaban eslóganes de todo tipo. Me acerqué a ellos y dialogamos sobre si esa era la mejor manera de resolver el problema.

La participación, escuchar la voz de los alumnos, convertirlos en agentes de cambio dentro y fuera del colegio... son valores que hacen de este centro una referencia para muchos otros. En pleno proceso de aprendizaje, ese diálogo es la herramienta más importante para saber canalizar todo tipo de emociones, incluida la frustración o la ira. Así, una situación en la que se había confundido la participación o la aplicación de los derechos con otras cosas era un momento idóneo para aprender.

«¿Creéis que haciendo una manifestación vais a lograr algo? ¿Qué queréis?», les preguntó. «No queremos subir a la terraza.» «Muy bien —les contestó—. ¿Y qué vais a hacer?» «Pues hablar contigo.» «Perfecto, ya estamos hablando. Tenéis ese problema: no os gusta la terraza. ¿Qué pensáis hacer para solucionarlo?»

Enseguida le respondieron que quizá era mejor pensar en algún proyecto para encontrar la solución. En pocos días ya habían creado dos comisiones: una, en la que hicieron una propuesta para rediseñar la terraza, crear nuevos espacios de juego y comprar materiales para este espacio; la otra, con el fin de conseguir fondos para poder llevarlo a cabo.

Además de anécdota, es un hecho que define a Jordi como persona y también la filosofía de la escuela.

Ignasi y sus cincuenta y seis compañeros

En el tema de la participación hemos visto que Sadako es todo un referente. Lo es también en la estructuración de sus clases. Terminado el recreo, Jordi me acompaña adentro para mostrarme cómo es un día normal en sus aulas.

En todo Infantil y Primaria, entre el 60 y el 80 por ciento de las horas no se dan materias; hay trabajo competencial y globalizado, sobre todo, con la voluntad de desarrollar habilidades, competencias y actitudes. Para ello han introducido el concepto de Secuencia Didáctica, una organización curricular propia desde la que abordan las áreas de lengua (catalán, castellano, inglés...) y del conocimiento social y natural. De esta forma consiguen librarse de la estructura tradicional de materias para pasar a un aprendizaje transversal de currículo integrado.

En estas SD, como las llaman, los alumnos experimentan diversas situaciones de aprendizaje individuales, en grupos pequeños y en grupos de aula, y ellos mismos usan la autoevaluación y coevaluación, además de trabajar con rúbrica. Es una manera de que tomen conciencia de su propio aprendizaje.

Trabajan juntos y mezclan conocimientos, con dos o tres maestros. En Secundaria, esto supondrá una ruptura importante respecto a un sistema anclado en las especialidades.

Para no perder detalle, quedamos con un guía especial, Ignasi. Ignasi es un niño de 6.º de Primaria que, según me cuenta, está investigando sobre el origen de un juego que le gusta.

—Esto —me dice— lo hago dentro de la materia de Science.

—Aquí —puntualiza Jordi—, la peculiaridad es que la lengua vehicular de Science es el inglés, así que tendrá que aplicar sus conocimientos del idioma en la resolución de su proyecto, y de este modo desarrollan otras habilidades. Esa es la idea.

Ignasi me lleva a su aula y me presenta a sus compañeros.

—Somos cincuenta y siete alumnos juntos en una misma clase.

—¿Solo cincuenta y siete?

—Solo —responde, riendo—. Somos catorce grupos, todos de cuatro personas, excepto uno, que son cinco. Tenemos dos maestros principales y una maestra más, que es la psicopedagoga; es como una tutora más.

—Con tantos alumnos, debe de haber un jaleo constante en la clase y no os enteraréis de nada, o eso pensará la gente...

—En todas las clases hay jaleo a veces. Si no, algo falla porque significa que no existe demasiada comunicación entre ellos. Aquí, de vez en cuando, también se levanta la voz, pero intentamos moderar el volumen. De estos catorce grupos, unos cuantos muchas veces están en otro espacio preparando charlas o trabajos, otros preparando textos y otros decidiendo proyectos.

Entramos en la clase. Es amplia y los grupos están distribuidos por todo el espacio. Los alumnos están trabajando, y es evidente que tienen en cuenta que hay más gente a su alrededor: hablan en voz baja y se respetan unos a otros.

—¡Ignasi! —le llamo—. ¿Qué pasa aquí? No veo la mesa del maestro. Y yo, ¿dónde me voy a sentar?

—No hay mesa de maestro porque supongo que lo que quieren es que se integre en el grupo. Entonces, como son tres maestras, tendría que haber tres mesas como una mesa conjunta —asiente, sonriendo.

Jordi me lo confirma:

—Como bien ha dicho Ignasi, es para que el maestro se integre más en el grupo, porque la clase es de todos, de los alumnos y del maestro o profesor.

Hay dos maestros y una maestra. Uno de ellos, Josep Lluís, charla agachado con un grupo, mientras que los otros dos atienden a otros chicos. Me acerco para hablar con ellos. Le pregunto a Josep Lluís sobre la necesidad de que los maestros trabajemos en equipo y dentro de una misma clase.

—Dos cosas —responde—. La primera, si queremos que nuestros alumnos sean buenos trabajando en equipo, también nosotros debemos trabajar en equipo. Lo contrario no sería muy coherente. Y la segunda, me parece que es la forma ideal de aprender. Para los alumnos son diferentes roles, son diferentes personalidades. Y cada alumno (por ejemplo, Ignasi) se dirige más a unos profesores que a otros, con los que se siente más cómodo. Pueden escoger entre perfiles distintos. Si solo tienes un modelo, aprenderás únicamente de ese modelo, y si no existe un buen *feedback* entre ambos, no habrá un buen aprendizaje.

—Me parece un cambio valiente y necesario...

—Lo que hicimos en la escuela fue eliminar todas las agrupaciones flexibles, todas las atenciones individuales o grupos reducidos de alumnos, y concentramos estas horas en una sola persona por curso. Muchas veces trabajamos con dos profesores, es decir, con el tutor de la clase y el cotutor en el aula. O bien, en espacios como estos que son mayores, trabajamos con más alumnos pero con los tres profesores simultáneamente en la clase. Y eso es un cambio de perspectiva educativa radical, ¿no crees?

—Sí, y seguro que a ti no te gusta entrar en un aula y cerrar la puerta...

—Yo trabajo aquí. Soy biólogo y James (el otro maestro que está en clase) es profesor de inglés, y hacemos clase juntos. Y sumamos muchas capacidades individuales aquí dentro. James resuelve cosas que yo sería incapaz de hacer, y yo seguramente aporto otras que él desconoce. Y si existe una predisposición para ello, y es indispensable que la haya, entonces tenemos la oportunidad de aprender cosas valiosas cada día.

Dejo a Ignasi en su clase y sigo hablando con Jordi. Me ha interesado mucho la visión que tiene Josep Lluís sobre la misión del maestro en esta escuela. Está claro que en el ADN de los profesores en Sadako hay una predisposición al cambio, a la apertura, y un gran deseo de aprender de otros.

Visito otras clases y compruebo que el funcionamiento es muy similar: varios profesores en un aula con un gran número de alumnos, chicos y chicas que se autoevalúan al terminar su Secuencia Didáctica... Descubro que tienen un proyecto de Filosofía que abarca todos los niveles de la escuela; de hecho, se llama «Filosofía 3-18». Y no, no estudian la Historia de la Filosofía, sino que les enseñan a pensar y a reflexionar. Pensar que pueda desaparecer la asignatura de Filosofía provoca escalofríos, ahora que se necesita más que nunca la reflexión.

Visito también la clase de Educación Emocional de 2.º de ESO y presencio una dinámica muy interesante de autoconocimiento. Una de las dos profesoras espera en clase con los alumnos hablando de ellos en plan distendido. Todos forman un gran círculo, y pueden verse las caras. Permanecen atentos. Al momento entra la otra profesora con una cacerola metálica atada en el pie, y al caminar, esta golpea contra las patas de las sillas y mesas provocando un ruido desagradable. Todos se dan la vuelta sorprendidos. Su dinámica tiene que ver con cómo miramos a los demás y cómo nos sentimos observados nosotros mismos, basándose en el cuento «El Cazo de Lorenzo».

Los alumnos llegan a conclusiones verdaderamente asombrosas:

—Yo también siento que llevo un cazo a veces —dice una chica—. Siento que no soy bien recibida en algunos sitios.

—Sí, es como si fueras un preso que siempre va con una bola encima. Molesta. Es una sensación que molesta allá donde vas —comenta un compañero.

—¿Y cuál es la solución? —pregunta una de las dos profesoras.

—No sé. Hay veces que tienes que aguantar a esa gente.

—Tengo que ver las cosas positivas mías y las de los demás, pero no siempre es fácil.

Los alumnos se sienten cada vez más cómodos y van expresando lo que sienten. Muchos intervienen; otros, simplemente, escuchan con atención. Pero todos reflexionan aunque no lo expresen. Así lo muestran sus gestos.

—¿Has pedido ayuda? —le pregunta la profesora con el cazo en el pie.

—Sí, pero a veces creo que no me entienden. Dicen: «Pero si no es nada...».

—Podemos ayudar a la gente que lleva el cazo atado —apunta la otra profesora—. Podemos escucharlos. O podemos ver esa cacerola de otra manera. ¿Qué podría ser este cazo?

—Un sentimiento de rabia que tienes y la gente no lo entiende —dice un chico que no había participado.

—A veces reaccionas de una manera que es desproporcionada, ¿no? —añade otro.

—A veces es una etiqueta que no te puedes quitar.

Se me pone la piel de gallina al escuchar a estos chicos y chicas expresar sus emociones, sus dudas, sus debilidades... Se abren ante los demás y los compañeros hacen suya cada opinión.

—¿Qué provoca que yo sea diferente?

—Los otros. La mirada de los otros. —Una chica, que permanecía observándolo todo habla por primera vez—. Intento salir y acercarme. Pero si los demás siguen mirándome mal, seguiré ocultándome. Esa mirada, soplando, cuando llegas a un grupo...

—Sí —la apoya un compañero que guarda una gorra en la mano—. Y todos tenemos cazuelas. Es muy difícil tener seguridad cuando las miradas de los otros hacen que uno se sienta inseguro.

—A veces la cazuela crece porque tú acabas creyéndote lo que te dicen los demás: «¿Seré así? ¿Seré así?».

Pocas veces he sentido tanta emoción escuchando a chicos y chicas hablando sobre ellos mismos y sobre el daño que podemos hacer las personas con un pequeño gesto. Salgo de esa clase reencontrado con la parte más esencial del ser humano: muchos asentían con la cabeza, otros miraban al infinito buscando respuestas, o quizá trayendo a la mente ese momento en sus vidas en que se vieron con un cazo atado a la pierna. Sus caras, reflexivas, dicen más de lo que pudieran decir sus palabras.

Dolors, responsable del departamento psicopedagógico, me dirá momentos después:

—Las emociones son algo que nos acompaña siempre. Sin embargo, en la escuela parece que se habla de algo que no va con nosotros. Y tratar estos temas con los adolescentes es muy importante. Cuando lo hacemos, prestan mucha atención, porque es algo que realmente les interesa.

—¿Y se ve cambio en ellos en el tiempo?

—¡Sin duda! Un chico que sufrió momentos de tensión en el aula dijo: «Ahora perdonadme, pero necesito estar solo un momento, salir, respirar, estar solo, alejarme y pensar sobre lo que ha pasado».

Cuanto más logramos viajar hasta nuestro interior y conocernos, más vamos avanzando, ¿no os parece?

Y para conocer más Sadako, quiero charlar con algún estudiante que no lleve mucho tiempo en el colegio para saber su opinión sobre su funcionamiento. Jordi me lleva hasta la clase de 2.º de ESO. Allí esperamos hasta que dos chicas salen un instante al pasillo para hablar conmigo, y Jordi aprovecha para marcharse y preparar la asamblea que tienen todos los niños del colegio.

Una de las alumnas está aquí desde hace un año y la otra lleva dos meses.

—En el otro centro donde estaba, eran muy estrictos con las

tareas —dice la primera—. Siempre nos ponían exámenes... Y no encontraban tiempo para ayudar a los que les costaba más resolver los problemas... Aquí se acomodan al nivel que tienes, y además nos ayudamos unos a otros.

—Entonces ¿crees que has mejorado algo o que has ido a peor? —le pregunto.

—Aquí veo que no me pierdo, sé hacer más cosas, entiendo más... La manera de estudiar es diferente a la del año pasado. En el otro sitio era abrir el libro por una página y ponerte a estudiar o a hacer ejercicios. Ahora entiendo bien las cosas y sé por qué hago lo que hago.

—Yo igual —interviene la otra chica, que parece más tímida—. Los profesores te decían algo y tú tenías que memorizarlo, aunque no lo entendieras.

—En el otro instituto, cuando yo estaba, he sufrido acoso escolar, y dije lo que me estaba pasando pero no hicieron nada. Se lo decía al profe, pero no te hacían caso. Y aquí se lo explicas e intentan ayudarte.

—¿Cómo te sientes?

—Me siento que estoy... cómoda. Siento que estoy dentro de un grupo. Antes me sentía apartada; ahora siento que sirvo para algo. Aquí soy mediadora. Intento ayudar a otros niños en el colegio.

La gran asamblea y la pregunta de Oriol

En esta escuela destaca sobre todo el nivel de participación de sus alumnos. Las decisiones se toman en asambleas como la que voy a presenciar hoy. Asambleas en las que todos tienen voz y a partir de las cuales se provocan los cambios en el colegio.

Más de trescientos niños, desde los cinco hasta los doce años, están reunidos en el patio; todos sentados y mirando hacia un banco donde van a colocarse sus representantes. Estos han preparado la sesión en tutoría, y allí presentan sus quejas, sus propuestas de mejora y sus inquietudes, y también todas las de sus compañeros. Esta es una de las tres veces que esta asamblea general se lleva a cabo al año.

Con una breve presentación, los delegados empiezan a hablar. No se oye ni un alma. Les interesa, ya que en las palabras de esos niños y niñas estaban las suyas propias.

—A algunos de nosotros nos gustaría que durante el recreo se pudiese entrar en el poli —dice uno de los representantes.

Todos los niños gritan: «¡Sí!», y aplauden.

La delegada de 5.°, por su parte, propone en nombre de su curso que las piezas azules de construcción sean repartidas con un máximo de tres piezas por grupo, porque hay mucha gente que se queda sin ellas. No todo el mundo está de acuerdo, así que piden una votación.

Dos representantes de 4.° y 6.° informan a todos de que los dos cursos están haciendo un proyecto sobre la posibilidad de instalar colchonetas en el patio más días de los establecidos. De nuevo, todos aplauden.

Finalmente, se establece un tiempo para un turno de preguntas y propuestas de todos los niños. Hay unas cuantas ideas de las que toman nota los secretarios. Entre los niños hay una mano levantada que permanece así cinco minutos. Me llama la atención porque este niño, de unos siete u ocho años, espera pacientemente su turno para preguntar. La mano sigue erguida, y al final el niño debe sujetarla con el otro brazo, pero él es perseverante. Mira a su alrededor esperando a que le den la palabra. Alguien con un micrófono dice:

—Es el turno de Oriol, que ya lleva rato esperando.

Oriol regresa al presente, mira rápidamente a varios lados para comprobar que es él a quien han nombrado y se levanta. Alguien le acerca el micrófono, lo coge y dice:

—Buenos días. Yo quería saber... Hace tiempo que me lo pregunto, pero... Y si no nos gusta lo que nos ponen de comer en el plato, ¿nos lo tenemos que comer o no?

Podéis imaginaros cuál fue la reacción de todos los niños.

¿Tienes un proyecto? ¿Tienes una idea? Entra y hablamos

Me apetece mucho conversar con Jordi, el director. Sé que será un rato agradable en el que aprenderé muchas cosas sobre administración, maestros, formación, evaluación, compromiso social... Jordi es de esas personas que tienen claridad de pensamiento y a las que hay que escuchar.

Nos sentamos en su despacho, desde cuya ventana, que ocupa toda la pared, puede verse la zona de recreo. Precisamente es lo que ya me había llamado la atención desde el recreo: una gran cristalera en la que se puede leer: «¿Tienes un proyecto? ¿Tienes una idea? Entra y hablamos». Ahora que veo que eso pertenece al despacho del director, cobra más valor.

—En algún momento he oído que hablabas de las cinco ces, Jordi.

—Sí. Todos los procesos de innovación del centro han intentado construirse teniendo en cuenta las 5 ces del aprendizaje, y que son la base de cualquier movimiento en esta escuela: Pensamiento Crítico, Creatividad, Comunicación, Colaboración y Ciudadanía.

—Hacéis cosas increíbles aquí y los niños aprenden muchísimo. Pero vuestra manera de hacer las cosas difiere mucho de lo que está acostumbrada a ver la administración. ¿Cómo reaccionan los inspectores ante esto?

—Es muy difícil cambiar la administración. No comprenden que hoy en día la educación es otra cosa. La administración es mucho más lenta a la hora de introducir cambios.

—Cierto —le digo—. Los maestros necesitamos una formación constante. ¿Crees que los de la administración necesitarían que se les diesen unos cursos al respecto? Cursos de gestión de las emociones, cursos de metodologías...

Apoya los brazos sobre el borde de la mesa y junta las manos entrelazando los dedos.

—Creo que a veces caminamos por campos paralelos... Deberían pasar un tiempo en las aulas. No es una frase hecha; aprenderían seguro. ¿Quién no quiere aprender?

—En muchas escuelas se anima a los niños a trabajar en equipo. ¿Sabemos hacerlo los maestros?

—Los maestros piden una buena formación que les permita aplicar ciertas cosas en su contexto, y también la reclaman para aprender a trabajar en equipo. Yo soy más partidario de aprender en la práctica. Lógicamente, necesito unas herramientas para trabajar en equipo, pero lo esencial es trabajar en equipo. Nadie puede explicarme cómo hacerlo; me ofrecerán metodologías concretas, pero lo que se necesita ante todo es la predisposición para trabajar en equipo.

—¿Y sobre la formación en general, Jordi?

—La formación hoy en día es muy fácil. Puedes leer, puedes ver vídeos sobre lo que quieras... Las herramientas están a nuestro alcance; lo indispensable es lo que te he comentado antes: la predisposición de los maestros para dar ese paso. Nosotros prácticamente no hacemos formación en la escuela. Todo el mundo tiene la posibilidad, si así lo quiere, de formarse donde quiera. Pero piensa una cosa: finalmente, que venga alguien aquí para explicarte las inteligencias múltiples está muy bien, pero ¿esto se traduce en algo real en las aulas de la escuela? Prefiero que cuatro de nuestros maestros me digan que van a formarse en esto o en aquello y que lo llevarán a la práctica desde el primer momento.

Jordi tiene toda la razón. Gran parte de esa formación se

diluye en el camino hacia la escuela o alguna maestra o maestro acaba llevándola a cabo de forma aislada. Así de difícil es el cambio.

—Después de haber estado dando vueltas por vuestra escuela, he comprobado que en las clases había dos o tres maestros, y me da la impresión de que estaban compenetrados. Imagina que llega alguien nuevo aquí...

—El primer año tendría un padrino, que se encargaría de enseñarle el protocolo de todo lo que tiene que ir incorporando en la manera de ser y de hacer en la escuela: de cómo atender a los alumnos, de cómo acceder a ellos..., y también cuestiones mucho más básicas. Es fundamental que se entienda el perfil que debe tener un profesor de Sadako cuando empieza a trabajar en la escuela, y, además, cuidarlo mucho. Obviamente, cada uno tiene su perfil, pero sí es esencial saber cómo se gestionan los conflictos, cómo es la relación entre los alumnos y los profesores... Aparte de esto, nosotros hicimos una apuesta: decidimos colocar a dos maestros en cada aula y a una tercera persona, esta última del departamento de psicopedagogía, la cual desempeña un papel muy centrado en garantizar la atención a la diversidad en el aula y que el trabajo en equipo sea de la máxima calidad. En otros centros esta tercera persona es del departamento de inglés. Nosotros nos hemos centrado principalmente en el trabajo en equipo porque creemos que es muy efectivo en el aula, pero tanto para los alumnos como para los propios docentes.

—Pero los dos maestros que hay dentro del aula no deben ser necesariamente de la misma disciplina de inglés, por ejemplo...

—No, claro que no. Lo que buscamos es la suma de perfiles diferentes. Cuando dos maestros estamos en el aula, cada uno de nosotros puede aportar cualidades individuales diferentes y también profesionales, y esa suma de cualidades es la bomba. Un ejemplo: soy un maestro que tiene dificultades para gestionar el aula, es decir, que no la controlo; y está alguien conmigo que sí controla perfectamente ese espacio. Entonces dejo de preocuparme por ello y así puedo aportar todo mi potencial. Eso pasa con mil ejemplos: en la gestión del aula, en el trabajo en equipo, en la incorporación de nuevas tecnologías, en la interpretación de las inteligencias múltiples o en las cualidades académicas profundas. A un profesor le gusta mucho la poesía y yo no entiendo demasiado del tema; así, él incorporará la poesía de forma natural, yo aprenderé y, además, los alumnos tendrán el privilegio de adquirir la suma de todas nuestras cualidades.

—Y después hacen juntos la evaluación, claro. Y no solo los docentes, sino también los propios alumnos, ¿no es así?

—Efectivamente. Para mí, la evaluación es el salto cualitativo más interesante. Esto ha pasado en Sadako y en todo el mundo. Hemos cambiado el foco: antes estaba puesto en elementos memorísticos y lecto-escritores y ahora nos centramos en el desarrollo de las habilidades. Pero si estas habilidades no se evalúan y continuamos evaluando lo de antes, todo el proceso carece de sentido. De modo que hemos dado el paso necesario y hemos tenido que cambiar qué evaluamos y qué valor damos a estas habilidades y competencias. Y es indispensable hacerlo en equipo: acordar qué vamos a evaluar, incorporar al alumnado (que son los principales protagonistas) en la decisión de qué rúbricas vamos a utilizar para evaluar determinados procesos, dar muchísima importancia a la autoevaluación y a la coevaluación.

—Autoevaluación y coevaluación, pero no al final sino durante el proceso, ¿verdad? Porque, si no, nos dejamos muchas cosas en el camino que acaban desapareciendo.

Se levanta, junta las manos por detrás de la espalda y se queda mirando el patio del recreo.

—Esta mañana he tenido una discusión interesante con unos compañeros sobre la necesidad de evaluar cuando un alumno dice: «A mí me cuesta mirar al público cuando hablo», o «Me

—*(...) Evalúame a partir de lo que he mejorado; no lo hagas por cuánto corro porque no tengo más resistencia de la que ves.*

muevo mucho». En la escuela, el alumno vive de una forma lineal; está muchos años y le pasan muchas cosas, cambia de clases, de profesores, de compañeros... Pues, en cualquier presentación que él haga, alguien tiene que recordarle que ese es su punto flojo y que le ayudaremos en algún momento de la presentación, si es necesario, para que vaya mejorando. Porque, si no, es difícil que haya una evolución. Yo creo que en estos momentos analizar este aspecto es lo más interesante en el campo educativo. Y es un cambio de foco, un cambio de mirada... E incorporar al alumno en el proceso de la evaluación, obviamente.

—¿Y qué pasa con la atención a la diversidad?

—Esta metodología es muy favorable, sobre todo porque estamos trabajando y evaluando con competencias y habilidades, y esto resulta mucho más fácil para todo el alumnado. Un ejemplo que todos pueden entender es uno sacado del mundo del deporte. Imagina que le decimos a un alumno: «Corres poco. Puedes hacerlo mejor». «Mi cuerpo no da para más», tal vez te conteste. Evalúame a partir de lo que he mejorado; no lo hagas por cuánto corro porque no tengo más resistencia de la que ves. Hemos abierto mucho el marco de la evaluación, y ya no es la nota de una materia lo que cuenta, sino las evaluaciones cualitativas de muchos procesos y habilidades, y hay muchas más posibilidades de reconocer en qué soy bueno y en qué debo mejorar.

Trabajar de forma colaborativa es la mejor manera de atender a la diversidad, ya que es directa, pues se multiplican las manos que tiene el profesor.

—Te voy a lanzar una pregunta boomerang: ¿qué pasa, años después, con los alumnos que han seguido este sistema educativo?

—Que serán más felices, que tendrán iniciativa, que intentarán cambiar el mundo y que en el ámbito laboral no tendrán problemas a la hora de trabajar en equipo. Y entiendo lo del boomerang; en una escuela tradicional, ¿podemos garantizar que todos los niños y niñas van a llegar a la universidad y que serán felices? Obviamente, no. En la misma pregunta tienes la respuesta, pues hay muchos datos que demuestran que las cosas tienen que cambiar. Y déjame decirte algo más: nuestros alumnos, además de tener buenos resultados (a las pruebas me remito), salen cargados con mochilas llenas de otras habilidades.

Las preguntas se multiplican. Es una oportunidad de ver el colegio y la educación desde su punto de vista.

—Miremos al mundo y hablemos de compromiso social.

—La idea es que el alumnado aprenda a emprender. Es educar para emprender y emprender para educar. Y que esta sea la habilidad que desarrollen nuestros alumnos. Es fundamental que sepan trasladar lo que están aprendiendo en la escuela al mundo en el que viven, y que sean capaces de organizar o dinamizar proyectos para mejorar el entorno.

—¿Cuánto tiempo llevas aquí, Jordi?

—Veintiún años en la escuela y diez como director.

—¿Y la escuela siempre fue así?

—No. Hace nueve años decidimos darnos una vuelta por las escuelas públicas catalanas. Tras esa experiencia, dijimos: «Somos un desastre. Decimos que somos una escuela participativa, pero nuestros alumnos no deciden nada; las familias no tienen participación alguna». Esas visitas nos cambiaron la visión que teníamos de nuestra propia escuela, así que comenzamos cambiando cuatro cosas: la participación del alumnado, la participación de las familias, los espacios de recreo y la metodología del aula. En ese momento nos dimos un plazo de tres años para eliminar los libros. Poco después incorporamos la tecnología y eso nos hizo muy plásticos. La idea no era modificar todo, sino mantener lo imprescindible y cambiar lo demás. «Todo es cuestionable», dijimos. «¿Tenéis tapa en vuestro baño? ¿Y los niños? ¿Tenemos que hacer filas? ¿El profesor ha de tener mesa? ¿Los alumnos han de estar en recreos diferentes? ¿Tenemos que ir a la escuela? ¿Para qué?»

»Así fue el comienzo de la transformación, y en ella continuamos, pero ese cambio que nos ha traído hasta aquí ha sucedido en nueve años.

—Eso es muy interesante, porque mucha gente cree que para cambiar una escuela se necesita poco tiempo. Se requiere valentía, pero también paciencia y perseverancia...

—Yo veo a mucha gente dispuesta a cambiar cosas, sobre todo equipos directivos que desean una transformación, aunque no tengo claro que todo el claustro esté de acuerdo con esa opción, pero siempre con esa perspectiva de la que hemos hablado antes: «Dime qué tengo que hacer y cómo tengo que hacerlo». Pero si no hay una reflexión, si no existe un proceso interno de «para qué», «qué quiero conseguir» y «cómo voy a hacerlo», corremos el peligro de que se introduzca el caos. Me produce cierto temor el que se incorporen demasiadas cosas y de forma muy rápida, y que en uno o dos años la gente diga: «¿Ves como no funciona? ¡Tenemos que volver a lo de antes!». Por eso siempre aconsejo que se lleven a cabo procesos internos muy intensos de reflexión, no de formación. Y que decidan qué pasos van a dar y que sean pequeños, pero que lo haga todo el mundo. El cambio debe ser colectivo y también debe garantizarse que estos pasos se cumplen.

—Es evidente que el proyecto educativo es importante.

—Más que la innovación local. Y yo les daría un consejo a los equipos directivos: el liderazgo, hoy, es compartido. No tiene sentido que el equipo directivo decida todo lo que ocurre en la escuela. Lo mismo pasa con la administración. Si trabajamos así, nunca se consolidará este proceso. Tenemos que dar pie a que los profesores decidan, opinen, creen, innoven... Y creo que el trabajo del equipo directivo es alentar la innovación, definir bien el horizonte para que los cambios se produzcan y hacer de «coche escoba». Es decir: «Hemos acordado esto, entonces vamos a marcar unos mínimos, muy bajitos, pero que todo el mundo lo haga, ¿vale? Con cariño, con ayuda, con soporte, pero que nadie se quede atrás».

—Suena muy bien. Me ilusiona solo pensarlo. Hablemos de los protagonistas, que son los niños y niñas. Seguro que alguien, alguna vez, te habrá dicho: «Con esto de la participación de los chavales en la escuela, seguro que se te suben a las barbas... ¿Dónde queda la autoridad del maestro? ¡Esto se convertirá en un caos!».

—Debemos educar a los niños y niñas en la toma de decisiones y que sepan que lo que deciden tiene consecuencias. Si no dejamos un espacio para la participación, la autoridad se antepone a la escucha.

Jordi a veces ha preparado alguna dinámica en la que los profesores pasan un día como si fueran los alumnos de la escuela, para que se acerquen a sentir lo mismo que un chico o una chica en esas circunstancias. ¿Qué se puede esperar de alguien que hace una cosa así? Pues grandes cosas, sin duda.

Yo no quiero comer porque tú no comes

«Es importante recuperar estos vínculos de familia y escuela. ¿Y cómo se hace? Con transparencia, abriendo las puertas del centro para que las familias participen», dijo en una ocasión Jordi Musons, director de Sadako. Conversar con él es aprender en cada párrafo. Así que en la reunión que he preparado con las familias de la Escola Sadako me acompaña él también. Me dice que no es habitual este tipo de reuniones donde se escucha tanto a las familias como a los alumnos y profesores juntos, y promete tomar nota. No me cabe duda de que lo hará.

Hoy se abren esas puertas a las familias, pero esta vez para opinar como padres y madres a los que les importan sus hijos. Dejamos, además, cinco sitios libres a la espera de que cinco alumnos terminen sus clases para unirse a nosotros. Nos presentamos y, una vez roto el hielo, comienzo:

—¿Qué sentís formando parte de este colegio?

—Puedes pedirle lo que quieras a un colegio como este. Un colegio que antepone la participación de los niños y los valores hace que te sientas tranquila —dice una madre.

—Traje a mis hijos hace dos años —comenta otra—. Antes iban a un colegio tradicional. Realmente, lo que siento es agradecimiento; la manera en que aprenden los ayudará mucho más en su desarrollo en una sociedad cada vez más exigente.

Una tercera pide la palabra levantando la mano.

—Es el hecho de que nuestros hijos se sientan muy activos —dice—, que participen en qué van a hacer y cómo lo van a hacer. Eso incide en que vayan a la escuela con muchas ganas. Además, respecto a cómo se transmite la información, en la escuela tradicional esta va de arriba abajo y no hay más. Yo he visto un cambio brutal en mis hijos en cuanto a responsabilidad, a la hora de elegir opciones, de responder preguntas, a la manera de enfocar la vida, hasta ese punto..., mira si te digo. Es absolutamente diferente.

Sus respuestas son muy importantes ya no solo para mí, sino también para Jordi, que está atento a lo que dicen.

—¿Y en cuanto al Bachillerato?

—Yo soy docente y madre. Como imaginarás, en mis dos papeles quiero lo mejor para mis hijas. La pequeña hace 4.º de Primaria. La mayor ha acabado el Bachillerato y ya ha pasado la selectividad. Al principio, a la mayor le sorprendió tener que usar libros y obtener la información solo de ahí, pero se acostumbró enseguida y le va muy bien. Y yo, como comprenderás, soy exigente. Con la pequeña estoy igual de feliz.

Jordi toma la palabra, pues siente que es el momento adecuado para opinar desde el punto de vista de la escuela:

—Sería absurdo formarlos para la vida personal y profesional, pero que fracasaran en su continuidad académica, ¿no creéis? Así que debemos tenerlo todo en cuenta. Hoy en día, en el sistema tradicional, el veinte por ciento de los chavales de 4.º de ESO abandonan los estudios. ¡Es una barbaridad! ¡Prácticamente, uno de cada cuatro alumnos deja los estudios! Así que ese miedo al cambio es normal, es parte inherente del ser humano, pero algo nos dice que es necesario cambiar.

Y Jordi tiene razón, una vez más. Se dice a menudo que el fracaso escolar es alto, pero ¿acaso intentan cambiar o mejorar las cosas? ¿Y por qué se mira con tanta reticencia a aquellos centros donde los niños y adolescentes van contentos a la escuela?

En ese instante de la conversación, cuatro chicas y un niño entran en la sala y se sientan en los sitios que hemos reservado para ellos. A partir de ese momento, la edad ya no es un concepto a tener en cuenta. Los esperábamos y les damos la bienvenida. Se les invita a ser uno más, a participar, a expresar su opinión y a rebatir las de los demás, aunque eso ellos ya lo saben. Aprovecho que ya están aquí para preguntarles sobre las asambleas que realizan. El niño, de unos once años, es el primero en hablar:

—Tenemos la posibilidad de cambiar cosas. Podemos decidir sobre nuestra propia escuela. Esta mañana, por ejemplo, hemos propuesto que pongan cartelitos en las puertas de los baños para que sepan que hay alguien y no llevarnos una sorpresa al entrar.

Una de las chicas comenta:

—Si vemos que algo no funciona, somos nosotros mismos los que decidimos que hay que hacer algo diferente. Tomamos decisiones y se tienen en cuenta. Sentimos que se nos escucha y que no somos un simple número.

—Las asambleas —añade una madre— generan en los alumnos un sentimiento de responsabilidad hacia el grupo con el que están trabajando, pero también hacia ellos mismos, para tratar de completar las finalidades que se han propuesto. Y a la

—Uno de mis hijos, a las pocas semanas de estar en el colegio, me dijo: «Aquí tenemos menos deberes y menos exámenes, pero nos hacen pensar más».

vez se genera un sentimiento muy curioso, que es el de agradecimiento entre ellos. Es bonito ver cómo se apoyan y se agradecen el trabajo realizado. Son dos valores que a mí, como madre, me encanta que se den.

En ese instante me vuelvo hacia Jordi y le digo:

—¿Estás tomando nota?

—Esto no tiene precio. Deberíamos hacerlo más a menudo, confirmado.

Estoy de acuerdo. Deberían darse reuniones de este tipo en todos los colegios, para saber qué estás haciendo bien, pero también para descubrir lo que hay que mejorar.

Un padre sentado junto a Jordi también da su opinión:

—Uno de mis hijos, a las pocas semanas de estar en el colegio, me dijo: «Aquí tenemos menos deberes y menos exámenes, pero nos hacen pensar más». Me resultó curiosa esa percepción.

Otra de las chicas que ha venido del grupo se sincera:

—Yo estoy muy agradecida a este colegio, porque en la otra escuela no tenía voz, no se nos escuchaba, y aquí podemos proponer cambios pensando también en los demás compañeros, puedes colaborar y aportar cosas, y eso me ha hecho crecer como estudiante pero también como persona.

Y su compañera añade:

—Algo que hizo que me diese cuenta de que les estamos enseñando mucho a los pequeños es una anécdota que me pasó con una niña: por las mañanas hago la acogida de los niños de P4. Yo, normalmente, comía en casa y después venía al colegio. Y esta niña me dijo que no quería comer. Yo le pregunté por qué, y ella me respondió: «Yo no quiero comer porque tú no comes». Entonces comprendí que somos un ejemplo para ellos y lo importante que es la imagen que damos los mayores, porque los niños nos imitan mucho. Eso es precisamente. Esta corresponsabilidad e implicación de lo que yo puedo hacer para que el mundo en el que vivo sea mejor.

Todas estas opiniones son valiosas, pero la siguiente es especial porque es de una chica de 4.º de ESO a punto de irse de Sadako, y con sus quince años pone el punto y final a este encuentro:

—Me voy de esta escuela dentro de un mes, y le estoy muy agradecida. Queda lejos el día que empecé porque tenía tres años, pero todos los recuerdos que tengo coinciden en saber que siempre he tenido a alguien que me ha ayudado cuando lo he necesitado; y tengo que deciros que la relación profesor-alumno y alumno-alumno ha sido muy próxima y muy reconfortante. Este año me toca buscar colegio para el año que viene, y no ha sido fácil, porque todo lo que me han dado aquí no se encuentra fuera. Y he sido muy crítica a la hora de buscar un nuevo centro, porque me lo daban todo hecho, y pensaba: «Lo que me den aquí estará muy bien y pasaré el examen de la selectividad, pero no sé si esto es lo que quiero para crecer como persona».

Cuando salgo del colegio, en una pared de la entrada encuentro una frase escrita en grandes letras, que dice así: «És millor que hi hagi preguntes sense respostes que respostes sense preguntes». [Es mejor que haya preguntas sin respuestas que respuestas sin preguntas.]

Al marcharme de allí, me llevo muchas respuestas. Me llevo, también, cantidad de preguntas de todos estos niños y niñas, preguntas que he grabado en mi mente y que van a serme tan útiles: ¿de qué está hecha una mesa?, ¿cómo son las tortugas por dentro?, ¿cómo se construyó el primer ordenador?, ¿cómo se hacen las figuras de barro? y también ¿cómo se hace el barro?, ¿por qué tiene tantos colores el Arco de San Martín?, ¿por qué debemos limpiar la pera antes de comerla y por qué tiene piel?

Pero, sobre todo, me llevo conmigo la certeza de que teniendo en las escuelas profesores con esta predisposición hacia el cambio y alumnos conscientes de que sus pasos van a guiar nuestro rumbo, vamos por buen camino hacia una sociedad mejor.

7

LA ESCUELA DONDE NO HAY "YO" SIN LOS OTROS

¿A qué responde este proyecto educativo? A la necesidad de ser, de poder ser uno mismo, y de poder ser uno con otros en un mundo de niños.

JUAN LLAUDER,
cofundador de O Pelouro

Hay un lugar donde las etiquetas no existen, donde los niños y niñas son diferentes y se sienten diferentes, porque saben que es la mejor manera de aprender: mirando al otro, compartiendo lo que tienes y sintiéndote libre. La diversidad es un regalo. En ese lugar la palabra «inclusión» no existe, porque no es necesaria; no existe el término «discapacidad», porque todos son capaces. No existen paredes, no existen materias, no existe «no me lleves al cole».

Esta es la guinda poética y maravillosa que abarca todo lo anterior. Se llama O Pelouro, y está en Galicia. Como no podía ser de otra manera, esta escuela se fundó a partir de una historia de amor, la de Teresa y Juan. De eso hace ya cuarenta años, pero la esencia que se le imprimió desde un principio perdura en el tiempo y se respira en cada rincón. Si en un cuento saliera la escuela ideal, podría ser esta. Si pensara en una maestra arquitecta y diseñadora de lugares de ensueño para niños, sería Teresa. Si tuviera que elegir a un guía que me llevara hasta lo más profundo de la comprensión del niño, ese sería Juan.

Llego a Caldelas de Tui en un día soleado. En la misma carretera hallo un muro de grandes bloques de piedra que llega hasta la altura de mi pecho. El muro no evita que las ramas de los árboles que crecen dentro del recinto salgan con fuerza hacia el exterior. Son árboles frondosos, de un verde intenso, que son el primer signo de la vida que crece en el interior. Un cartel metálico de un gris verdoso con forma de papiro confirma que estoy ante la escuela. «O Pelouro», dice.

No es demasiado temprano, son las diez, y la llegada de los niños y sus familias me indica el camino que se aleja de la carretera para encontrar la puerta de entrada. Me cuelo entre niños y niñas y despedidas y besos, y, una vez dentro, enseguida empiezo a plantearme preguntas. Dos edificios conforman la escuela. A mi derecha, una casa de la altura de un piso, de un color rojizo, con tres pequeños tejados de dos vertientes y grandes ventanales que llaman mi atención. Es la casa de los niños pequeños. Hay más estructura acristalada que paredes, y las formas de las ventanas la convierten en un lugar, como poco, peculiar: rectangulares unas, en forma de semicírculo otras, y algunas, cerca de los tejados, triangulares, y todas con saetinos. Las hay de distintas dimensiones: grandes, pequeñas y medianas, como si estuvieran hechas así para que cada niño encontrara una ventana de su tamaño.

Una puerta grande de color marrón con arco de medio punto invita a entrar, pero no lo hago; todos los niños se dirigen al edificio de la izquierda, cobijado por un alero de viejas tejas cubiertas de musgo.

Decido seguirlos, pero en ese instante, Fernando, maestro del colegio, sale a recibirme. Cara afable y mirada tranquila tras unas gafas rectangulares, gafas de maestro. Supongo que su juventud y la barba gris que dulcifica sus rasgos hacen que uno se sienta bien recibido. Su voz calmada lo corrobora; es un hombre tranquilo.

Me da un abrazo pronunciando mi nombre y me pregunta por el viaje. Los últimos niños y niñas pasan por la puerta, y Fernando me anima a seguirlos. Una vez dentro de la casa, tengo la sensación de que el tiempo se para, y es entonces cuando siento deseos de mirar hacia todos los lados para no perder detalle alguno. Alrededor de cien niños están sentados en unas pequeñas sillas con el asiento de enea. Busco con la mirada a los maestros y me cuesta encontrarlos, porque también están usando las mismas sillas.

De repente oigo:

—¡*Cesíñar*!

Ahí está Teresa, con los brazos alzados y embutidos en una chaqueta de punto gris. Haciendo aspavientos mientras se hace paso entre las sillas ocupadas, grita:

—¡Hoy tú también eres niño!

Nos fundimos en un abrazo que se mantiene en el tiempo. Pasados unos segundos, se separa y me agarra con fuerza por los brazos. Su mirada brilla. Cada una de las arrugas de su cara revela las historias que ha vivido con niños y niñas durante cuatro décadas.

Mueve la cabeza como si estuviera negando algo. Parece dudar a la hora de seleccionar lo que quiere decir, pero no duda. Se emociona. Se emociona como lo hace cuando habla con los niños y niñas o cuando recuerda momentos que ha vivido en esta escuela. Se emociona como cuando ve en cada niño con el que comparte su vida que ha superado otro escalón.

—Hoy tú también eres niño —me repite, y se vuelve repentinamente hacia el centro del hemiciclo de sillas de madera repletas de niños.

Es una sala amplia, con suelo, paredes y techo de madera. Una chimenea con brasas que aún humean preside la estancia, y un pequeño escenario, situado a dos palmos del suelo y que parece un lugar de muchos encuentros, permanece vacío en este momento.

Cuando Teresa exclama: «¡Empezamos!», suena una música que uno de los adultos ha puesto, y todos los niños comienzan a cantar acompañando sus voces con palmas o movimientos de cabeza. Es una canción que cada día les recuerda que ellos son O Pelouro:

> *¡Mirad, mirad aquí en mi ce-re-bro, sí.*
> *Yo voy a in-ventar un nue-vo pro-yec-to.*
> *Yo soy quien e-li-ge y toma de-ci-sión.*
> *Invito a compañeros y entramos en acción!*

La repiten un par de veces y todos aplauden.

—¡Manos a los ojos, y a pensar proyectos! —dice Teresa.

Todos los niños y niñas se tapan los ojos; algunos los cierran. Silencio, no se oye ni un ruido. Una niña de tres años aparta discretamente las manos para mirar a su alrededor, y luego vuelve a taparse los ojos. Ese silencio dura unos tres minutos, durante los cuales los niños están concentrados pensando qué van a hacer a lo largo del día.

—Empezamos —dice Teresa—. Exponed el proyecto. ¿Quién quiere ser el primero?

Una niña de diez años se levanta y se sitúa en el centro del círculo.

—Nosotras estamos con un proyecto sobre arquitectura y estamos haciendo una maqueta de una casa con cartón y un monográfico con planos —explica—. Ahora la maqueta está en la fase de pintura: la estamos pintando. Estamos poniendo el primer piso, y hemos acabado el jardín. Al inicio de este proyecto me daría un diez en emoción. De cómo me siento durante el proceso, también diez.

—¿Y te va a llevar mucho tiempo el proyecto?
—Creo que hasta el martes que viene.
—¿Alguien se quiere unir?
Se levanta otra niña, de edad similar a la anterior.
—Quiero añadir —dice— que es una maqueta hecha a escala de una real y le estamos poniendo papel para que quede más consistente.
Las compañeras que están con ellas se ponen de pie y desaparecen por la puerta. Suben al segundo piso para continuar con su proyecto.
Aparece otra niña, de cuatro años.
—Yo estoy con las abejas —comenta.
—Pintar con ceras —dice otro.
—Un puzle.
—Yo quiero subir arriba y hacer arquitectura —pide un niño que no supera la altura de mi cintura.
Ajedrez, abejas, robótica, el cerebro... Van saliendo niños y cada uno expone o bien sus proyectos o sus preferencias para trabajar hoy. Un niño pequeño, que parece tímido, da cuatro pasos hacia el centro.
—Aprender a restar —dice.
Todos aplauden. Tres más salen y piden hacer construcciones. Se van hacia Infantil. Seguidamente aparece otro chico, este de unos siete años, y se propone para enseñar a restar al niño de antes. Esa mañana la pasará en Infantil haciendo de maestro.
—Yo estaba con la electricidad —este es más mayor, de unos diez años— y estaba haciendo una recopilación de los materiales que necesitamos y de los que tenemos.
—Yo estoy a punto de acabar mi monográfico sobre la Segunda Guerra Mundial. Solo me falta pegar algunas cosas, repasar las faltas de ortografía y listo —apunta uno de once.
Mientras, sentados en distintos puntos, los maestros van to-

mando notas de cada decisión que toman los niños. En esta escuela nada se deja al azar. Nada se improvisa. Llevan muchos años con este proyecto y saben perfectamente cada paso que deben dar. El rigor científico es su base. En una primera mirada, uno diría que prevalece el caos, pero cuando te sumerges en el mundo de O Pelouro constatas que este caos controlado es el comienzo de algo grande.

La escuela sin aulas

Una vez que todos los niños se han repartido en los diferentes espacios donde quieren trabajar, nos quedamos Teresa, Fernando, Roi (otro maestro) y yo, sentados sobre la tarima del escenario. Teresa no aguanta ni dos segundos parada y se pone en pie.

—O Pelouro es una aceptación de la diversidad de todo niño. Es una escuela neuro-socio-psico-pedagógica, donde todo está centrado en el respeto de la situación individual y grupal de adultos y niños.

—Me sorprende cómo los niños y niñas tienen tan interiorizadas esas rutinas para comenzar el día...

—Algunas situaciones marcan el ritmo de la escuela —dice Roi—. Una de ellas es la asamblea que tenemos a primera hora de la mañana y donde nos reunimos todos: profesores, alumnos, colaboradores..., incluso padres. Distintos elementos. Y esa asamblea es una primera toma de contacto que va desde el saludo habitual del «buenos días» hasta poner en marcha todas las dinámicas que luego se van a desarrollar.

—Aquí se educa de esta manera. —Teresa se apoya de nuevo junto a nosotros—. Tenemos unos proyectos y unos programas que se llevan a cabo desde hace muchísimos años. Llevamos desde 1973 haciendo observaciones sistemáticas muy potentes.

Es un corpus que tiene un proceso muy serio de investigación-acción y rigor científico.

—Hoy en día, en las escuelas tradicionales, la educación está obsoleta desde el punto de vista del individuo, y también desde una perspectiva relacional, pedagógica y contextual —añade Fernando.

Teresa coge una silla y la acerca a donde estamos. Se agacha para sentarse y se arremanga la chaqueta. No me he percatado de que tiene unas gafas colgando de un cordel en su cuello. Durante unos instantes se mecen con la inercia hasta que cesa el movimiento.

—La infancia, en este momento —dice extendiendo sus manos—, está viviendo un drama existencial, porque es una incomprendida. Sabemos muchísimo desde el rigor científico sobre cómo es un niño, cómo crece... Pero en este momento hay un parón relacional. Es decir, el niño está siendo objeto del deseo mercantil. El niño tiene que presentar unos resultados, debido a los requisitos que pide el informe PISA y también a otros informes que están surgiendo, a los que lo único que les interesa son resultados, resultados y resultados. No puede haber turbulencia ni caos; todo el proceso educativo debe estar controlado y todo tiene que estar recogido a final de curso. Se excluye a los niños que no llegan a los resultados, ¿no crees? Se los margina.

—El conocimiento viene por añadidura —dice Fernando—. Google facilita cualquier tipo de conocimiento, y un niño que esté interesado y que lo desee, puede acceder a esos conocimientos. El perfil profesional o el papel que tenemos las personas que trabajamos en O Pelouro en este caso es facilitar, mediar, apoyar y, sobre todo, acompañar al niño en ese recorrido del aprendizaje. Mis hijos están aquí y, como padre, para mí es un privilegio, ya que pueden recibir uno de los aprendizajes que creo más importantes para una persona, que es vivir en la diversidad.

Teresa se levanta con energía de nuevo.

—Ve con los niños; mézclate con ellos. Disfruta, y luego nos vemos y seguimos charlando.

Me levanto con decisión también, dándome impulso con las manos. Siento mucha curiosidad por saber qué estarán haciendo los niños después de ese comienzo rutinario para ellos, sorprendente para mí. Decido ir al edificio de Infantil. Desde que crucé las puertas del colegio sentía deseos de saber qué había tras esas ventanas. Entro y descubro un mundo que parece hecho para los niños: un espacio abierto en el que hay dos o tres alturas y donde los alumnos están sentados en sillas o en el suelo por grupos. De vez en cuando se ve a alguno lanzándose por una rampa en curva hecha de madera, como todo el resto del mobiliario. No hay mucho movimiento, ya que cada grupo está enfrascado en sus trabajos. Eso sí, para ir a la planta de abajo esa rampa es camino obligado. Quien entra ahí y no la prueba no es niño, así que se convierte en mi objetivo. El sol entra por las ventanas y rebota contra la madera, dotando al lugar de una calidez que reconforta.

Saludo a las tres maestras que están con los niños y hago un gesto con la mano indicándoles que me dispongo a curiosear y a disfrutar, y no sé cómo, pero entienden ese gesto. En la parte de abajo, unas niñas juegan con un montón de hojas de árboles. Otro grupo tiene sobre la mesa la maqueta de una abeja hecha de papel —deduzco que la han elaborado alumnos más mayores—, y ellos preparan las suyas propias con plastilina. Subo unas escaleras de cuatro o cinco peldaños que me llevan a otro ambiente. Allí, dos niñas de cuatro años están concentradas cortando patatas y zanahorias que echan en un bol. Una de ellas llama la atención por lo sonrosadas que tiene las mejillas. Lleva el pelo recogido en una pañoleta de color azul con algún dibujo de rayas también azules pero más oscuras, una camiseta gris con motivos floreados hasta el codo y un delantal que la protege. Es una adulta hecha niña, o lo parece. Al fondo se ve a cinco niños y niñas alrededor de una mesa redonda cubierta de una fina capa de harina. Cada uno con un gorro de cocinero, manosean pegotes de pasta que van transformando en churros, en letras, en montañas, en tortas. Cada uno crea lo que quiere. En sus caras se refleja la ilusión por compartir, por dibujar con el relieve, por mancharse las manos, por esperar el resultado... Horas más tarde me comentarán que, entre esos niños y niñas, hay alguno con autismo, otro, con TDAH..., y me alegra tanto no haberme percatado de ello.

Para salir, me lanzo por el tobogán de madera y me deslizo hasta quedar semitumbado en el suelo. Los niños ríen. Lo repetiría con gusto, pero hay mucho que ver, así que decido salir de la casa de los niños pequeños.

Al principio, la escuela era un balneario que Teresa convirtió en lo que es hoy, por cierto, una escuela concertada y gratuita. Una joven Teresa Ubeira, pedagoga terapeuta, convenció a Juan Llauder, neuropsiquiatra infantil que entonces ejercía en Barcelona, para embarcarse en este proyecto. A los dos los unía una misma pasión: la infancia. Muchos de los espacios que conforman la escuela fueron construidos por ellos mismos pensando en el bienestar de los niños y niñas, tanto dentro como en la zona verde que rodea la casa. «En esa época iba a por piedras al monte —me dice más adelante Teresa—. Sin camisa iba Juan y sangraba, le sangraba el abdomen porque... veías cómo traía las piedras, le rascaban...»

Me quedo absorto un rato mirando el jardín: árboles que dibujan caminos hacia otros lugares; escaleras y rampas hechas con esas piedras que traía Juan, pensadas para sus estudios del autismo; cascadas y estanques para que los niños encuentren el aquí y el ahora; una mesa de madera bajo un sauce con dos sillas a los lados y un ajedrez esperando a que jueguen con él...

«¿En qué momento —me pregunto— perdimos el contacto

con la naturaleza, tan esencial para nuestra educación? Cuántas cosas hemos dejado en el camino cuando decidimos convertir las escuelas en lugares asépticos, fríos y desnaturalizados.»

Regreso al presente y decido entrar en el otro edificio. La sala de la asamblea está vacía y la cruzo buscando el camino que me conduzca arriba. La escalera, con rellanos, está construida íntegramente de madera. Debo subir hasta el segundo piso, donde todos los alumnos están trabajando. A medida que subo se oyen voces de niños, y cuando estoy a punto de llegar, sé lo que voy a encontrar. No creo que existan palabras para expresar lo que uno siente al adentrarse en esta parte de la escuela. Podría describirlo como un loft en forma de buhardilla, de madera y con una escalera en medio que da a un pequeño desván. Tiene distintas zonas a diferente altura y techos altos de los que cuelgan lámparas que alumbran grandes mesas llenas de papeles. Y allí, esparcidos por todo ese espacio, alrededor de las mesas o sentados en el suelo, están los niños y niñas.

Veo dos televisores en distintos puntos, que están emitiendo dos documentales diferentes. Frente a uno de ellos está Juan, que permanece en silencio, sin perderse ningún detalle. Una voz en off habla sobre Cartago, y una serie de imágenes en blanco y negro se suceden. Sentados a su alrededor veo a seis o siete niños, también atentos.

—Fíjate —aparece Teresa—. Juan está viendo el documental y los niños han ido pasando y se sientan a verlo también. No les ha dicho que se sienten, pero ellos llegan y se sientan junto a él para verlo.

La saludo en silencio y observo. La voz del narrador se mezcla con las de los niños y niñas que trabajan en otros rincones. De vez en cuando, al pasar ante el televisor, algún niño se para y mira el programa unos minutos. Luego sigue su camino.

—Ven conmigo, ven conmigo.

¿En qué momento perdimos el contacto con la naturaleza, tan esencial para nuestra educación? Cuántas cosas hemos dejado en el camino cuando decidimos convertir las escuelas en lugares asépticos, fríos y desnaturalizados.

Me agarra del brazo, emocionada, y me lleva a otro rincón.

—Esto lo construimos así a propósito —me explica—. La escuela está hecha en distintas alturas.

—Eres maestra e interiorista a la vez, Teresa. ¿Puedo llevarte a mi casa para que me la arregles?

—Sí. Mi pasión es la decoración —me contesta, y automáticamente se centra en lo importante—: Y mi deseo era que hubiera rincones, rincones de verdad. La situación tiene que partir de esto: espacios para el niño. Y los adultos estamos aquí de apoyo. ¿Ves cómo trabajan solos? Nosotros tan solo les damos menús de información.

—¿Diseñaste el espacio tal y como está ahora?

—Todo, todo debe partir de las necesidades del niño.

Paseamos entre mesas hechas de tableros anchos apoyados sobre caballetes y niños extendiendo papeles y revistas en el suelo. Cada grupo está haciendo un proyecto que nada tiene que ver con el otro. Todos los alumnos trabajan concentrados en sus espacios. De vez en cuando nos cruzamos con algún niño o alguna niña que va de lado a lado, pero no vagan despistados; saben muy bien adónde van.

Teresa se detiene ante tres niños que recortan, sentados en el suelo, lo que parecen poemas escritos a mano.

—¿Cuál es vuestro proyecto? —les pregunta.

—Ahora mismo, tenemos tres entre manos, pero aquí estamos con los haikus. Un haiku —me explica el niño— es simplemente lo que está sucediendo en este lugar y en este momento. ¡Ahora vengo!

Se levanta y se marcha decidido.

—Tienen catorce o quince maneras de autoevaluarse: en curiosidad, ¿qué puntuación te pones? ¿Y en emoción? Y sobre el siguiente proceso: «Al principio deseaba mucho hacerlo, hubo una fase en la que me aburrí, sentí que había pocos estímulos, luego retomé la pasión por el proyecto...». Y después hacen una media —me comenta Teresa.

Como si le hubiera faltado el tiempo, vuelve dando zancadas el niño del haiku, y trae algo en la mano.

—Estábamos en el huerto un amigo y yo. Habíamos intentado hacer un mural sobre él, pero no salió bien. Así que pensamos en hacer un haiku y encontrarnos. Fuimos al estanque y salió esto.

El niño me lee un fragmento:

—«Salto de rana

»Queda el agua.

»El junco se mueve...

Tiene tantas ganas de mostrarme sus obras que deja a medias el poema. Pero me parece tal expresión de libertad y es tan bonito lo que ha creado este niño de apenas nueve años... Busca entre las hojas que ha traído y las coloca unas encima de otras. Parece estar buscando entusiasmado una obra que quiere enseñarme.

—Y después estuvimos haciendo poesías:

»El pino florece.

»La piña cae impactando en el suelo...

—¿Y de dónde sacas esas ideas?

—De ningún sitio. Bueno, sí, de la cabeza, de lo que ves alrededor.

—Hay que enseñarles a situarse y a que sientan el instante presente —interviene Teresa.

Seguimos caminando, mientras ella hace un viaje al pasado.

—Mi padre era maestro —me cuenta—. Él jamás enseñó nada; solo se situaba. Y eso lo mamé desde pequeña, lo aprendí de él. Convertía a los niños en maestros. Había unos cincuenta niños y mi padre hacía que unos enseñasen a otros. Como si se tratara de una mayéutica de Sócrates: lo que hoy está tan de moda, el «aprendizaje distribuido»; escuelas que se mueven, niños que aprenden. Esto es lo que mamé desde pequeña, esa manera de enseñar. Y nosotros... al principio teníamos treinta o cuarenta niños con autismo, pero también a otros que no sufrían este trastorno; por ejemplo, mis hijas estudiaron aquí.

El niño de ocho años y el alzhéimer

Enciclopedias en las estanterías, revistas extendidas por las mesas; sillas altas, sillas bajas; algunos niños y niñas sentados; otros, arrodillados o de pie junto a las sillas. En esta escuela conviven niños con diferencias sociocognitivas de todo tipo: niños con trastorno del espectro autista, con altas capacidades, otros niños con la etiqueta de «normales», otros con síndrome de Down, con trastorno por déficit de atención con o sin hiperactividad... En otras escuelas, muchos de estos niños habrían sido sacados de la clase (o del propio centro) por ser «diferentes». Sin embargo, aquí, estos niños, con sus habilidades y capacidades que hay que desarrollar y potenciar, son tan diferentes como el resto. Y de ello aprenden unos y otros.

En ningún momento de mi visita se me pasa por la cabeza preguntar a Teresa sobre ese tipo de «etiquetas». He venido a O Pelouro para vivir la riqueza de la diferencia en su máxima expresión, y durante el tiempo que he estado rodeado de estos alumnos solo he visto eso: niños y niñas que se ayudan unos a otros, que colaboran en proyectos, que se sientan para escuchar un documental, que dialogan, que aprenden. Niños y niñas que respetan sus diferencias y que convierten en normal lo que los adultos nos hemos empeñado en desnaturalizar.

Llegamos a otro grupo.

—¿Cuál es vuestro proyecto?

—La cocina del siglo XXI —me dice un chico que trabaja arrodillado en una silla.

Durante el tiempo que he estado rodeado de estos alumnos solo he visto eso: niños y niñas que se ayudan unos a otros, que colaboran en proyectos, que se sientan para escuchar un documental, que dialogan, que aprenden. Niños y niñas que respetan sus diferencias y que convierten en normal lo que los adultos nos hemos empeñado en desnaturalizar.

En una de las hojas de su monográfico puedo leer: «El gusto por la cocina facilitó la aparición del cerebro humano».

—¿Vais a relacionar la cocina con el cerebro humano?

—Sí, claro. Ahora mismo estoy haciendo un mapa mental con estos dos compañeros y..., bueno, ahora estamos distribuidos: ellos hacen grafitis y yo, como no se me dan bien, estoy poniendo las palabras. Ferran Adrià, por ejemplo, del Bulli, tiene mucha creatividad.

Mientras habla, sigue buscando material que él mismo ha creado para enseñármelo. Ojea unos folios que tiene a su lado, los manipula con la convicción de que ahí está la información que él necesita.

—Ellos inventan, ellos crean, y todo eso les sale del cerebro. Así que vamos a relacionar el Mugaritz y el Bulli... Y te podría contar más...

Detrás de mí pasan un niño y una niña de unos diez años con una hélice en movimiento y una dinamo. Por un momento captan mi atención, pero enseguida regreso a la cocina del siglo XXI.

—¿Y cómo te llamas?

—Lucas.

—Encantado, Lucas. ¿Y cuántos años tienes? ¿Veinti...?

—Ocho.

—¿Veintiocho años?

—¡Ocho! Mira.

Pasa por alto mi desliz con la edad, cambia de tema y continúa contándome cosas:

—La semana pasada estuve investigando sobre el alzhéimer.

—¿Decidiste investigar sobre el alzhéimer? ¿Por qué?

—Mi abuelo murió de eso, y como es una enfermedad que no se puede curar, decidí intentar curarla o, al menos, investigar. Y a mí... Ese fue un proyecto que me llegó al fondo. Y en otro colegio nunca podría haber hecho este proyecto. En cambio, aquí me sentí muy libre, los maestros me ayudaban con el trabajo, me daban información...

Se agacha y recoge del suelo un conjunto de hojas sujetas entre dos tapas de cartulina dura. Es lo más parecido a un libro que un niño de ocho años puede hacer con sus propias manos. Lo abre y empieza a explicarme el monográfico que ha hecho, que contiene numerosas páginas. Entre ellas, un dibujo.

—¿Qué es eso?

Y Lucas, en un tono absolutamente natural, dice:

—La glía.*

—¿Y te ayudó alguien?

—Los compañeros —responde, señalando a cuatro niños con los que comparte mesa.

Teresa, tan orgullosa como emocionada, interviene:

—Les dejamos despiezar un montón de revistas. Allí —me indica uno de los rincones físicos— tienen veinte o treinta.

—Sí —añade Lucas—. Y sobre el alzhéimer, en mi carpeta tengo como... igual veinte escritos. Y aquí —me enseña otra carpeta llena de papeles— tengo información sobre el cerebro adolescente: qué es lo que empiezas a pensar cuando eres un adolescente.

Entre los cuatro compañeros que ha nombrado, antes de irme, Teresa me dice que hay dos niños con autismo.

Me despido de Lucas y de su equipo y me dejo llevar por mi curiosidad. Me paro junto a una mesa en la que dos niños están con un multímetro y algunos elementos eléctricos.

—¿Qué es esto? ¿Qué estáis haciendo?

---

* La glía la describe de la siguiente manera la revista *Investigación y Ciencia*: «El sistema nervioso consta de neuronas y células gliales o células de glía. Estas células, además de modular la función de las neuronas, decretan su supervivencia o muerte en determinadas circunstancias, y cumplen una función clave en el desarrollo de diversas enfermedades neurológicas».

Uno de ellos, de pelo largo, se lo aparta un poco de la cara.

—Es un tester —responde—, un aparato para medir el amperaje, el voltaje y la resistencia.

—Los tres elementos más importantes de la robótica —añade un compañero.

—Y tenemos aquí un par de resistencias.

Me paso un rato hablando con ellos y me cuentan otras cosas; tienen ocho y diez años. Me sorprende. Teresa me avisa que tiene que irse un momento, y yo sigo mi ronda.

Otras cuatro escaleras me llevan a otra estancia. Allí, dos niñas trabajan en una mesa en la que tienen un monográfico sobre la Antigua Grecia. A su alrededor, estanterías repletas de revistas recortadas y libros abiertos de donde han sacado la información.

—Buenos días. Soy periodista —susurro a una de ellas, metiéndome en el papel de alguien que ha entrado de incógnito, pero al instante vuelvo al volumen normal—. No, en realidad soy maestro aunque me hago pasar por periodista.

—Vale —me dice, siguiéndome la corriente.

—¿Cómo os llamáis?

—Yo me llamo Carmen, y ella, Aurora. Aurora tiene once años y yo tengo doce.

—Veo que estáis haciendo un trabajazo sobre Grecia, ¿verdad? ¿Y por qué habéis elegido Grecia?

—Al principio nos interesaba Italia —me explica Carmen—, pero cuando vimos Italia en el mapa y descubrimos Grecia, ahí nos empezó a interesar mucho.

—A mí me encanta Grecia, ¿qué me podríais contar sobre ella?

Aurora, que se afana en pegar el Minotauro en su monográfico, levanta la vista.

—Que es el país de la democracia, de la filosofía y de casi todo.

—¿Y personajes?

—Muchos filósofos como Sócrates o Platón.

—Que la capital de Grecia es Atenas y es una ciudad muy importante en Grecia, y en la Antigüedad Esparta también era muy importante.

—Veo que a vuestro alrededor tenéis todo tipo de libros y revistas sobre filosofía, arte griego...

—Algunas cosas las cogemos nosotros y otras nos las dan nuestros profesores, y así podemos consultar lo que queramos.

Sentado a una mesa cerca de la zona del monográfico de Grecia está Xoan Francesco, un niño de nueve años que hizo un trabajo sobre el desarrollo del cerebro y sobre investigadores como Ramón y Cajal, entre otros. Está solo, concentrado, respondiendo unas preguntas, y me dedica dos minutos.

—¿Y ahora qué estás haciendo?

—Ahora estaba haciendo la prueba objetiva, que se llama neurociencia, nuevas funciones y actividades cerebrales. Me he planteado unas preguntas acerca de lo que opino sobre la neurona espejo y cosas por el estilo.

—¿Por qué elegiste ese tema?

—Porque me interesa saber cómo en un segundo puedes llegar a hacer lo que piensas. Cómo puedes actuar con el cerebro y cuántos pensamientos desfilan por él. También, cómo en una milésima de segundo tú puedes respirar, y cosas así.

Le pregunto por alguien que lleve poco tiempo en esta escuela, y me señala a dos chicas que hay tres metros más allá. Son Carmen y Norma, me dice. Me acerco para preguntarles.

—Vosotras estáis en esta escuela desde hace poco, ¿verdad?

—Yo desde hace un año.

—Yo acabo de llegar.

—Contadme, entonces. ¿Qué os resulta distinto aquí?

—La diferencia es grande. En el otro colegio te dicen lo que tienes que hacer y aquí puedes elegirlo tú.

—A mí me gusta más el sistema de este colegio.

—La diferencia es que allí no podíamos hacer lo que queríamos y teníamos que hacer un montón de deberes. Llevaba como ocho libros a casa para hacerlos y no podía estar con mis amigas ni nada.

—¿Y por qué viniste a este colegio?

—Vine porque me apetecía estar en un sitio donde se me escuchara, donde pudiera aprender muchas cosas y no llevar montones de deberes y libros a casa. Porque aquí, como eliges lo que quieres aprender, pues te acuerdas. En el otro te dicen lo que tienes que hacer y lo haces, pero al final te olvidas.

—Pero en los otros colegios os enseñaban matemáticas, inglés, lengua... ¿Y aquí os dan todas estas materias?

—Sí, de otra forma, pero sí.

—A través de los proyectos lo damos todo. Por ejemplo, en un único proyecto metes lengua, matemáticas e incluso inglés.

—¿Cómo?

—Una vez hicimos un examen sobre Grecia que creamos nosotras y luego lo pasamos al inglés.

—Interesante... ¿Y a ti qué es lo que más te gusta de estar aquí?

—Que podemos ser libres.

Con esa reflexión llega la hora de comer. Nada más y nada menos.

Como si tuviera el secreto mejor guardado

Salgo de la escuela y busco a Teresa. Me ha dicho que comeríamos en el jardín, junto al edificio de la cocina. Para después de comer hemos preparado una asamblea con los padres y algunos maestros. Sigo un camino estrecho que rodea la escuela y enseguida veo a Teresa. Me espera sola, sentada y apoyando los brazos cruzados en el borde de una mesa de piedra sobre la que ya hay platos, vasos y una fuente grande de ensalada con tomate.

—Este es un lugar para los niños, esto sí es un recreo —le digo.

Estoy de pie un rato mirando alrededor. Es un lugar lleno de árboles y donde se mezclan el sonido del agua y de la naturaleza. La mesa en la que vamos a comer está resguardada del sol por tres o cuatro árboles que tenemos a escasos metros.

—*Cesíñar*, antes esto eran dos hoteles, pero conservamos los jardines y eliminé los patios; odio el cemento, así que lo quité. Esta es la zona del recreo. Lo llaman «Tiempo de ser» o «Campus». Es un paraíso.

—Sí, lo es.

Me siento junto a ella.

—Concebí O Pelouro como la escuela de mi padre, como escuelas unitarias, que son las que dan la fuerza del contexto. Porque son escuelas que tienen entornos vivos, en las que el maestro plantaba tomates y vivía en la casa-escuela; de hecho, era su casa, no cerraba a las cinco y luego se marchaba. Y yo quise que O Pelouro fuera una casa-escuela. Nosotros vivimos aquí. Te encantaría ser profesor de esta escuela.

—Lo he pensado tan pronto entré.

—Ya te has enganchado, quieras o no quieras. Pero no es fácil ejercer en O Pelouro, nada fácil, y por una sola razón: porque pertenecemos a los niños y exigimos que el niño esté en primer lugar.

—Es maravilloso escucharte hablar así oyendo el agua... y ese pájaro.

—El pájaro soy yo.

Interviene de forma ocurrente Juan, que aparece subiendo con dificultad tres escaleras de piedra. Me levanto y voy a ayudarle.

—Así es Juan —dice Teresa—. Va caminando por las orillas

de un río con un niño y de pronto suelta: «Qué felices son los peces». Y el niño le dice: «¿Cómo sabes que son felices si tú no eres un pez?». Entonces Juan le contesta: «¿Tú por qué sabes que yo no sé si son felices si tú no eres yo?». Juan es un filósofo. Es un genio de la emoción.

—Si no hay emoción, no hay nada —añade Juan.

Les oigo hablar tan compenetrados, mostrando tanto cariño el uno por el otro... Pienso en lo que he visto horas antes, y en lo que me queda...

—Estoy aquí y estoy a la vez en el futuro —les digo.

Sé que aún estoy aquí pero ya estoy pensando en volver. Es una sensación muy curiosa.

—Estamos en el futuro, si no, no estaríamos aquí —me contesta Juan.

—Cuéntame quién eres. Quién eras de niño, qué estudiaste —me pregunta Teresa.

En ese instante aparecen Laura, maestra y exalumna de la escuela e hija de Teresa y Juan, y Mijail, otro de los maestros, con dos botellas de agua y una fuente que parece contener puré. Se sientan junto a nosotros. Detrás viene Fernando con una bandeja en la que no logro descubrir qué hay.

—¡Podemos empezar! —dice Teresa.

—Soy de un pueblo de mil quinientos habitantes, de la provincia de Zaragoza —le respondo.

—Más pequeño que Salceda, qué bárbaro. ¿Estás trabajando? ¿En una escuela pública?

Teresa toma el cazo metido en el puré y nos pide los platos. Nos sirve de uno en uno.

—Sí, una escuela de Zaragoza.

—Pero no será escuela de pupitres, ¿verdad?

—De las escuelas que hay en Zaragoza.

—¿Tú eres maestro de una escuela de pupitres? —Se sorprende.

—Sí, yo soy maestro de una de esas escuelas.

—No me lo puedo creer. ¿Lo dices en serio? Pues ya puedes empezar a cambiar las cosas. ¿O no te dejan? No podemos seguir haciendo una pedagogía de pupitres. Esta escuela no es una escuela de pupitres. Eso fue lo primero que quité, hace cuarenta años. El contexto también es la arquitectura, el contexto también es lo que rodea esta escuela. Lo primero que hice fue un cambio de contexto. Pero yo quería aulas con tres y cuatro profesores dentro, hace cuarenta años.

—Me costará mucho volver a adaptarme a las escuelas tradicionales, Teresa... Ver de nuevo a veinticinco niños que están dentro de un aula sin poder interactuar entre ellos y sus compañeros tanto como yo quisiera, sin poder decidir muchas veces, oyendo un timbre que señale que ya se puede entrar y salir... Algo tendremos que hacer.

—¿Quieres repetir? —me dice al ver que remuevo la cuchara en mi plato prácticamente vacío.

—No, no. Gracias.

—Mira, mis hijas estudiaron en esta escuela. Sabemos que no es fácil, pero este modelo puede implantarse en otros sitios. El artículo cuatro del decreto de O Pelouro dice: «Las experiencias de O Pelouro tendrán que ser extrapolables a la función pública». Este sistema educativo se ha implantado en Italia, y en algún otro sitio, pero aún no lo han hecho en España, y tiene que hacerse.

—¡Rastro! ¡Rastro! ¿Dónde vas? Tú ya has comido.

Teresa se agacha un momento y al instante se incorpora de nuevo. Una gata se acerca y acaricia mi pie recostando su cuerpo sobre él. Seguramente ella también querrá comer. Pero no es a ella a quien llama Teresa. Bajo la mesa se ha apoyado en sus rodillas un perro pequeño, vivaracho, que sale corriendo para investigar las otras piernas. Puesto que nadie le da comida, decide acurrucarse bajo la sombra de unos matorrales.

En ese momento viene una niña de unos cinco años y se queda mirando a Teresa. Con una voz dulce, le cuenta que se ha comido toda la comida.

—¡Maravilloso! ¡Dame un beso ahora mismo!

Se lo da y se va corriendo.

—¡Qué manera de expresarse la de Lucas, con solo ocho años! —le digo a Teresa.

—Pero son todos, eh. Disfrutan tanto con sus proyectos...

—Esta es una experiencia que hay que vivir —les digo—. Tendría que ser visita obligatoria para cualquier maestro. Deberían venir aquí.

—Tenemos muchos convenios con universidades. Llegan estudiantes de Barcelona, Oviedo, Salamanca, Almería y Málaga. Es como si viniesen a hacer prácticas. Están acompañados de sus profesores y se quedan un día.

Mijail es un tipo callado, pero observador. Controla todo lo que ocurre a su alrededor. Toma la bandeja que ha traído Fernando y nos mira. Le pasamos los platos uno a uno, y va colocando dos trozos de empanada en cada plato. Tiene una pinta buenísima. Mientras sirve, da su opinión sobre la escuela.

—Fundamentalmente es una práctica que se está recreando de forma continua, no es una receta, no es un módulo rígido. El arte está en generar esa chispa que haga que la pasión desencadene la voluntad de búsqueda, de conocer, pero sin crear una división en niños y en adultos, ¿no crees? Es decir, es generar esa inercia que provoca de repente una mirada, o que un niño se sonroje por esa voluntad de querer estar en el mundo y conocerlo.

Parto la empanada con el cuchillo y me la llevo a la boca. Efectivamente, está buenísima. Toda la comida la hacen aquí, me dicen.

—Eso lo habrás vivido tú, Laura —le digo—. Toda tu vida está aquí; has compartido tu infancia con los niños y niñas en la escuela, como alumna y como maestra.

—No puedes imaginarte cuánto he aprendido de los niños. Todos los logros que han conseguido, cómo los cambia en todos los ámbitos, cómo nos cambia también a los adultos. Niños que tienen dificultades y que van viendo que son capaces de conseguir cosas. O el niño con autismo que no habla, que no se comunica, como si tuviera el secreto mejor guardado, y ver su evolución, y comprobar que se encuentra a sí mismo, que de repente te da un abrazo o sonríe. He presenciado lo que llamamos plasticidad neuronal: ver cómo una situación se encamina hacia un lado y, de repente, da un giro y evoluciona. Mi concepto de la educación se centra más en el ser que en el tener, como ves.

—Es maravilloso, Laura. Coincido contigo.

—Y van y nos quitan la ESO —salta Teresa—. Fue un drama para nosotros. Queremos ser una escuela obligatoria desde cero años a dieciséis. Y después, el niño que tenga que quedarse más tiempo, hasta los diecisiete, dieciocho e incluso veinte años, pues que se quede.

—Sí. Y tiene que haberla —añade Laura—. Porque es un sinsentido para muchos niños que están en esta escuela y que a los doce años no están preparados para irse. Y todos quieren tanto a esta escuela...

Uno de los chicos que trabaja en la cocina, y que estudió en O Pelouro, trae una bandeja con unas cuantas copas rellenas de un líquido de color anaranjado. Las coloca sobre la mesa y nos da una cucharilla a cada uno.

—Eso mismo iba a deciros, que hay gente que se preguntará: «Sí, se está bien en esta escuela, pero ¿qué pasa cuando llegan a Secundaria?».

—Cuando llegan a Secundaria... Esa es la pregunta del millón —contesta Teresa—. ¿Te imaginas a este niño de ocho años cuando tenga doce y vaya a Secundaria? ¿Acaso es un niño que no posee los conocimientos necesarios? ¿Crees que le preguntarán qué es la glía y él no sabrá responder al profesor?

Y si no lo sabe, lo buscará, porque les enseñamos cómo buscar información, y le dirá: «Sé la glía por siete vías, o sé de robótica, o te voy a explicar lo que yo he aprendido sobre la Antigua Grecia o cuánto sé sobre cómo tratar a mis compañeros con respeto».

Cojo una cucharada de la copa. Es plátano con galletas. Al probarlo tengo la sensación de haber vuelto a mi infancia, cuando mi madre me preparaba lo mismo para merendar.

—Sin duda. He visto lo que aprenden estos niños, cómo se desenvuelven, su deseo de adquirir conocimientos... Pero seguro que, más de una vez, te han preguntado si cumplís los mínimos del currículo.

—Los niños aprenden los mínimos que exige la ley, pero, vamos..., con la manga. Si un niño de cinco años te pide restar, que reste. Les dejamos tener un tiempo distinto.

—Los profesores vamos viendo las lagunas de contenido que tienen, y ahí es cuando sí nos acercamos a ellos —añade Fernando.

Aparecen dos niñas y un niño con un bote de cristal.

—Mira, Teresa.

Quita la tapa y acercan el bote a Teresa para que lo vea bien.

—Son semillas de amapola. Ahora se consideran un superalimento. Tienen micro y macronutrientes.

—Un momento. ¿De dónde lo habéis sacado?

—Son semillas de amapola, de una planta —dice una niña, que no tendrá más de nueve años.

—Ya sabéis que la amapola es un opiáceo.

—Pero sus semillas son superalimentos.

—¿Dónde las encontrasteis?

—En el huerto —dice su compañero.

—Pero, niños, tenemos que dejar que se expandan, porque a mí me encantaría que siguiera habiendo más amapolas.

—Y hay un montón.

—No, no cojáis más. Porque hace años había muchas y era precioso ver todo el campo lleno de amapolas. El otro día apenas si vi cuatro en el huerto y casi me pongo a llorar. Así que no cojáis más. De todas maneras, estas que habéis cogido podéis utilizarlas para estudiarlas, para investigar.

Una chica del grupo, algo más mayor y que ha estado escuchando, interviene:

—También estábamos pensando dar estas semillas de amapola a los que están haciendo el proyecto de la cocina del siglo XXI.

A medida que los escuchaba, sin intervenir, estaba cada vez más asombrado.

Tal y como han venido, se marchan.

—¿Por qué decidiste ser maestro? —me pregunta Teresa, volviéndose hacia mí.

—Podría decirte que por azar.

—Llevo cincuenta años en la docencia, pero tú llevas muchos menos. De la infancia sabemos bastante. Tú te sorprendes con el comportamiento de estos niños de siete años. Yo también me sorprendo, pero lo que me sorprende aún más es que otros niños no crean en sus posibilidades. Los educan en el pensamiento único, pregunta-respuesta, y lo que se sale de ese marco no sirve. Y eso mismo también hacemos con los adultos sin darnos cuenta. Estamos en una era posmoderna. Las escuelas del siglo XXI no pueden ser escuelas de aula, tienen que ser escuelas de vida. Juan y yo somos especialistas en la teoría del conocimiento, de cómo se aprende a aprender. Aquella cascada la hizo Juan, aquella rampa también la hizo él... Preparamos el entorno para que el niño experimente sensaciones.

Teresa regresa al tema central, tras tomarse una cucharada de postre.

—Son las funciones neuronales las que tenemos que desarrollar en la escuela. ¿Y cómo se desarrollan? Con la emoción, con la inteligencia emocional. No hay conocimiento que no esté anclado en una emoción, y ahora todos empiezan a hablar de la importancia de la emoción. Nosotros lo hemos tenido en cuenta desde hace cincuenta años. Esto es Luria, esto es Vygotsky, esto es Leóntiev. ¡Y tienen que ser los tres! Y la escuela debe tener los tres.

—Me hablaste hace un rato del cambio que debemos dar a los proyectos...

—Hace treinta o cuarenta años ya hablábamos de esta metodología. Ahora todos hablan de ella como si fuesen niños con zapatos nuevos. Pero les falta algo: estos proyectos no se hacen desde las funciones neuronales del deseo productivo del niño. Es realmente impresionante... Cuando yo te hablo de «yoización básica», son cuarenta años de un trabajo ponderado de un gran científico que se llama Juan Llauder. Aquí han venido prestigiosos científicos, psiquiatras de gran renombre en Estados Unidos, los mejores de Buenos Aires. Juan era uno de los grandes, entonces. El estudio que hicimos recibió la medalla de oro en la Universidad de Padua por su contribución al potencial del desarrollo y a las pruebas científicas aportadas. «Yoizarse» significa conocer cómo funciona tu cerebro, tomar conciencia de que existes, de que eres.

—En este sentido, vuestra escuela no tiene nada que ver con muchas otras. Se tiene en cuenta al niño en todas sus dimensiones, ¿verdad?

—El contexto —dice Teresa— es el tercer maestro para mí. Por eso esta es una escuela neuro-socio-educativa.

Terminamos la comida y la conversación, porque ahora asistiremos a una nueva asamblea, esta vez con padres, madres y maestros de la escuela. Tras esta comida se me han aclarado muchas dudas: esta escuela es sin duda un modelo, un modelo para el mundo, me atrevería a decir.

Ahora que has visto este cole, ¿cómo va a ser el tuyo?

Tal y como estaban los niños cuando llegué al colegio, así encuentro a todos los padres y madres: sentados en las pequeñas sillas, haciendo un semicírculo. Es una sensación curiosa; ocupan el mismo lugar donde sus hijos comienzan cada día su andadura por esta escuela. Su opinión es esencial para entenderla mejor. Algunas caras me resultan familiares, y no es extraño; he pasado horas con sus hijos e hijas y los parecidos salen a la luz.

Teresa ya les ha explicado el motivo de esta reunión, y eso facilita que intervengan enseguida en la conversación. Empieza a hablar Isabel, madre de Lucas:

—Yo tengo dos niños en O Pelouro, de cinco y ocho años. Llegamos en septiembre de este año y estamos encantados. Buscábamos un colegio que nos convenciera. Vivíamos en Pontevedra y nos trasladamos a Tui para que nuestros hijos pudieran estar en este colegio.

—¿Y qué sensaciones tuviste los primeros días?

—Fue un cambio muy grande. Al principio tenía mis dudas, pero duró poco. Ves unos cambios tan increíbles en los niños... Antes les costaba relacionarse; eran introvertidos. Y ahora han cambiado tanto... Y esos temores que tenía al principio se han convertido en una simple anécdota. Porque lo he visto y lo he vivido, ahora sé que las habilidades personales son las que finalmente te hacen progresar en la vida.

—Pero no podemos decir que aquí los niños no estén adquiriendo conocimientos —le digo—, porque ayer mismo me quedé alucinado...

Isabel sonríe y se sienta. Tras su intervención, un padre se levanta de la silla.

—Me llamo Carlos y soy padre de dos niños de O Pelouro: Guillermo y Marcos, de diez años. Conocí a Teresa Ubeira y a

Juan Llauder en el verano de 2007, durante unas pequeñas vacaciones familiares en la zona de la ría de Vigo. Teresa les regaló a los niños un caballo de juguete y, al acercarnos hasta su cabaña para darles las gracias, Juan me abrazó como si nos conociéramos de toda la vida. Ese gesto era para que los niños percibiesen una «no hostilidad». Teresa se sentó con ellos en el suelo y jugó con el caballo. Mientras jugaban, conversamos sobre los niños, y ahí fue cuando oí por primera vez el nombre de O Pelouro. Hablaron del tiempo, del tiempo que cada niño necesita para interiorizar su evolución y su desarrollo en esas etapas de su vida. Yo les comenté mi opinión sobre la rigidez del sistema educativo. A Iván, el hijo de mi mujer, le habían diagnosticado hiperactividad y déficit de atención. Sinceramente, hoy en día pienso que todo niño es hiperactivo y posee un déficit de atención, pues su mente necesita absorber toda la información que está a su alcance, sin discriminar nada en sus primeras etapas de desarrollo, ya que todo es aprovechable, todo es nuevo y todo despierta su interés. Eso nos llevó a buscar más información acerca de O Pelouro y luego decidimos que Iván fuese allí a estudiar y a crecer como individuo, y a crear sus propias herramientas, que el sistema tradicional le negaba. Te diré que Iván, a quien le habían diagnosticado esos trastornos, tiene ahora diecinueve años y está en la universidad estudiando Antropología, algo que le apasiona.

—Poner el conocimiento al servicio de la vida creo que es el verdadero sentido de la educación —comenta otro padre—. Pero lo que hemos hecho hasta ahora es poner la vida al servicio del conocimiento. Creo que...

—Perdón, creo que la vida al servicio de la mercancía, al servicio del producto mercantil, diría yo —puntualiza Teresa.

—Sí, eso es.

Se levanta Francisco, un padre que ya me ha saludado, ya que entró en la sala al mismo tiempo que yo.

Se me ponía la piel de gallina al ver cómo uno puede ser niño en una escuela cuando eso debería ser lo natural. No podemos dejar la infancia fuera de las aulas.

—Mi hija tenía cuatro años y de repente dejó de ser la persona que yo conocía. A los pocos días de estar en otra escuela, la niña ya no era la misma. Era una niña gris. Aquello nos preocupó seriamente a su madre y a mí, y buscamos una alternativa para el siguiente curso. Esa alternativa para nosotros es este colegio. Aquel año escolar fue tristísimo. —Se emociona—. Es decir, a una niña dicharachera, abierta, que no tenía problemas de comunicación, tenías que sacarle con sacacorchos qué le estaba pasando en el colegio. Ahora los niños que dejo por la mañana en esta escuela son los mismos cuando salen. Y solo por eso estoy agradecido.

Estos comentarios me hacen reflexionar, y pienso que es cierto que no somos conscientes en la escuela de que obviamos los aspectos más importantes de la vida de un niño. Se me ponía la piel de gallina al ver cómo uno puede ser niño en una escuela cuando eso debería ser lo natural. No podemos dejar la infancia fuera de las aulas.

Un padre agradece a Teresa que O Pelouro vaya contracorriente. Esa misma sensación la hemos tenido muchos. Teresa aporta su visión sobre este punto, desde su perspectiva, que se basa en la educación centrada en el niño:

—El niño necesita que se le deje ser niño. No puedo enfrentar esa dimensión. El Pelouro no puede nunca estar en el territorio de corriente o contracorriente, me niego. Lo que debe importarnos aquí es el niño, nada más. Queremos que el niño sea una persona feliz; feliz e instruida, porque aquí el niño aprende. Aquí les enseñamos cómo buscar información, cómo ilustrarse, pero lo más importante es que les enseñamos a ser ellos mismos. Por eso se necesita un cambio radical, y las escuelas se transforman con nuevos perfiles de profesores y con nuevos contextos arquitectónicos y sensitivos del propio contexto, que es el tercer profesor.

Teresa toma las riendas y la palabra por un momento y cambia nuestros papeles. De repente es ella quien pregunta y yo el que contesta.

—Quiero hacerte una pregunta como colega que eres. Porque yo tengo la suerte de haber creado una escuela y nunca me he sentido frustrada con respecto a cómo me había planteado la enseñanza. Esta escuela la fundé yo. Pero ¿qué siente un maestro como tú en una escuela tradicional, cómo manejas las frustraciones? ¿O no las tienes?

—Hay muchísimos maestros que representan un modelo a seguir y con los que podemos contar, y hay que tener en cuenta esto mismo cuando te sientes frustrado. Además, yo siempre he dicho que me refugio en los niños. Pero esto, algo que les ocurre a miles de personas como yo, no debería suceder en una escuela donde lo que debe prevalecer es la ilusión. Te confieso que, después de estos viajes, de haber aprendido tanto de vosotros, me será más difícil, pero, por otro lado, ahora dispongo de más herramientas, de más ideas y de un mayor convencimiento para hacer que los niños estén por encima de todo.

—Entonces, después de conocer este colegio, ¿cómo será el tuyo? Iré a verlo, de eso puedes estar seguro, y te ayudaré a cambiarlo. Porque existe otra manera de educar, algo que nos está pidiendo el niño. Los parches ya no valen, hay que hacer escuelas para niños. El cambio debe producirse ya, empezando por el entorno: esos patios terroríficos de cemento, esos patios en los que les ponen a los niños un arbolito... No pueden construir colegios aquellos arquitectos que no tienen ni idea de lo que piensa un niño.

Con estas palabras, Teresa había respondido a la llamada de miles de niños, de miles de familias y de docentes. La base de la educación es tener en cuenta la infancia y sus necesidades, no otra.

—¿Qué te llevas de aquí? —me pregunta una madre.
—Las ganas de volver.

Retomo el control de las preguntas después de estas intervenciones, y planteo dudas que tal vez tengan otras personas que desconocen este tipo de enseñanza.

—Si le cuentas a la gente cómo funciona esta escuela, te dirán: «Sí, suena muy bonito. Pero... eso no se puede hacer».

—Buena observación —dice Teresa, y se une para añadir más matices—: ¿Por qué lleváis a vuestros hijos a ese colegio si hay niños que sufren todo tipo de trastornos? ¿Por qué los lleváis a ese colegio si no se les enseña?

Una de las madres se levanta de la silla.

—Yo vine aquí porque mis hijos, con siete años, se sentían absolutamente desilusionados —comenta—, y ahora aquí son felices. Se les prepara, disponen de muchas herramientas para aprender, les enseñan a pensar... Es como en la universidad: saben sacarse las castañas del fuego. Y, sí, es verdad que a veces he pensado: «Pero ¿qué pasará después?». Y he llegado a la conclusión de que el después viene después, y que antes hay que situarse en el presente. Y lo que ellos se llevarán de aquí y del momento presente me deja muy tranquila.

—Y ahora te pregunto al revés —dice Teresa—. Y si no los hubieras traído, ¿qué habría pasado?

Teresa da una nueva respuesta que debería aparecer siempre que alguien dijera un «sí, pero...». De forma magistral, y esta vez de una manera sencilla, desmonta una duda basada en el desconocimiento.

—Estoy cansada del «sí, pero», porque ese «sí, pero» impide que el niño se sitúe en el ahora, en el momento presente en el que está madurando, porque ya estamos pensando cómo será ese «después» y le estamos robando el presente. Así que prohibido el «sí, pero». Sobre todo porque ese «pero» carece de consistencia, ni siquiera al principio; pregúntale a ese niño por el número PI, por el número áureo, ¿en cuántos minutos aprendió las matemáticas? En media hora aprendió las fracciones. Preguntadles sobre la Edad Media, sobre cómo buscar información, sobre mirar a la sociedad, a su entorno, y dar lo mejor de sí mismo. No caben los «sí, pero». Es absurdo que juzguen si no conocen lo que hay. Tengo en mi haber treinta años de resultados, que no es broma; tengo niños que con el tiempo han cursado cinco carreras, tengo a mis propias hijas que siguieron este sistema. No puedes pedirle a un niño con un autismo severo que estudie tres carreras, pero lo realmente importante son las estrategias y las herramientas de las que el niño dispone.

—Hoy —les digo— he visto cómo uno de vuestros hijos realizaba una prueba objetiva sobre la neurociencia, algo que había estudiado estos últimos días; tres niñas estaban terminando un proyecto sobre Grecia; otro niño estaba haciendo un monográfico sobre la Segunda Guerra Mundial, un par de niños se disponían a analizar las propiedades de las semillas de una flor... Esto, que aquí parece tan normal, no lo es en absoluto.

Roi se levanta pausadamente, como es él, y con esa misma calma nos ofrece su visión de la escuela en la que lleva tantos años trabajando:

—Solo quería puntualizar algo. Muchas de las personas que vienen a visitar esta escuela suelen comentar que «aquí hay magia» para expresar lo que sienten al ver todo esto. Esa palabra se asocia con algo que es fascinante, y es bonito. Pero, realmente, la magia que veis se sustenta sobre un trabajo científico, es fruto de un esfuerzo e interés y de una formación que se les ha dado durante todo este tiempo. Quiero decir que el modelo es transmisible. Ya vienen, de hecho, futuros profesores, maestros, universitarios... Creo que esa magia existe, se da y ocurre de forma constante, porque en la escuela O Pelouro cada día es distinto del siguiente, ya que, aunque sigamos los mismos procesos, cada día es único. Y esta magia se produce porque tenemos un modelo científico, pedagógico, psicológico muy asentado, que está vinculando a todas las actividades que se dan aquí. Y se dan para que cualquier niño, por distinto que sea, tenga la posibilidad de llegar a ser lo que él desea, y los demás, los que estamos aquí acompañándole, tenemos la certeza de que puede hacerlo.

—Y luego hay otra cosa que es fundamental: la confianza —añade Fernando—. Hay que confiar en los profesionales de esta escuela, y no es nada fácil, porque somos adultos que deben dejar de serlo para ceder todo el espacio al niño, porque aquí no hay espacio para el maestro. Nosotros no tenemos ningún protagonismo; siempre estamos donde el niño necesita que estemos.

Laura se levanta.

—Creo que no debemos entrar en ese juego de preguntas y respuestas cuando estamos hablando de lo que necesita el niño —comenta—. Y si tú tienes la certeza de que determinados mecanismos y sistemas funcionan, no deben afectarte las críticas, porque, además, esas críticas arrancan de unos supuestos por parte del adulto que no tienen en cuenta al niño. Aquellos que usan la crítica se centran más en sus propios temores, que pueden ser legítimos pero que no conducen a nada constructivo. Muchas veces la palabra del adulto hace muchísimo daño; el adulto emite un juicio... La realidad, la cuestión primordial y que es sagrada, es que el niño está creciendo y realmente eso sí supone una evolución. Ver que una niña autista de repente empieza a hablar, eso sí es una evolución. Luego ven y refútamelo con un «pero»... Ver a niños deseosos de aprender es una evolución; entonces ven y dime un «pero».

—Sí —responde Teresa—, pero entonces ya inicias otro tipo de diálogo, el diálogo con el adulto, y no con el niño. Hay que curar al adulto.

—De modo que la clave está en volver al niño que fuimos —concluyo.

Teresa se levanta y se arremanga la chaqueta.

—Hay que formar a los padres sobre cómo evolucionan los niños, pero a veces es suficiente con retroalimentarse con nuestros recuerdos de nuestra propia infancia. ¿Qué te preguntaba yo ayer en la Ribeira? —Se dirige a uno de los padres, señalándolo—. Te preguntaba cómo eras de niño, si habías sido un rebelde, qué comportamiento tenías en el instituto. Y Juan, que ya tiene bien definido el perfil del maestro que queremos para nuestra escuela, hace las mismas preguntas. Siempre quiere saber cómo fueron de niños. Cuando algunos vienen a pedir trabajo, nosotros escogemos el que nos parece más apropiado para la escuela. A veces venían cincuenta personas a pedir trabajo y les preguntábamos cómo eran de niños, y nos contaban unos currículos... Y Juan volvía a la pregunta: «¿Cómo eras de niño?».

—Yo voy a cumplir treinta años y desde los tres estudié aquí —dice una madre—. Puedo decir que es mi segunda casa, mi familia... De aquí saqué la capacidad y la fuerza para resolver problemas, para tomar las riendas de mi vida y saber hacia dónde voy, adónde quiero ir y saber que soy capaz de hacerlo.

—No se trata de destruir lo que hay —dice Carlos, padre de Marcos—, sino de crear un sistema que sustituya al tradicional para poder mejorar. O Pelouro hace que mis hijos vean los distintos caminos que tienen ante sí, no los guía por un único camino, y también aprenden que, en ocasiones, ese mismo camino hay que construirlo.

Es realmente muy interesante lo que están comentando y podríamos pasarnos horas hablando y aprendiendo de esa visión que tienen los adultos de la escuela, pero deseo ver qué hacen los niños, porque esa es la realidad de la que estamos hablando. Y, sin duda, será lo primero en lo que me fije: cómo están construyendo ese camino por el que irán avanzando cada día. Me despido de los padres y madres y regreso a la planta de arriba,

—(...) O Pelouro hace que mis hijos vean los distintos caminos que tienen ante sí, no los guía por un único camino, y también aprenden que, en ocasiones, ese mismo camino hay que construirlo.

donde acaban de subir los niños. Durante el rato que pase con ellos, y tras escuchar a sus familias, seguro que me ayudarán a entender aún mejor esta escuela.

Mírame, Simón, mírame

En cuanto pongo el pie en el último escalón antes de llegar al piso, ya sé dónde quiero ir. A tres metros de mí, donde la altura del tejado te obliga a caminar agachado, veo a cuatro niños sentados en el suelo. Uno de ellos coge una pieza de una maqueta desmontable del cuerpo humano en tres dimensiones. Decido sentarme con ellos.

—¿Os puedo hacer una pregunta? ¿Qué estáis haciendo?
—Les estoy enseñando las partes del cuerpo humano.
—¿Cómo te llamas? ¿Y cuántos años tienes?
—Me llamo Odei, y tengo diez años.
—¿Y tú?
—Doce —responde Odei por él.
—¿Y tú, que pareces un gigante?
—Seis años, y me llamo Artur.
—Artur, qué nombre más chulo. Me gustaría llamarme así.

Artur sonríe y se sienta más cerca de mí, cruzando las piernas y mirando atento las indicaciones de Odei.

Durante un buen rato me dedico tan solo a observar. Odei monta y desmonta el cuerpo humano pidiendo atención a sus compañeros para que recuerden dónde coloca la pieza correspondiente. Una vez montado, invita a Artur a probar. Le sale bien aunque Odei ha tenido que ayudarle con una pieza, y, satisfecho, se levanta y se aleja. Odei vuelve a desmontarlo despacio y se vuelve hacia otro compañero, que tiene dos años más que él.

—A ver, Simón, ¿dónde va esta parte? Ahí no, Simón. ¿Dónde va? Va aquí, ¿lo ves? Ahora ponla tú. ¡Muy bien, Simón! ¿Y esto dónde va? Mírame, Simón, mírame. No, no. ¡Ahí!

Observo sin apenas parpadear. Con cariño, Odei vuelve a poner cada pieza en su sitio y comienza a desmontarlo de nuevo al tiempo que explica qué es cada cosa. Me levanto y guiño el ojo al niño maestro que hoy está enseñando algo tan importante a sus compañeros: el arte de la paciencia y del compartir lo que uno tiene.

Me resulta llamativo el hecho de que Artur se haya ido de allí, y me animo a seguir sus pasos para ver adónde me llevan. Se para junto a dos chicas, en una mesa que le llega a la altura de los ojos, pero se las arregla para encontrar una silla alta y se pone de rodillas sobre ella. Son las chicas que, durante la asamblea, comentaron que estaban acabando su proyecto sobre arquitectura. A seis metros de ellos, observo cómo Artur interactúa con ellas, como si siempre hubiera pertenecido a ese grupo. Cabeceo asombrado, y soy consciente de ese movimiento; también siento que estoy viviendo a cámara lenta una situación irreal. Pero no lo es. Me acerco a ellos.

—Artur, hace un segundo estabas con Odei y ahora estás aquí con estas jovenzanas.

—Ayer también estuve con ellas.

Me presento a las chicas, que están concentradas colocando partes a una maqueta de la casa hecha con cartón y papel.

—¿Cómo os llamáis?

—Yo soy Candela y tengo once años.

—Y yo soy Ruth.

—Veo que en esta revista hablan de domótica. ¿Podéis explicarme de qué se trata?

Candela, la niña mayor, me mira y sonríe. Pero enseguida vuelve a su tarea porque está pegando una pared con pegamento.

—Estamos haciendo un proyecto sobre arquitectura y empezó porque en el campus estuvimos haciendo diseños de casas.

—La profesora de arte nos enseñó cómo hacerlo en 3D, cómo crear la perspectiva. Entonces de ahí surgió nuestro interés por los planos y la arquitectura. Y así comenzamos el proyecto.

—Sí. Comenzamos haciendo planos y decidimos hacer una maqueta a escala de una casa.

Candela se limpia las manos en un trapo que cuelga de su cintura.

—Y con la información que hemos ido recopilando durante el proyecto queremos hacer un pequeño libro, un dossier. Y tenemos otro proyecto que se hizo este curso sobre domótica, que son las casas inteligentes, y vamos a revisarlo a ver si podemos añadir algo y fusionar los dos proyectos en uno.

—Pero ¿por qué está Artur con vosotras?

—¿Por qué no? —responde Candela—. También nos ayuda.

—No nos separamos por aulas —añade Ruth—. Si a él le gusta este proyecto, puede estar aquí.

Artur se siente apoyado por ellas y habla en un tono seguro:

—Además, ayer estuve ayudándolos con Odei a hacer el altillo de la casa.

—Pero hace un rato estabas ahí aprendiendo el cuerpo humano con él, ¿no?

—Sí.

Artur estira el brazo y agarra un pincel que mete en un tarro con pegamento. Lo saca con cuidado, presiona el pelo de cerda contra el borde del bote y comienza a extenderlo sobre una de las paredes.

—¿Y qué te están explicando de las casas?

—Con ellas estamos haciendo las ventanas y las paredes, y con Odei, el tejado.

—Y cuando viene con vosotras no le decís: «Tú eres pequeño»? —pregunto, mirando a las chicas.

—No. No. Le enseñamos cosas.

—Candela, te hago una pregunta más y dejo que sigáis con la casa: ¿todos los niños de este colegio sois iguales o diferentes?

Candela detiene su trabajo un instante y mira al infinito, más allá de la mesa, durante un segundo. Después me mira a mí.

—Yo creo que no tenemos por qué ser todos iguales; podemos ser diferentes, e incluso estamos mezclados entre cursos y edades. Creo que somos diferentes, efectivamente, pero es algo que se respeta.

Picotazos en el cristal

Después de haber disfrutado viendo la experiencia de O Pelouro, llega la hora de despedirse. Ha sido muy intenso; uno llega aquí y no quiere irse. Por eso deseo mantener una última conversación con Teresa y Juan. Ellos son los que crearon esta maravilla de escuela, y quiero irme con sus palabras en mi mente. Teresa roza la genialidad, y lo poco que he hablado con Juan hasta ahora me ha enseñado mucho. Es un filósofo de la educación, y cada palabra que sale de su boca es un tesoro.

Los dos están en una pequeña sala que comparten con los niños en la misma planta donde todo sucede. No hay puerta. Solo una mesa grande, como las de los niños, y algunas sillas. Nada más entrar, puedes ver la naturaleza que los rodea: un gran ventanal trae al Miño a la escuela. Alrededor, muchas estanterías con libros y apuntes que ellos han ido tomando a lo largo de los años.

Teresa me ve entrar y, con esa energía que la caracteriza, me invita a compartir espacio con ellos.

—¡Siéntate, *Cesíñar*!

—Tengo que marcharme —les digo—. Pero no puedo hacerlo sin deciros que lo que he visto aquí, lo que he vivido con vosotros es un verdadero regalo. He visto a niños que se mueven, que están de rodillas pintando, sentados, van de un sitio a otro, deciden, cantan, ríen... Se les ve felices.

—No podría ser de otra manera —señala Juan—. Son niños.

—Pues unos cuantos aquí tienen hiperactividad. ¿Quieres que te diga quiénes son? No, no lo haré —apunta Teresa.

—No quiero que lo hagas —respondo.

—Pero lo que sí puedo decirte es que hay siete niños con diagnósticos de déficit de atención y de hiperactividad, pero también hemos tenido algunos que sufrían de negativismo desafiante, o con trastorno de conducta y otras alteraciones, y todos actúan como tú mismo has visto.

—Pues no he visto a ningún niño que pueda ser hiperactivo.

—Sí, los hay. Pero conseguimos corregirlo.

—Tú eres una mujer con mucho carácter. Si no, no habrías llegado hasta aquí, eso está claro, ¿verdad? Pero...

—Me voy a sentar.

—... Pero ¿aún te queda algo que aprender?

—Sí, todos los días aprendo de los niños. Me interesa mucho más observar a los niños que leer papeles administrativos. La burocracia está matando al pobre maestro, ¡pero si me está pasando a mí constantemente! Las necesidades del niño deberían ser lo primero, y lo que están consiguiendo es perjudicar a la infancia. Vienen aquí y me dicen: «Papeles, papeles, papeles». Y les contesto: «No. Te vas a sentar y vas a observar a los niños. Cuando estés un rato con ellos, entonces hablaremos».

—Quiero hacerte una pregunta, Juan. Llevas toda tu vida con niños. ¿Qué has aprendido de ellos?

—He aprendido que no sé nada y que debo cuestionármelo todo.

—Juan, ¿y qué es para ti un niño?

—Una página en blanco.

Teresa se levanta y le coge la mano.

—¿Cuál es mi canción favorita, Juan?

—Tu canción favorita soy yo.

—¿Y ahora quién es Teresa para ti, Juan?

—Es alguien que sigue buscando; alguien que sigue buscando a la vez que se busca a sí misma.

Teresa llora.

—Gracias, Juan. —Y le besa.

—Juan, ¿crees que con tantos papeles, tantas leyes...? —le pregunta

—Perdona, pero no veo ningún papel; te estoy viendo a ti.

—Le hablaste de papeles y toma esa, mandarina. Juan fue funcionario durante muchos años. Te va a dar una...

—¿Crees que en muchos casos se ha olvidado la esencia de la educación?

—Casi siempre —me dice.

—Porque ¿cuál es la esencia de la educación?

—Mira, esta pregunta te la hago yo a ti, para que te la guardes y te la contestes cada día. Hay que buscar. Si no hay espíritu de búsqueda, nunca podrás encontrar nada.

—¿Todos los maestros deberían tener ese espíritu de búsqueda?

—Sí, es la necesidad de buscar y de buscarse y de ser uno mismo, y de sentirse.

—Porque si no, uno no puede ser maestro... —le digo.

—No, nunca será nada, nunca será nadie —responde Juan.

Teresa se une a la conversación:

—La esencia de un maestro es un camino de búsqueda, pero no solo debe centrarse en las herramientas que favorezcan el desarrollo de un niño, también en los cambios que afectan a la sociedad, en el ámbito sociopolítico, vivencial, económico y...

—Teresa —la interrumpo—. Dame un consejo para ser un buen maestro.

—Juan, ¿crees que con tantos papeles, tantas leyes...? —le pregunto.

—Perdona, pero no veo ningún papel; te estoy viendo a ti.

—En una escuela debe prevalecer ante todo el «Ser», es decir, el ser niños. Olvídate del papel. Primero, conviértete en niño.
—Juan, dame un consejo para ser maestro.
—Que no me mires a mí.
—¿Por qué? Si tengo muchísimo que aprender de ti.
—No, no, perdona. No me mires a mí; mírate a ti y céntrate en tu potencial, que seguro que es muy válido. Si no, no perdería mi tiempo ni un segundo más hablando contigo.
—Me encantaría volver, Juan.
—No te has marchado todavía. Te digo hasta luego, pero nunca te irás.

Me levanto de la silla y les doy un abrazo a ambos. Solo se me ocurre decirles una frase antes de irme:
—Sois maravillosos. Como experiencia de vida, esto no lo voy a olvidar jamás. O Pelouro se viene conmigo.
—O Pelouro es esto, *Cesíñar* —me dice Teresa—. Aquí no hay síntomas, ni carencias, ni pronósticos, ni diagnósticos. En O Pelouro hay picotazos en el cristal. Estamos ahí atentos a cómo el pajarito pica el cristal y, antes de que lo rompa, le abrimos la ventana para que vuele.

Paso rápidamente por las mesas para despedirme de los niños. No quiero molestarlos más. En realidad, estoy muy emocionado, y al deseo de quedarme se une el de salir para ocultar esta enorme emoción que me invade. Sin embargo, Teresa sale de su pequeña biblioteca y se pone a cantar. Los niños empiezan a imitarla:

¡Mirad, mirad aquí en mi ce-re-bro, sí.
Yo voy a in-ventar un nue-vo pro-yec-to.
Yo soy quien e-li-ge y toma de-ci-sión.
Invito a compañeros y entramos en acción!

Los niños se acercan y comienzan a abrazarme.

—Cuidaos mucho.

—Tú también cuídate mucho —dice una niña.

—Ya estoy deseando que vuelvas —añade otro.

—Adiós a todos —les digo.

—Vuelve pronto. Buen viaje.

—Recuerda, *Cesíñar* —me dice Teresa, rodeada de niños—: frente a los «sí, pero» hay certezas inamovibles, hay hechos. Y los tienes en esta escuela.

Se acerca Artur con algo en la mano.

—Bueno, señor —le digo—. Dame un abrazo.

—Te doy esto de recuerdo.

Una hoja en blanco. Artur me da una hoja en blanco que pienso guardar.

Comienzo a bajar las escaleras mientras todos ellos empiezan a cantar de nuevo su canción, acompañándola con palmas. Entre la letra, algún «*Cesíñar*, vuelve». Cada peldaño que piso para marcharme me acerca más a esta escuela.

—¡*Cesíñar*, vuelve! ¡Vuelve, maestro, vuelve!

Me detengo en el piso de abajo, cuando ya las voces de los niños y de Teresa se oyen en la lejanía. Tomo mi tiempo para recuperarme, inspiro profundamente y suelto el aire. Me dirijo hacia la calle para tomar el taxi que me espera, y en ese momento aparece Fernando, que ha bajado para acompañarme hasta la salida.

—¿Qué? Bien, ¿no? Te vas lleno de cosas...

—Me voy removido —le digo—. Removido por dentro. Cuánto nos falta todavía...

El taxi ya está en la puerta. Me despido de Fernando con un abrazo y me meto dentro. Ya no soy la misma persona. Es imposible volver a ser el mismo después de haber estado aquí.

CONCLUSIÓN

DE LA ESCUELA AL MUNDO

Hay otras utopías, pero no son estas. Lo que habéis visto es una realidad. Son escuelas abiertas y si tienen algo en común es que comparten lo que hacen. Poseen una mentalidad reflexiva, pero al mismo tiempo tienen el propósito de llevar a cabo su proyecto. En ellas, las familias son una parte esencial, pues junto con los docentes son los agentes sociales más importantes en este proceso. Y en ellas los niños, niñas y adolescentes cobran un papel que no tenían.

Si analizamos un día normal en nuestras vidas, la mayoría de las acciones que llevamos a cabo son interacciones con otras personas: en el trabajo, en familia, en asociaciones, en la calle, en las ocupaciones o en el ocio. Sin embargo, pocas veces se tiene en cuenta ese factor en las escuelas. Somos seres sociales y seguimos educando a entes individuales.

Si queremos un futuro y una sociedad sostenibles para nuestro planeta, es fundamental educar a las nuevas generaciones de un modo diferente, para que ellos puedan crear nuevos enfoques y miren al mundo de una manera más global.

Pasamos una media de catorce años estudiando. En todo ese tiempo no se nos enseña prácticamente nada que se salga de la mejora individual. Debemos invitar a nuestros chicos y chicas a crear obras maravillosas que tengan impacto en el mundo donde viven, porque cuando nuestros alumnos y alumnas salgan, ese mundo los va a necesitar. El objetivo de la educación debe ser crear conciencia de que nuestra sociedad tiene una responsabilidad global. Nadie duda de que debemos poseer conocimiento, pero hemos de ser capaces de utilizar todo lo que aprendemos para aplicarlo y mejorar el entorno en el que vivimos.

La escuela ha de involucrarse más con la sociedad. Compromiso social, colaboración entre centros educativos... Ahora poseemos poderosas herramientas de comunicación para coordinar esfuerzos y compartir todo lo que hacemos. Nunca lo hemos tenido tan fácil.

Lo habéis leído en estas páginas: ser una Escuela Changemaker significa trabajar juntos con esperanza, tomando el esfuerzo colectivo como la raíz de esta filosofía, con la capacidad inherentemente humana de soñar. Significa salir del individuo para verse como parte de una sociedad que necesita la contribución de cada uno de nosotros. Lo habéis visto. Ser una Escuela Changemaker implica también escuchar a los niños, niñas y adolescentes y tener en cuenta sus opiniones, invitarlos a mirar por la ventana y que decidan qué van a hacer para mejorar el mundo en el que viven. ¿Alguien no tiene claro que estas son tareas fundamentales de cualquier escuela? Echemos un vistazo hacia nuestro interior y pensemos en nuestra generación: ¿qué lecciones recibimos del cuidado de las relaciones humanas? ¿Qué cultura ecológica se nos ha inculcado? ¿Cuánto recordamos de lo que nos enseñaron del trabajo en equipo? El trabajo cooperativo no puede ser una moda en las escuelas: colaborar, ayudarse y mirar objetivos juntos, la empatía, la creatividad, la resolución de los problemas... Todo eso, respetando opiniones y llegando a consensos, es lo que piden en cualquier empresa del mundo. ¿Queréis que hablemos de empleabilidad? Aquí tenemos la respuesta por la que cambiar el modelo es necesario.

Cada vez más, las empresas necesitan empleados y, sobre todo, directivos, que valoren la dimensión social y la medioambiental de su trabajo.

¿Vamos a seguir sin tenerlo en cuenta con los niños a los que educamos? El qué, el cómo y el para qué de educar no pueden ir separados. Como tampoco pueden ir separados el conocimiento y el factor humano.

Necesitamos que nos formen para la escuela del siglo XXI, y que el compromiso social y la visión global sean cualidades esenciales en aquellos que escojan esta profesión tan bonita y de tanta responsabilidad. Uno de los retos más difíciles puede ser aprender a dar un paso atrás para que el protagonista sea el niño. También es necesario un cambio de enfoque en las universidades, donde cada año salen miles de nuevos maestros y maestras con las mismas bondades, pero también con las mismas carencias con las que salimos nosotros. Se necesitan Universidades Changemaker, indudablemente.

Y dentro de las escuelas o los institutos, la clave está en formar equipo. Poco puede hacer un maestro o una profesora que tiene la ilusión de mejorar la educación, aunque cada paso que dé con sus alumnos signifique un cambio para ellos. Es necesario, como decía Jordi Musons, director de Sadako, cuando hablaba de los equipos en los centros: «Que decidan qué pasos van a dar y que sean pequeños, pero que lo haga todo el mundo. El cambio debe ser colectivo y también debe garantizarse que estos pasos se cumplen». Y para eso se necesitan líderes en los centros educativos. Pero líderes que hagan más grandes a los que tienen al lado, cuya máxima, como bien apuntó María José Parages, en La Biznaga, sea: «Pienso en ti antes que en mí».

Vivir con el temor al cambio nos pone límites a todo lo que podríamos hacer. ¿Alguna vez os han dicho mirándoos a los ojos: «Yo confío en ti»? ¿Y recordáis la sensación? Ese es el camino, pero aplicado globalmente. Plantad en los niños la semilla de «Yo puedo mejorar las cosas» y dadles herramientas para ello. Después, comprobad qué pasa.

Lo habéis visto aquí. Otras escuelas son posibles, luego otro mundo es posible.

Y ahora, parafraseando a Teresa, después de conocer estas escuelas, ¿cómo va a ser la vuestra?

EPÍLOGO

Cambiar el mundo es visto como una tarea titánica, como algo que no nos compete y que creemos reservado a las grandes personalidades de la historia. Las revoluciones sociales, los inventos que mejoran nuestras vidas, siempre fueron obra de algún genio. Y sin embargo, cada día, a nuestro alrededor, se producen pequeños milagros: personas que, de forma individual y casi siempre colectiva, afrontan retos sociales, problemas que nos afectan a todos, con el mismo empeño y las mismas habilidades que creemos solo al alcance de unos pocos. Personas con empatía para identificar situaciones problemáticas en su entorno en las que se involucran a fin de resolverlas, capaces de colaborar, de asumir responsabilidades y de liderar en equipo, de desplegar su creatividad para innovar y mejorar las cosas.

Es evidente que el mundo será un lugar mejor si aprendemos y practicamos cómo mejorarlo. Cambiar el mundo resulta más factible si las personas adquirimos habilidades para ello. Algo que corresponde a la sociedad en su conjunto, más allá de la escuela.

Pero también a la escuela. Porque el conocimiento es más útil cuando somos capaces de ponerlo en práctica, y sobre todo con el afán de construir una sociedad mejor.

Por eso, Ashoka está identificando Escuelas Changemaker

en todo el mundo; escuelas cuyo propósito es educar a impulsores del cambio: centros educativos de Infantil, Primaria o Secundaria que redefinen el concepto de «éxito escolar» más allá del importante pero insuficiente plan de estudio tradicional y que están liderando una revolución educativa.

Se reconocen a través de un proceso riguroso de identificación de los equipos más inspiradores, pioneros y visionarios. Escuelas excelentes en el ámbito académico, con capacidad de influencia, que tienen visión, que innovan con un propósito claro de educar de forma integral, abiertas a la comunidad, donde las familias participan y los alumnos y alumnas son siempre protagonistas e impulsores del proyecto educativo. Escuelas también que representan distintos y diversos contextos, lo que demuestra que el cambio es posible, real, alcanzable.

En este libro hemos visto siete ejemplos de centros educativos españoles, de los muchos que hay, y cada vez más, en todo el mundo.

Nadie duda hoy que debemos aprender a leer y a escribir. O inglés, o educación física. Pero no siempre fue así, y hubo que convencer e incluso vencer resistencias para conseguirlo. Estamos ante un cambio de paradigma similar. La transformación está en marcha. Hay cada vez más escuelas cuyos alumnos y alumnas saben que tienen la capacidad para producir cambios positivos en su entorno y construir, sin esperar a mañana, un mundo mejor. ¿Eres una de esas personas?

DAVID MARTÍN DÍAZ,
codirector de Ashoka España y
director de Educación y Jóvenes
@davidmardiaz
www.ashoka.es